VERÖFFENTLICHUNGEN
DES FORSCHUNGSINSTITUTS FÜR WIRTSCHAFTSPOLITIK
AN DER UNIVERSITÄT MAINZ

Herausgegeben von

Helmut Diederich Otto Gandenberger
Walter Hamm Erich Welter

Band 35

Das Forschungsinstitut für Wirtschaftspolitik an der Universität Mainz hat ein doppeltes Ziel: Es möchte die Grundlagen der Ordnung der Wirtschaft — Geld, Eigentum und Wettbewerb — untersuchen und hofft, Verbesserungen der geltenden Ordnung vorschlagen zu können. Daneben will das Institut von dem gewonnenen Standpunkt aus zu aktuellen Spezialfragen der Wirtschaftspolitik Stellung nehmen. Es dient weder Interessenten noch Interessentenorganisationen. Die Ergebnisse der wissenschaftlichen Arbeit des Instituts einem breiteren Kreis zugänglich zu machen, ist der Sinn dieser Schriftenreihe.

DAS ARBEITSVERMITTLUNGSMONOPOL

Kritische Analyse des Marktes für Stellenvermittlung in der Bundesrepublik Deutschland

von

Dr. GISELA RAUSCHHOFER

DUNCKER & HUMBLOT · BERLIN

Gedruckt 1974 bei Buchdruckerei Bruno Luck, Berlin 65
Printed in Germany
ISBN 3 428 03134 2

INHALTSVERZEICHNIS

ABKÜRZUNGSVERZEICHNIS

AFG	=	Arbeitsförderungsgesetz
AVAVG	=	Gesetz über Arbeitsvermittlung und Arbeitslosenversicherung
ANBA	=	Amtliche Nachrichten der Bundesanstalt für Arbeit
ANG	=	Arbeitsnachweisgesetz
BArbBl.	=	Bundesarbeitsblatt
BFW	=	Büro Führungskräfte der Wirtschaft
BGBl.	=	Bundesgesetzblatt
BGB	=	Bürgerliches Gesetzbuch
BGH	=	Bundesgerichtshof
BSG	=	Bundessozialgericht
BVerG	=	Bundesverfassungsgericht
DAG	=	Deutsche Angestellten-Gewerkschaft
GG	=	Grundgesetz der Bundesrepublik Deutschland
HdSW	=	Handwörterbuch der Sozialwissenschaften
IAO	=	Internationale Arbeitsorganisation
ZAV	=	Zentralstelle für Arbeitsvermittlung
ZBF	=	Zentrale Fachvermittlungsstelle für Bühne, Fernsehen und Film

Einleitung

1. Fragestellung und Aufbau der Arbeit

In der Bundesrepublik Deutschland besteht, wie in zahlreichen anderen Ländern, ein gesetzliches Monopol für die Vermittlung von Arbeitskräften. Dieses Monopol ist in der Bundesrepublik der Bundesanstalt für Arbeit[1] übertragen. Bei dem Ausschließlichkeitsrecht der Bundesanstalt handelt es sich um ein Rechtsmonopol, also ein rechtliches Konkurrenzverbot. Das bedeutet nicht notwendig, daß auch ein wirtschaftliches Monopol der Bundesanstalt im Sinne einer Marktform oder Marktverhaltensweise vorliegt. Arbeitsvermittlung darf in der Bundesrepublik allein von der Bundesanstalt betrieben werden, von wenigen möglichen, erlaubnispflichtigen Ausnahmen abgesehen. Grundsätzlich ist es jedermann sonst verboten, diese Tätigkeit auszuüben.

Gleichwohl sind in einigen Teilbereichen — zum Beispiel der Vermittlung von Zeitpersonal, von Führungskräften, von künstlerischen Berufen — private Unternehmen tätig, deren Leistung ökonomisch als Arbeitsvermittlung bezeichnet werden muß, wenngleich sie juristisch unter Umständen anders eingeordnet wird. Bei ökonomischer Betrachtung sind diese privaten Vermittler Konkurrenten der Bundesanstalt, und sie haben nicht selten auf ihrem Teilmarkt einen erheblichen Marktanteil, dies, obwohl sie ihre Leistungen gegen Entgelt erbringen, während die Bundesanstalt ihre Vermittlung kostenlos anbieten kann und muß.

Die Bundesanstalt hat wiederholt versucht, die Position ihrer Konkurrenten anzufechten; sie hat insbesondere gegen Zeitungen, die Stellenanzeigen veröffentlichten, gegen Personalberater und Unternehmen für Zeitarbeit zahlreiche Prozesse geführt, da sie ihr Vermittlungsmonopol von ihnen verletzt glaubte. Die Gerichtsurteile zeigen jedoch, daß diese Unternehmen unter bestimmten Voraussetzungen auf dem Stellenmarkt tätig werden dürfen.

---

1 Früher: Bundesanstalt für Arbeitsvermittlung und Arbeitslosenversicherung.

Auch in anderen Ländern gibt es ein Nebeneinander von öffentlicher und privater Vermittlung, so vor allem in den USA und Großbritannien.

Diese Tatsachen ließen es angezeigt erscheinen, den Markt für Stellenvermittlung in der Bundesrepublik zu analysieren mit dem Zweck, die Rationalität der geltenden Marktverfassung zu überprüfen. Daraus ergibt sich die Fragestellung der Arbeit: Ist das Monopol der Bundesanstalt ein geeignetes wirtschaftspolitisches Instrument, um die ihm übertragene Aufgabe der Stellenvermittlung bestmöglich zu erfüllen? Wird das Vermittlungsmonopol in seiner jetzigen Form und Ausgestaltung den Vermittlungsbedürfnissen aller Teilmärkte und Berufsgruppen gerecht? Ist die (zusätzliche) private Vermittlung von Arbeitskräften zweckmäßig, oder erscheint statt dessen eine Festigung des Monopols oder zumindest eine generelle Einschaltpflicht der Bundesanstalt angebracht? Oder umgekehrt: Sollte die Genehmigungspflicht großzügiger gehandhabt, die Stellung der privaten Vermittler jedoch stärker geregelt werden? Oder schließlich: Ist es überhaupt zweckmäßig, neben einer staatlichen Arbeitsvermittlungspflicht auch ein Arbeitsvermittlungsmonopol zu haben?

Zur Beantwortung der gestellten Fragen erwies sich die Ermittlung einer Vielzahl ökonomischer und rechtlicher Fakten als unerläßlich. Daher bestand ein erster wichtiger Schritt der Analyse in einer Bestandsaufnahme der gegenwärtigen unübersichtlichen Marktverhältnisse in der Bundesrepublik. Sie erwies sich vor allem im Hinblick auf die komplizierte rechtliche Stellung der einzelnen Typen von privaten Vermittlern, die teilweise erst im Verlauf der Untersuchung durch die Rechtsprechung geklärt wurde, als schwierig. Diesem Überblick über die Marktparteien, die Marktbesonderheiten und die Art der Dienstleistung auf dem Markt für Stellenvermittlung ist ein erster Hauptteil der Arbeit gewidmet. Naturgemäß wurde dabei der Darstellung des Arbeitsvermittlungsmonopols der Bundesanstalt für Arbeit und ihrer Tätigkeit in diesem Bereich besondere Aufmerksamkeit geschenkt.

Bei der Prüfung der geltenden Verfassung des Arbeitsvermittlungsmarktes, mit der sich der zweite Teil der Arbeit beschäftigt, werden zwei Aufgaben dieser Marktverfassung unterschieden; die erste ist die des sozialen Schutzes der Arbeitnehmer, die zweite die einer effizienten Arbeitsvermittlung. Beide Aufgaben sind von erheblicher wirtschafts- und gesellschaftspolitischer Bedeutung, der strategisch bedeutsamen Stellung der Arbeitsvermittlung entsprechend. Die Vergangenheit hat gezeigt, daß private Arbeitsvermittlung mit unerträglichen sozialen Mißständen verbunden sein kann, und eben dieser Tatbestand hat in erster Linie zur Schaffung des Vermittlungsmonopols geführt; zum Teil sind solche Mißstände auch heute noch im privaten Vermittlungswesen zu beobachten, so etwa bei der privaten Künstlervermittlung. Diese Gesichtspunkte werden ebenso wie die Marktergebnisse des Stellenvermittlungsmarktes bei der Beurteilung der Zweckmäßigkeit des Vermittlungsmonopols der Bundesanstalt von Bedeutung sein.

Bei den folgenden Überlegungen wird davon ausgegangen, daß der soziale Schutz bei der Arbeitsvermittlung ein unabdingbares Erfordernis ist, um dessentwillen gegebenenfalls auch eine Regelung in Kauf genommen werden muß, die die wirtschaftliche Effizienz beeinträchtigt. Es wird ferner davon ausgegangen, daß es bei jeder Art von Vermittlungstätigkeit dem Nachfrager nach Vermittlungsleistungen möglich sein muß, die amtliche Vermittlung — und zwar kostenlos — in Anspruch zu nehmen. Ein Nebeneinander von öffentlicher und privater Vermittlung wird also nur insofern erwogen, als einerseits ein ausreichender sozialer Schutz gewährleistet ist und andererseits daneben die Möglichkeit besteht, sich kostenlos der amtlichen Vermittlung zu bedienen. Innerhalb dieser Grenzen sucht die vorliegende Arbeit im letzten Abschnitt nach zweckmäßigen Lösungen zur Verbesserung der Marktverhältnisse auf dem Stellenvermittlungsmarkt.

2. Abgrenzungen

Die folgende Analyse beschränkt sich bei der Darstellung und Beurteilung der Bundesanstalt für Arbeit auf das Gebiet der Arbeitsvermittlung, untersucht dagegen nicht die anderen der Anstalt vom Gesetzgeber übertragenen Aufgaben wie Berufsberatung, Arbeitslosenversicherung und so weiter. Desgleichen bleibt der Bereich der Auslandsvermittlung weitgehend unberücksichtigt.

Stellenvermittlung beziehungsweise die Tätigkeit der Anbieter dieser Dienstleistung soll in dieser Arbeit dann als zweckmäßig angesehen werden, wenn sie folgenden Anforderungen genügt:

(1) Wenn sie schnellstmöglich „the right man for the right place" vermittelt, das heißt zur Zusammenführung von Arbeitsangebot und Arbeitsnachfrage bestmöglich beiträgt (Effizienzgesichtspunkt). Das bedeutet insbesondere die Vermeidung überflüssiger „Warteschlangen" von Arbeitsuchenden und Arbeitgebern als Folge mangelnder oder verspäteter Vermittlungsinitiative ebenso wie das rechtzeitige Erkennen und Befriedigen veränderter Bedürfnisse der Nachfrager nach Vermittlungsdiensten. Zu diesen Bedürfnissen kann auch die Möglichkeit der Wahl zwischen mehreren, unterschiedlich ausgestalteten Vermittlungsalternativen gehören;

(2) wenn die Entstehung von Abhängigkeiten, insbesondere der Arbeitsuchenden von der Vermittlung, verhindert und deren Übervorteilung durch Vermittler ausgeschlossen wird (sozialer Gesichtspunkt).

Stellenvermittlung ist eine Dienstleistung. Ebenso wie Sachgüter dienen Dienstleistungen als ökonomische Güter der Befriedigung menschlicher Bedürfnisse. Das Bedürfnis der Arbeitsuchenden und Arbeitgeber, zu dessen Abdeckung sie sich der entgeltlichen oder unentgeltlichen Arbeitsvermittlung bedienen, besteht vor allem darin, Verbindung zu möglichen Vertragspartnern zu finden.

Das „Grundgesetz" der Arbeitsvermittlung, das Arbeitsförderungsgesetz vom 25. 6. 1969 (AFG), definiert Arbeitsvermittlung als „eine Tätigkeit, die darauf gerichtet ist, Arbeitsuchende mit Arbeitgebern zur Begründung von Arbeitsverhältnissen ... zusammenzuführen" (Paragraph 13). Es bestimmt, daß Arbeitsvermittlung nur von der Bundesanstalt für Arbeit betrieben werden darf[2], räumt aber der Bundesanstalt das Recht ein, Einrichtungen oder Personen mit der Vermittlung in das und vom Ausland und mit der Vermittlung einzelner Berufe oder Personengruppen zu beauftragen[3]. Von diesen „Beauftragten" bilden die Künstlervermittler die einzige Gruppe privater Anbieter von — wenn auch speziellen — Vermittlungsdiensten, die in direktem Wettbewerb mit der Bundesanstalt für Arbeit stehen. Die Beseitigung dieses Vermittlertyps ist als Folge der von der Bundesrepublik Deutschland ratifizierten Abkommen Nr. 88 und 96 mit der Internationalen Arbeitsorganisation, auf die noch einzugehen ist, vorgesehen (Auslaufprinzip).

Mit den anderen Mitbewerbern steht die Bundesanstalt in Substitutionskonkurrenz. Die von der juristischen Betrachtungsweise abweichende, wirtschaftswissenschaftlich bestimmte Absicht dieser Arbeit ist es, alle Anbietertypen von Vermittlungsdiensten, auch solche, die in juristischem Sinne keine Stellenvermittlung betreiben, materiell aber Substitutions- oder angebotsverwandte Konkurrenz für die Bundesanstalt für Arbeit darstellen, in die Untersuchung mit einzubeziehen. Deshalb wird der Begriff der Stellenvermittlung im Rahmen dieser Arbeit weiter ausgelegt, als es die Legaldefinition und die Rechtsprechung zum Arbeitsförderungsgesetz und zu seinem Vorläufer, dem Gesetz für Arbeitsvermittlung und Arbeitslosenversicherung (AVAVG), tun.

Kriterium für die Abgrenzung der Anbieter von Vermittlungsdiensten ist die Feststellung, daß sie nicht unbedingt de jure, aber *faktisch,* das heißt materiell und funktionell, Vermittlungsdienste erbringen. Stellenvermittlung im Sinne dieser Studie ist also *jede* planmäßige, nachhaltige Tätigkeit, die darauf gerichtet ist, unselbständige Arbeitsuchende mit kräftesuchenden Nachfragern unentgeltlich oder gegen Entgelt zusammenzuführen.

---

[2] Vergleiche Paragraph 14 Arbeitsförderungsgesetz.

[3] Vergleiche Paragraphen 18 und 23 Arbeitsförderungsgesetz.

Nach juristischer Auffassung[4] betreiben beispielsweise Unternehmens- und Personalberater ebenso wie die Unternehmen für Zeitarbeit („Verleihen von Arbeitskräften") keine Arbeitsvermittlung, sofern sie die ihnen von der Rechtsprechung vorgegebenen, engen Grenzen nicht überschreiten, auf welche weiter unten noch einzugehen ist. Andernfalls liegt verbotene und strafbare Arbeitsvermittlung vor, weil das allein der Bundesanstalt für Arbeit zustehende Arbeitsvermittlungsmonopol verletzt wird.

Trotzdem betreiben diese Unternehmen in unserem — funktionalen — Sinne Stellenvermittlung, da auch bei ihnen Angebot von und Nachfrage nach Arbeitskräften zusammentreffen und Kontakte zwischen diesen beiden Marktparteien des Arbeitsmarkts aufgenommen werden[5].

3. Kennzeichnung und Einordnung der Stellenvermittlung

a) Arbeitsvermittlung als Funktion

Bei der Kennzeichnung und Einordnung der Stellen- oder Arbeitsvermittlung[6] ist zu unterscheiden zwischen der Ar-

[4] Die Vielzahl der Prozesse, die nötig wären, um die Auslegung des Begriffes der Arbeitsvermittlung zu klären, zeigt die Abgrenzungsschwierigkeiten. Als Prozesse von grundsätzlicher Bedeutung, auf die noch näher eingegangen wird, sind hier zu nennen:
(a) der sogenannte Hanten-Prozeß (zur Klärung der Rechtslage der Personalberater); das Urteil ist ergangen;
(b) der sogenannte Adia-Prozeß; er läuft jetzt im elften Jahr und bezieht sich auf die Tätigkeit der Unternehmen für Zeitarbeit;
(c) der Prozeß gegen Modellagenturen läuft noch immer; er dreht sich um die Frage verbotener Arbeitsvermittlung von Fotomodellen;
(d) der sogenannte Südkurier-Prozeß bezog sich auf die „Stellenmärkte der Zeitungen";
(e) der Prozeß zur Klärung der Rechtslage der „Künstler-Impresarios" ist noch anhängig.

[5] Sie werden also in die Betrachtung einbezogen, sofern es sich um seriöse Unternehmen handelt. Illegale Unternehmen für Zeitarbeit, insbesondere „Gastarbeiterverleiher und -vermittler", die gegen bestehende gesetzliche Vorschriften verstoßen, werden nur insoweit in dieser Studie berücksichtigt, als an ihrem Beispiel das Schutzbedürfnis der Arbeitsuchenden vor unlauteren Vermittlern besonders deutlich wird. Eine eingehende Untersuchung der Ursachen und Fälle dieser Gesetzesübertretungen würde Rahmen und Zielsetzung dieser Arbeit übersteigen.

[6] Beide Begriffe werden in dieser Arbeit, sofern nicht anders gekennzeichnet, synonym verwendet.

beitsvermittlung als Funktion, also als Aufgabe und Tätigkeit, und der Arbeitsvermittlung als Institution[7], das heißt als einer Einrichtung mit bestimmtem Aufgabenkreis.

In der Bundesrepublik ist Arbeitsvermittlung (im Rechtssinne) als Institution ausschließlich der Bundesanstalt für Arbeit und ihren Dienststellen vorbehalten (institutionelles Monopol)[7]. Ihr ist ein besonderer Abschnitt gewidmet. Die nun folgenden Ausführungen sollen dagegen die Arbeitsvermittlung als Funktion kennzeichnen.

Die wichtigste Funktion der Arbeitsvermittlung besteht darin, den einzel- und gesamtwirtschaftlichen Ausgleich zwischen Angebot und Nachfrage auf dem Arbeitsmarkt zu fördern und womöglich herbeizuführen[8]. Hierbei ist der Ausgleich zwischen individueller Arbeitsnachfrage und individuellem Arbeitsangebot die Voraussetzung für den gesamtwirtschaftlichen Ausgleich auf dem Arbeitsmarkt. Diese arbeitsmarktpolitische Funktion der Stellenvermittlung[9], für den räumlichen, beruflichen und zeitlichen Ausgleich auf dem Arbeitsmarkt zu sorgen, schließt ihre sozialpolitische Funktion ein: Durch den Nachweis offener Stellen an Arbeitsuchende können Arbeitslosigkeit als Folge mangelnder Marktübersicht und damit Einkommensverluste für Arbeitslose mit allen Folgewirkungen[10] vermieden werden. Güterwirtschaftlich betrachtet, wirkt die Arbeitsvermittlung dahin, daß durch die Besetzung offener Arbeitsplätze — auch mit

---

[7] Vergleiche Draeger—Buchwitz—Schönefelder, Gesetz über Arbeitsvermittlung und Arbeitslosenversicherung, Kommentar, Stuttgart 1961, S. 68 (im weiteren als Draeger, Kommentar AVAVG, zitiert).

[8] Dabei ist zu bedenken, daß viele Arbeitskontrakte nicht durch Vermittlung, sondern häufig im Wege der Selbstsuche durch Arbeitgeber und Arbeitnehmer ohne Einschaltung von Vermittlern zustande kommen.

[9] Draeger erwähnt auf S. 69 neben der arbeitsmarkt- und der sozialpolitischen Funktion noch die versicherungstechnische: Prüfung und Überwachung von Arbeitslosigkeit, Maßnahmen zu ihrer Beendigung und Verhütung durch spezielle Vermittlungs-, Schulungs- und Arbeitsbeschaffungsmaßnahmen. Sie gilt nur für die Arbeitsvermittlung der Institution Bundesanstalt für Arbeit.

[10] Die Folgen fehlender Arbeitsplätze schildert ausführlich Karl Bernhard Hillen in: „Arbeitnehmer nach einem Arbeitsplatzverlust", Forschungsbericht des Landes Nordrhein-Westfalen, Nummer 2183, Institut für angewandte Verbrauchsforschung e. V., Opladen 1971.

Arbeitskräften aus dem Ausland — die Produktion von Gütern und Dienstleistungen in einer Volkswirtschaft ausreichend mit dem Faktor Arbeit versorgt wird[11]. Sie verhindert damit zugleich das Brachliegen von Arbeitskraft.

Durch die Vermeidung von Arbeitslosigkeit und „Übernachfrage" nach Arbeitskräften, die tendenziell gleichbedeutend mit dem Verlust möglichen Volkseinkommens sind, fördert die Arbeitsvermittlung das wirtschaftliche Wachstum[12].

Die Stellenvermittlung dient mit dem Ausgleich auf dem Arbeitsmarkt übergeordneten wirtschaftspolitischen Zielen: dem Ziel der Vollbeschäftigung und dem Ziel der Förderung des wirtschaftlichen Wachstums.

b) Voraussetzungen für das „Funktionieren" der Arbeitsvermittlung

Die genannten Funktionen kann die Stellenvermittlung allerdings nur dann erfüllen, wenn bestimmte arbeitsmarkt-, rechts- und wirtschaftspolitische Voraussetzungen gegeben sind. Denknotwendige Voraussetzung für die Stellenvermittlung ist das Auftreten von Arbeitsangebot und -nachfrage, das heißt das Vorhandensein von Arbeitsmärkten überhaupt[13, 14].

---

[11] Hierzu sei als Beispiel die Vermittlung von Gastarbeitern und Teilzeitkräften, ohne die beispielsweise das Hotel- und Gaststättengewerbe kaum noch funktionsfähig wäre, genannt.

[12] Paragraph 1 des Arbeitsförderungsgesetzes (AFG) fordert ausdrücklich, daß „die Maßnahmen nach diesem Gesetz darauf auszurichten (sind), daß ... damit das Wachstum der Wirtschaft gefördert wird".

[13] Eng begrenzte Arbeitsmärkte entwickelten sich bereits im Mittelalter in den großen Städten. Arbeitsmärkte großen Umfangs dagegen entstanden in Deutschland erst im 19. Jahrhundert. Vergleiche S. 25 ff. und die ausführliche Darstellung bei Henschel, Hans, Geschichte der Arbeitsvermittlung, in: Siebrecht, Handbuch der Arbeitsvermittlung, Teil I., Stuttgart 1959, S. 28 ff.

[14] Für das Angebot an Arbeitsleistungen in quantitativer Hinsicht sind Umfang und Zusammensetzung der Bevölkerung, für das qualitative Arbeitsangebot deren unterschiedliche Schul- und Berufsausbildung bestimmend. Für das quantitative Ausmaß der Nachfrage nach Arbeitskräften spielen unter anderem die Schwankungen der Konjunktur und die Geld- und Kreditpolitik, für die Struktur der Arbeitsnachfrage dagegen die Zusammensetzung der Konsum- und Investitionsnachfrage ebenso wie die zunehmende Arbeitsteilung die entscheidende Rolle.

Allerdings können Vermittlungsbemühungen trotz Nachfrage nach Arbeitskräften und entsprechendem Arbeitsangebot erfolglos bleiben, wenn beispielsweise Angebot und Nachfrage an unterschiedlichen Orten auftreten. In diesem Fall muß in der Regel wegen der Immobilität eines einmal errichteten Unternehmens der Produktionsfaktor Arbeit zum Faktor Kapital wandern. Eine Ausnahme davon bildet die Neuerrichtung eines Betriebes, wenn die Standortentscheidung nach der Verfügbarkeit von Arbeitskräften getroffen wird. Im erstgenannten Fall ist die räumliche Mobilität der Arbeitskräfte, das heißt ihre Bereitschaft zum Ortswechsel, von ausschlaggebender Bedeutung für den Erfolg der Arbeitsvermittlung. Entsprechendes gilt für die berufliche Mobilität, also die Bereitschaft zum Berufswechsel. Ein Wechsel der beruflichen Tätigkeit kann notwendig werden, wenn durch technischen Fortschritt oder Änderungen der Struktur der Konsum- und Investitions-Nachfrage — die Nachfrage nach Arbeitskräften ist eine davon abgeleitete Nachfrage — vorhandene oder neue Berufe in den Vordergrund rücken, andere an Bedeutung und entsprechender Nachfrage verlieren[15]. Beide Arten der Mobilität von Arbeitskräften, die räumliche und die berufliche, werden für die Wirtschaft und damit auch für die Arbeitsvermittlung zunehmend an Bedeutung gewinnen.

Neben diesen arbeitsmarktbezogenen Voraussetzungen müssen im Hinblick auf das oben beschriebene Ziel zweckmäßiger Arbeitsvermittlung weitere rechts- und wirtschaftspolitische Grundbedingungen für ein erfolgreiches Tätigwerden der privaten und öffentlichen Stellenvermittlung erfüllt sein: freie Wahl des Berufes und des Arbeitsplatzes, Freizügigkeit bei der Wahl des Aufenthaltsortes, Verzicht auf staatliche Arbeitsmarktlenkung, Entscheidungsfreiheit der Arbeitgeber bei der Einstellung von Arbeitnehmern, Gewerbefreiheit, Vertragsfreiheit. Diese Voraussetzungen sind in der Bundesrepublik mit wenigen Ausnahmen erfüllt. Die für diese Studie bedeutsamste Ausnahme davon bildet die

---

15 Vergleiche zu diesem Problem Jungblut, Michael, Rebellion der Überflüssigen?, Bergisch-Gladbach 1967.

Einschränkung der Gewerbefreiheit für die Ausübung des Berufs des Stellenvermittlers, auf die noch einzugehen ist.

Auch im EWG-Bereich gewähren die Römischen Verträge Arbeitnehmern aus EWG-Ländern Freizügigkeit hinsichtlich des Aufenthaltsortes und des Arbeitsplatzes innerhalb der Gemeinschaft[16]. Die letztgenannte Regelung ist insofern von großer Bedeutung, vor allem für die Zukunft, als sie bei Arbeitsmarktungleichgewichten einen supranationalen Ausgleich ermöglicht.

Ein solcher supranationaler Arbeitsmarktausgleich setzt allerdings voraus, daß neben den genannten wirtschafts- und rechtspolitischen Bedingungen auch eine ausreichende räumliche Mobilität der Arbeitnehmer gegeben ist. Für die supranationale Mobilität von Arbeitskräften ist aber nach Meinung von Fachleuten neben finanziellen Anreizen, sprachlichen und psychologischen Hindernissen das Fortbestehen der heimischen Sozialversicherungsrechte bei einer Tätigkeit im EWG-„Ausland" eine entscheidende Größe. Zu den Zielen des Vertrages von Rom auf sozialem Gebiet gehört die Verbesserung der Beschäftigungs- und Arbeitsbedingungen und damit auch des Sozialversicherungsrechts. Die Anpassung der unterschiedlichen sozialrechtlichen Vorschriften innerhalb der Gemeinschaft wird aber nach Auffassung von Sachkennern noch Jahre in Anspruch nehmen. Von diesem Umstand wird also vorläufig noch ein mobilitätsfeindlicher Effekt ausgehen, der die Möglichkeiten eines supranationalen Arbeitsmarktausgleiches in großem Umfang und damit zwangsläufig die Möglichkeiten übernationaler Arbeitsvermittlung beeinträchtigt. Trotzdem bedeutet die zunehmende Verflechtung der Volkswirtschaften in der Europäischen Gemeinschaft für die Arbeitsvermittlung in den Mitgliedsstaaten bereits heute, daß sie die größeren Dimensionen des Gemeinsamen Marktes berücksichtigen kann und muß[17].

---

[16] Vergleiche die Artikel 48—51 des EWG-Vertrages vom 25. 3. 1957 (BGBl. II, S. 766). Ferner die Artikel 123—128, die sich auf die Schaffung eines Europäischen Sozialfonds zur Förderung der beruflichen Mobilität beziehen.

[17] Vergleiche auch zu den folgenden Ausführungen: Kommission der Europäischen Gemeinschaften, ohne Verfasser, Untersuchung über die Ver-

c) Der Aufgabenbereich des Stellenvermittlers

Auf dem Arbeitsmarkt begegnen sich Arbeitsangebot und -nachfrage. Anbieter von Arbeit sind die Arbeitsuchenden, die Arbeitgeber bilden die Nachfrage nach Arbeitskräften. Objekt der Anpassungsvorgänge, die sich auf diesem Markt vollziehen und im Zustandekommen von Beschäftigungsverhältnissen ihren Abschluß finden, ist die menschliche Arbeitsleistung[18]. Die Bezeichnung „Arbeitsmarkt" kennzeichnet allerdings kein einheitliches Ganzes, sondern, wie noch auszuführen ist, ein Nebeneinander oder eine Überlagerung regionaler und beruflicher Teilarbeitsmärkte, deren Abgrenzung je nach den Gegebenheiten sehr unterschiedlich sein kann. Kennzeichen des Arbeitsmarktes ist es, daß sich Angebot und Nachfrage in einem Zustand wechselnder Spannung befinden. Die Spannung kann quantitativer Art sein, beispielsweise wenn der Bedarf der Wirtschaft größer ist als die Zahl der verfügbaren Arbeitnehmer. Sie kann auch qualitativer Natur sein, wenn sich die Nachfrage auf Arbeitnehmer anderer Berufe oder anderen Alters richtet, als in dem betreffenden Bereich zur Verfügung stehen. Normalerweise tendieren die Spannungen auf dem Arbeitsmarkt zu einem Ausgleich, der jedoch auf Hemmnisse verschiedenster Art stoßen kann, wie zum Beispiel mangelnde Mobilität der Arbeitskräfte.

Das Arbeitsmarktgeschehen wird vor allem in den industriellen Ballungsgebieten durch die Vielfalt der Berufe, den Strukturwandel einzelner Wirtschaftszweige, durch Konjunkturschwankungen und die Spezialisierung vieler Betriebe immer komplexer und infolgedessen für Arbeitsuchende und Arbeitgeber immer weniger überschaubar. Daraus ergibt sich die Schwierigkeit für beide Marktparteien, den Kontakt zueinander zu finden. Aufgabe des Arbeitsvermittlers ist es, bei dieser Kontaktaufnahme Unterstützung zu leisten. Er soll wissen oder herausfinden, wo Arbeitsangebot und -nachfrage

---

fahren der Arbeitsvermittlung, Brüssel 1970, S. 1, (im weiteren als EWG-Kommission, Untersuchung . . ., zitiert).

[18] Dortselbst, S. 3 f.

zu welchem „Preis" und zu welchen anderen Bedingungen bestehen. Er soll nötigenfalls entsprechende Stellenangebote oder -gesuche finden und aktivieren. Er soll versuchen, möglichst „deckungsgleiche" Partner zu ermitteln und auf der Grundlage seiner Marktkenntnis den häufig notwendigen Kompromiß einzuleiten. Diese Dienstleistung wird dem Vermittler durch den Umstand möglich, daß bei ihm — ähnlich wie bei den Börsen — Arbeitsangebot und -nachfrage, wenn auch meist nur für Teilarbeitsmärkte, zusammenlaufen.

Der Sinnbedeutung „vermitteln" entsprechend steht der Stellenvermittler in der Mitte zwischen Arbeitsuchenden und Arbeitgebern[19]. Der Vermittler übt eine maklerähnliche Tätigkeit aus, die dadurch gekennzeichnet ist, daß er in der Regel zu seinen Auftraggebern in keinem ständigen Vertragsverhältnis steht[20], Gelegenheiten zum Abschluß eines Vertrages nachweist und dieses Vertragsverhältnis bis auf den Abschluß vorbereitet[21]. Insofern gibt es gewisse Parallelen zum BGB- und Handelsmakler[22]. Aus der maklerähnlichen Tätigkeit des Vermittlers ergibt sich für ihn mit Aus-

---

[19] Vergleiche Draeger, Kommentar AVAVG, S. 202, Ziffer 7 zu Paragraph 37.

[20] Mögliche Ausnahmen: Personalberater und Unternehmen für Zeitarbeit.

[21] Die Unternehmen für die Zeitarbeit schließen dagegen auch die Verträge ab. — Vergleiche auch Dr. Gablers Wirtschaftslexikon, 8. Auflage, Wiesbaden 1971, „Vermittlung", Spalte 1848; „Makler" und „Maklerlohn", Spalte 207/8; „Nachweismakler", Spalte 406.

[22] Die Ansicht Gerickes, die Bundesanstalt für Arbeit sei „Makler kraft Amtes" und hafte demzufolge beiden Parteien aus einem Auftragsverhältnis besonderer Art (je nach Auftragsverhältnis werde sie beziehungsweise das beauftragte Arbeitsamt als Vertreter, Bote oder rechtlicher Geschäftsbesorger — bloßer Beauftragter — für die Auftraggeber tätig* und übe „bei der Vermittlung nicht nur hoheitliche, sondern auch zugleich privatrechtliche Tätigkeiten aus, die sich mit denen eines Maklers vergleichen" ließen, für die neben dem öffentlichen Recht vornehmlich Auftragsvorschriften (die Vorschriften des Makler- und Auftragsrechts) anzuwenden seien**, ist bestritten***. — Vergleiche

* Gericke, Karlheinz, Haftungsfragen zur Vermittlungstätigkeit der Arbeitsämter, Teil II, in: Soziale Sicherheit, Zeitschrift für Sozialpolitik, 8. Jahrgang, Köln 1958, Heft 5, S. 141.

** Derselbe, Haftet das Arbeitsamt bei der Vermittlung als „Makler kraft Amts"?, 7. Jahrgang 1958, Heft 4, S. 111.

*** Vogel, Klaus, Das Arbeitsamt als Makler, Eine kritische Erwiderung, in: Soziale Sicherheit, 7. Jahrgang, Köln 1958, Heft 8, S. 227 ff.

nahme der genannten Bereiche eine Verpflichtung zur Unparteilichkeit, das heißt er muß die Bevorzugung des einen Teils zum Nachteil des anderen vermeiden[23].

Zwischen dem privaten Vermittler und seinen „Kunden" besteht in der Regel je nach Auftrag ein Boten-, Vertretungs- oder Geschäftsbesorgungsverhältnis, mit der öffentlichen Vermittlung dagegen ein öffentlich-rechtliches Verhältnis.

Die Vermittlungstätigkeit umfaßt eine ganze Skala unterschiedlich intensiver Vermittlungsbemühungen. Infolgedessen unterscheiden sich die Vermittler auch, wie noch auszuführen ist, hinsichtlich ihrer Nachfragergruppen, der angebotenen Dienstleistungstypen (und in der Bundesrepublik auch hinsichtlich ihrer rechtlichen Möglichkeiten, auf dem Stellenvermittlungsmarkt tätig zu werden). Die Vermittlung reicht vom bloßen Nachweis einer Arbeitsgelegenheit[24] bis hin zur sorgfältigen Prüfung und Auswahl des „right man for the right place", von der Vermittlung einer kurzfristigen, auch stundenweisen Tätigkeit, eines „jobs", über die nicht begrenzte Teilzeittätigkeit, die „normalen" Arbeiter- und Angestelltenberufe[25] bis zur Vermittlung der „Top Manager". Entsprechend unterscheiden sich auch die Vermittlungsbemühungen im Einzelfall nach Form und Umfang. So kann die Tätigkeit des Vermittlers von der Entgegennahme kurzer telefonischer oder schriftlicher Vermittlungsaufträge oder -gesuche bis zu intensivsten und wiederholten Beratungs- und Vermittlungsgesprächen mit Arbeitsuchenden und Arbeitgebern reichen. Hierzu wird der Vermittler unter Umständen Reisen unternehmen und sich häufig auch zusätzliche, spezielle Informationen für und über seine „Kunden"

---

23 Diese Verpflichtung zur Unparteilichkeit besteht dagegen für Personalberater nur bedingt, da sie — wie noch näher auszuführen ist — im Auftrag nur einer Marktpartei, der Arbeitgeber, tätig werden dürfen.

24 Damit begann, historisch betrachtet, die Arbeitsvermittlung in Deutschland.

25 Als „Normalberufe" werden in dieser Studie solche häufig ausgeübten Tätigkeiten angesehen, die durch ein anerkanntes Berufsbild, regelmäßige Arbeitszeit und allgemein übliche Arbeitsbedingungen gekennzeichnet sind, nicht aber durch vergleichsweise seltene, berufsbezogene Merkmale wie etwa nur vorübergehende Betätigung oder besondere Qualifikation (zum Beispiel Top-Management-Eignung).

beschaffen müssen, beispielsweise psychologische und medizinische Gutachten, Auswanderungsvorschriften, genaue Beschreibungen der ausgeschriebenen Tätigkeiten, die sogenannten „job descriptions", und ähnliches.

Es handelt sich daher bei der Stellenvermittlung nicht um eine einheitliche Dienstleistung, sondern wegen der häufig in unterschiedlichem Umfang notwendigen, komplementären Nebenleistungen um ein heterogenes ökonomisches Gut, wie noch näher ausgeführt wird.

d) Grundformen der Stellenvermittlung

Für die Ausgestaltung der Stellenvermittlung gibt es folgende Grundformen, die ausschließlich oder nebeneinander auftreten können[26]:

(1) Öffentliche Einrichtungen der Stellenvermittlung: Sie können unmittelbare Glieder der Staatsverwaltung sein, wie in Großbritannien, Frankreich, Luxemburg, Italien und den Niederlanden, und unterstehen dann meist dem Arbeits- und Sozialministerium[27]. Sie können aber auch als Selbstverwaltungskörperschaften wie in Belgien oder in der Bundesrepublik Deutschland ausgestaltet sein[27].

(2) Arbeitsvermittlungseinrichtungen der Arbeitgeberverbände beziehungsweise der Gewerkschaften: Diese Form war in den Anfängen der Stellenvermittlung im 19. Jahrhundert vorherrschend und ist auch heute noch in den USA und Großbritannien von erheblicher Bedeutung. Sie ist in fast allen Staaten durch andere — unparteiische — Vermittlungseinrichtungen ergänzt oder abgelöst worden.

(3) Gewerbsmäßige Stellenvermittlung durch private Vermittler: Diese Form der Stellenvermittlung läßt sich bis in

---

[26] Vergleiche Wilrodt, Hermann, „Arbeitsvermittlung", Handwörterbuch der Sozialwissenschaften (HdSW), Stuttgart, Tübingen, Göttingen 1956, 1. Band, S. 374.

[27] Vergleiche auch Europäische Wirtschaftsgemeinschaft, Kommission, Studien, Die Arbeitsverwaltungen der Mitgliedstaaten der Gemeinschaft, Reihe Sozialpolitik, Nr. 16, Brüssel 1967, S. 19 ff. (im weiteren als EWG-Kommission, Studie, zitiert).

das Mittelalter zurückverfolgen. Sie ist aufgrund gesetzlicher Vorschriften in vielen Ländern durch öffentliche Einrichtungen ganz oder teilweise ersetzt worden, hat allerdings in den angelsächsischen Ländern neben den gewerkschaftlichen Einrichtungen trotz ausgebauter öffentlicher Vermittlung noch erhebliche Bedeutung.

(4) Nichtgewerbsmäßige Stellenvermittlung: Nichtgewerbsmäßige Stellenvermittlung wird meist durch karitative Verbände und Vereinigungen und studentische Einrichtungen ausgeübt. Sie ergänzt häufig die öffentliche Vermittlung in Spezialbereichen.

4. Geschichtlicher Überblick: Die Entstehung des Arbeitsvermittlungsmonopols in Deutschland

a) Das Entstehen des Bedürfnisses nach Arbeitsvermittlung

Das Bedürfnis nach Arbeitsvermittlung in großem Umfang entstand erst im 19. Jahrhundert, als durch Bauernbefreiung, Auflösung der Zünfte und Industrialisierung ein erheblicher Teil der Arbeitsbevölkerung aus seinen traditionellen Bindungen gelöst wurde. Diese hatten vorher — insbesondere durch Zunftzwang, Leibeigenschaft, Hörigkeit und Schollenpflichtigkeit — das Arbeitsleben der meisten derart vorbestimmt, daß sich die Frage nach der Wahl eines Arbeitsplatzes gar nicht gestellt hatte.

Nun aber mußten sich mit zunehmender Industrialisierung immer mehr Personen, deren Beruf und wirtschaftliche Existenz nicht traditionell vorgegeben waren und die kein Arbeitsmaterial und -gerät besaßen, im Austausch von Arbeitsleistungen gegen Arbeitslohn ihren Unterhalt verdienen[28]. Aus der patriarchalisch geordneten Gesellschaft war eine Industriegesellschaft geworden, in der der soziologisch neue

[28] Vergleiche Henschel, S. 28 f.

Typ des zwar rechtlich freien, wirtschaftlich aber abhängigen Arbeiters entstand, der, unvermittelt in diese Freiheit entlassen, auf die Verwertung seiner Arbeitskraft zwingend angewiesen war[29]. Der Arbeitsmarkt in großem Umfang war entstanden — eine Tatsache, die zunächst gar nicht erkannt wurde[30].

Konjunkturelle, saisonale und strukturelle Veränderungen hatten teilweise Arbeitslosigkeit, teilweise Kräftemangel zur Folge. Spezialisierung und Arbeitsteilung in Produktion und Fertigung erschwerten Arbeitgebern und Arbeitsuchenden den Überblick darüber, wo freie Arbeitskräfte und unbesetzte Arbeitsplätze vorhanden waren. Viele Arbeiter verelendeten nur deshalb, weil sie nicht wußten, wo und wie sie geeignete Arbeit finden sollten. Zunächst wurde nicht erkannt, daß Arbeitslosigkeit häufig die Folge mangelnder Marktübersicht und fehlender Vermittlung war. Die Überwindung der Arbeitslosigkeit wurde für eine Frage der Moral und der Caritas gehalten, eine Einstellung, die zur Gründung der zahlreichen Wohltätigkeitsvereine des vergangenen Jahrhunderts führte[31]. Den Arbeitsmarkt überließ man zunächst sich selbst. Gewerbliche Stellenvermittler beuteten die Notlage der Arbeitsuchenden häufig aus, indem sie ihnen ungünstige Arbeitsbedingungen anboten und überhöhte Provisionen forderten. Vielfach verleiteten sie die Arbeiter zum Bruch bestehender Arbeitsverträge, um dann beim Stellenwechsel erneut Vermittlungsgebühren erheben zu können[32]. Die ungelösten sozialen Fragen häuften sich in der zweiten Hälfte des vorigen Jahrhunderts. Allerdings setzte sich etwa ab 1840 langsam die Erkenntnis durch, daß die Arbeitsuchenden der Hilfe in Form von „Arbeitsnachweisen" bedurften.

---

29 Vergleiche Draeger, Kommentar AVAVG, S. 2 f.

30 Zu Beginn des 19. Jahrhunderts gab es in Deutschland etwa 300 000 Fabrikarbeiter, am Ende des Jahrhunderts fast 12 Millionen. Vergleiche dortselbst, S. 25.

31 Vergleiche Uhlig, Otto, Arbeit — amtlich angeboten, Stuttgart—Berlin—Köln—Mainz 1970, S. 27 ff.

32 Vergleiche Kommission der Europäischen Gemeinschaften, Untersuchung . . ., S. 5.

Erste kommunale „Arbeitsnachweise" (1840 in Dresden, 1865 in Stuttgart)[33], aber auch solche der karitativen Vereine, der Arbeitgeberverbände, der Gewerkschaften und der Handwerksinnungen verbesserten zwar die Lage, brachten jedoch keine grundlegende Änderung, da ihnen der Überblick über die jeweils relevanten, nicht an regionalen Grenzen, sondern an wirtschaftlichen Notwendigkeiten orientierten Arbeitsmärkte fehlte und fehlen mußte.

Das Schwergewicht der kommunalen Arbeitsvermittlung lag, aus heutiger Sicht überraschend, in erster Linie auf der Vermittlung der arbeitslosen Arbeitsuchenden; Arbeitgeber und Gewerkschaften waren bei diesen Arbeitsnachweisen zunächst nicht vertreten. Die kommunalen Vermittlungsstellen befanden sich im Gegenteil in scharfem Wettbewerb mit diesen Gruppen, die eigene, jedoch ausschließlich fachgebundene Arbeitsnachweise gründeten.

Teilweise zahlten die Gemeinden den karitativen Verbänden, die Vermittlungsstellen unterhielten, Zuschüsse; häufig wurde auch die städtische Armenfürsorge zum Träger eines Arbeitsnachweises. Ziel der Armenpflege war dabei die Versorgung der arbeitslosen Almosenempfänger mit Arbeit, vor allem um die Fürsorgeleistungen für diese beruflich meist wenig qualifizierten Arbeitsuchenden einzuschränken. Sie diente erst in zweiter Linie dem Zweck, Arbeitslosen bei der Suche einer Arbeits- und Verdienstmöglichkeit behilflich zu sein. Dabei erfolgte die Vermittlung häufig in chronologischer Reihenfolge, das heißt nach Eingang des Arbeitsgesuches, nicht dagegen primär nach Eignung[34]. Die Folge davon war, daß sich der tüchtige, selbstbewußte Arbeiter nur dann, wenn er sich nicht mehr selbst helfen konnte, der Arbeitgeber nur dann, wenn er wenig qualifizierte Gelegenheitsarbeiter suchte, an diese Vermittlungsstellen wandte[35, 36].

---

33 Uhlig schildert die Gründung der Arbeitsnachweise und ihre Entwicklung in allen Einzelheiten, S. 36 ff.

34 Vergleiche Uhlig, S. 53 ff.

35 Vergleiche Europäische Wirtschaftsgemeinschaft, Kommission, Studien, S. 12.

36 Die Auswirkungen dieser Verbindung von Armenpflege und Arbeitsvermittlung bekommt die öffentliche Vermittlung noch heute zu spüren:

Die organisatorische und fachliche Zersplitterung der Vermittlungseinrichtungen erwies sich als ihr großer Nachteil: Von 2145 Arbeitsnachweisen, die 1912 in Deutschland bestanden, wurden 382 von Gemeinden, 547 von den Gewerkschaften, 561 von Innungen des Handwerks, 97 von Landwirtschaftskammern sowie 354 von karitativen Einrichtungen getragen[37]. Zwischen diesen Stellen bestand nur wenig oder keine Zusammenarbeit.

b) Staatliche Eingriffe

Der Staat hielt sich in der Frage der Arbeitsvermittlung lange zurück. Die gewerblichen Vermittler spielten bis zur Jahrhundertwende die entscheidende, gesetzlich allerdings in unterschiedlichem Umfang geregelte Rolle. Einzelstaatliche gesetzliche Regelungen[38] der Stellenvermittlung hatte es bereits früher gegeben, so in der ersten Hälfte des 19. Jahrhunderts die Preußische Gesindeordnung von 1810 und die Preußische Gewerbeordnung von 1845, die eine staatliche Bestellung der gewerblichen Vermittler und Festsetzung der Gebühren vorsahen. Die beiden Gesetze wurden durch die Gewerbeordnung des Norddeutschen Bundes vom 21. Juni 1869, die von der Gesetzgebung des Reiches übernommen wurde, abgelöst. Das Gewerbe der Stellenvermittler wurde wieder für frei erklärt und die amtliche Befugnis zur Festsetzung von Taxen aufgehoben. Grundsätzlich konnte wieder jeder Stellenvermittlung betreiben. Es kam erneut zu großen Mißständen, die schließlich schrittweise wieder die zunehmende Einschränkung der Berufsfreiheit der Vermittler durch staatliche Kontrollmaßnahmen nach sich zogen. So schuf die Gewerbeordnungsnovelle vom 1. Juli 1883 die Möglichkeit, unzuverlässigen Stellenvermittlern ihre Tätigkeit zu versagen. Die Novelle vom 30. Juni 1900 führte wieder die Er-

---

Noch immer hängt ihr das Odium an, eine „Arme-Leute-Behörde" zu sein mit den entsprechenden Rückwirkungen auf statusbewußte Arbeitsuchende, die häufig nur aus diesem Grund eine andere Vermittlungsart bevorzugen.

[37] Vergleiche Kommission der Europäischen Gemeinschaften, Untersuchung . . ., S. 7.

[38] Vergleiche zu den folgenden Ausführungen Henschel, S. 31 ff., und Kommission der Europäischen Gemeinschaften, Untersuchung . . ., S. 5.

laubnispflicht ein. Das Stellenvermittlungsgesetz vom 2. Juni 1910 schrieb dann schließlich vor, daß die Erlaubnis für gewerbsmäßige Stellenvermittlung nicht nur bei Unzuverlässigkeit, sondern auch bei mangelndem Bedürfnis zu versagen war. Die genannten Maßnahmen erwiesen sich jedoch nicht als sonderlich wirkungsvoll gegen die beschriebenen Mißstände der privaten Stellenvermittlung[39].

Den wesentlichen Anstoß, die grundsätzliche Einstellung des Staates zur öffentlichen Arbeitsvermittlung zu überprüfen[40], gab der erste Weltkrieg, als 1918 die Demobilisierung des Heeres und die nach dem Krieg gestörte Wirtschaftsordnung eine Massenarbeitslosigkeit bisher ungekannten Ausmaßes hervorriefen. Das Arbeitslosenproblem war von den Gemeinden nicht mehr allein zu bewältigen, die Notwendigkeit einer regional übergreifenden, zentralen Beschäftigungsvermittlungspolitik wurde immer stärker hervorgehoben. Arbeitgeber und Gewerkschaften stimmten in einem gemeinsamen Aufruf für den Aufbau eines autonomen, paritätischen Arbeitsnachweises. 1919 wurden als Mittelinstanz in den Ländern einheitlich als Landesbehörden „Landesämter für Arbeitsvermittlung" und 1920 ein „Reichsamt für Arbeitsvermittlung" als höhere Reichsbehörde in Berlin geschaffen.

Die Bestrebungen, zu einer umfassenden Arbeitsmarktorganisation zu gelangen, fanden schließlich 1922 ihren gesetzlichen Niederschlag im Arbeitsnachweisgesetz vom 22. Juli 1922 (ANG — Reichsgesetzblatt Teil I, 657)[41]. Es verpflichtete Gemeinden und Gemeindeverbände zur Errichtung von öffentlichen Arbeitsnachweisen. Diesen wurden als Pflichtaufgabe die Arbeitsvermittlung und die Mitwirkung bei der Durchführung gesetzlicher Unterstützungsmaßnahmen übertragen. Das Gesetz entzog erstmals grundsätzlich die Arbeitsvermittlung dem privaten Gewerbe und legte auch den Auslauf der gewerbsmäßigen Stellenvermittlung nach einer Übergangszeit fest. Das ANG brachte das grund-

---

[39] Vergleiche Kühne, Peter, Das Vermittlungsmonopol der Bundesanstalt für Arbeit und die Begründung von Leiharbeitsverhältnissen, juristische Dissertation, Köln 1971, S. 72 ff.

[40] Vergleiche EWG-Studien, S. 12.

[41] Über Einzelheiten vergleiche Kühne, S. 60 ff.

sätzliche Verbot jeder gewerbsmäßigen Stellenvermittlung. Dagegen wurde die nichtgewerbsmäßige Stellenvermittlung zunächst nur einer staatlichen Kontrolle unterworfen. — So entstand eine reichseinheitlich aufgebaute dreistufige Organisation mit dem Reichsamt für Arbeitsvermittlung an der Spitze und den Landesämtern als Mittelinstanz; den Gemeinden oblag der örtliche Arbeitsnachweis[42]. Eine gewisse Selbstverwaltung in Form einer Beteiligung von Arbeitgebern und Arbeitnehmern war gegeben.

Das Gesetz über Arbeitsvermittlung und Arbeitslosenversicherung vom 16. Juli 1927 brachte dann einen festen Zusammenschluß der drei Stufen zu einer Organisationseinheit: Die Reichsanstalt für Arbeitslosenvermittlung und Arbeitslosenversicherung wurde als selbständige Körperschaft mit einem eigenen Unterbau von Landesarbeitsämtern und Arbeitsämtern geschaffen und zum Träger der Arbeitsvermittlung bestimmt[43]. Damit war die Arbeitsvermittlung — mit geringen Ausnahmen — allein Sache des Staates geworden.

Nach 1933 blieb die Arbeitsvermittlung zunächst nach Form und Inhalt bestehen. Sehr bald wurde jedoch die Selbstverwaltung der Reichsanstalt beseitigt, die „Lenkung der Arbeitskräfte" 1935 zum Staatsprogramm erhoben und dem Reichsarbeitsministerium übertragen. Das Gesetz über Arbeitsvermittlung, Berufsberatung und Lehrstellenvermittlung vom 5. November 1935 (Reichsgesetzblatt I, 1281) behielt jegliche Arbeitsvermittlung allein der Reichsanstalt für Arbeitsvermittlung und Arbeitslosenversicherung vor; es wird deshalb auch als „Monopolgesetz" bezeichnet[44].

c) Die Entwicklung nach 1945

Nach dem zweiten Weltkrieg setzten bald Bestrebungen ein, die Arbeitsvermittlung wieder einer Institution mit

---

[42] Vergleiche Hennig—Kühl—Heuer, Arbeitsförderungsgesetz, Kommentar, Frankfurt 1971, S. XII, im weiteren als Hennig, Kommentar AFG, zitiert.

[43] Vergleiche auch zu den folgenden Ausführungen Henschel, S. 31 ff.

[44] Vergleiche Kühne, S. 61 ff.

Selbstverwaltung zu übertragen, die im Gesetz über die Errichtung einer Bundesanstalt für Arbeitsvermittlung und Arbeitslosenversicherung vom 10. März 1952 ihren Niederschlag fanden. Die Neufassung dieses Gesetzes vom 3. April 1957 übertrug der Bundesanstalt weitere wesentliche arbeitsmarktpolitische Funktionen im Rahmen der Wirtschafts- und Arbeitsmarktpolitik der Regierung.

Das am 1. Juli 1969 in Kraft getretene Arbeitsförderungsgesetz hat das bestehende Alleinvermittlungsrecht der Bundesanstalt übernommen und sie in „Bundesanstalt für Arbeit" umbenannt.

Erwähnenswert ist, daß die geschichtliche Entwicklung auf dem Gebiet der Arbeitsvermittlung in vielen anderen Ländern, besonders in den EWG-Mitgliedsstaaten, ähnlich verlaufen ist, wenn auch hinsichtlich der Entwicklungsphasen und der rechtlichen Ausgestaltung der einzelnen Arbeitsverwaltungen Unterschiede festzustellen sind. In allen EWG-Staaten nimmt die staatliche Arbeitsvermittlung eine monopolartige Vorrangstellung, allerdings unterschiedlichen Umfanges, ein[45].

---

[45] Vergleiche EWG-Kommission, Untersuchung . . ., S. 15 f.

ERSTER TEIL

Die gegenwärtigen Verhältnisse in der Bundesrepublik Deutschland auf dem Markt für Stellenvermittlung

Der folgende erste Teil der Studie ist dem einen Schwerpunkt der Untersuchung, der Bestandsaufnahme der gegenwärtigen Verhältnisse auf dem Markt für Stellenvermittlung, gewidmet. Wegen der nicht ohne weiteres überschaubaren Zusammenhänge zwischen Arbeitsmarkt und Stellenvermittlungsmarkt erschien es angebracht, der eigentlichen Analyse des Marktes eine Einführung ebenso wie eine erste vorläufige Kennzeichnung des Arbeitsvermittlungsmonopols voranzustellen.

Erstes Kapitel: Zum Stellenvermittlungsmonopol

1. Der Monopolbegriff

Die Bezeichnung „Monopol"[1] kann in einer wirtschaftswissenschaftlichen Untersuchung leicht mißverständlich sein; sie bedarf deshalb einer Klärung[2]. Es ist zu unterscheiden zwischen dem wirtschaftswissenschaftlichen und dem rechtlichen Monopolbegriff. Wie bereits in der Einleitung dargelegt, ist bei der Bezeichnung „Arbeitsvermittlungsmonopol" im Rahmen dieser Arbeit nicht das Monopol als Marktform oder Marktverhaltensweise gemeint; vielmehr liegt hier eine juristische Monopoldefinition zugrunde[3]. Als Monopol im rechtlichen Sinne wird „die ausschließliche Möglichkeit oder das ausschließliche Recht, eine bestimmte Tätigkeit auszuüben",

---

[1] Ursprünglich bedeutet „Monopol die Möglichkeit oder das Recht, ein Gut als einziger zu verkaufen", wobei anfänglich immer ein wirtschaftliches Verhalten gemeint ist. Vergleiche Badura, Peter, Das Verwaltungsmonopol, Berlin 1963, S. 2 f.

[2] Vergleiche Gandenberger, Otto, Das Finanzmonopol, Fiskalische und außerfiskalische Wirkungen im Vergleich zur Verbrauchsteuer, Band 24 der Veröffentlichungen des Forschungsinstituts für Wirtschaftspolitik an der Universität Mainz, Heidelberg 1968, S. 33 f.

[3] Vergleiche Gandenberger, S. 33.

angesehen[4]. „Monopol in diesem Sinne ist ein Ausschließlichkeitsrecht, das eine Monopolstellung im wirtschaftlichen Sinne begründen kann, aber keineswegs begründen muß"[5]. Das Monopolrecht eines staatlichen Monopols kann regional oder sachlich so eng definiert sein, daß dieses *wirtschaftlich* nur eine Oligopolstellung hat oder sogar in polypolistischer Konkurrenz steht[6]. Es liegt daher kein begrifflicher Widerspruch vor, wenn in dieser Untersuchung vom Arbeitsvermittlungs„monopol" gesprochen wird, das im Wettbewerb mit anderen Mitbewerbern steht[6]. Dabei wird allerdings die Heterogenität der von den einzelnen Konkurrenten angebotenen Güter vorausgesetzt.

Als Gegenbegriff zum Monopol als Ausschließlichkeitsrecht ist der „freie", das heißt von keinen rechtlichen Zugangsschranken behinderte Wettbewerb[7,8] anzusehen.

2. Arbeitsvermittlungsmonopol und monopolfreie Bereiche

Die Tatsache, daß das Arbeitsvermittlungsmonopol der Bundesanstalt als Ausschließlichkeitsrecht in der ökonomi-

4 Badura, S. 2.

5 Gandenberger, S. 33.

6 Vergleiche ebenda.

7 Vergleiche Gandenberger, S. 33.

8 Wettbewerb ist kein eindeutig definierbarer Begriff, sondern ein Begriffskomplex, der eine Vielfalt von Relationsbegriffen einschließt. Einer der wichtigsten, wertfreien Grundbegriffe des Wettbewerbs bezieht sich auf das Verhalten der einzelnen Mitglieder einer Gruppe von Anbietern bestimmter Waren oder Dienstleistungen. Hier ist Wettbewerb als Verhaltenstypus der Anbieter hinsichtlich ihrer Absatzmengen, Verkaufspreise und Erzeugnisqualitäten aufgefaßt. Die Gruppe der Anbieter wird je nach der Problemstellung eng oder weit gefaßt und reduziert sich im Falle des vollkommenen Monopols auf einen einzigen Anbieter. Das Monopol als Negation des Wettbewerbs wäre in diesem Zusammenhang ein Fremdkörper, spielten nicht bei zweien seiner Erscheinungsformen, beim Teilmonopol und beim unvollkommenen Monopol, Beziehungen zu Konkurrenten eine Rolle. Beim Teilmonopol befriedigen die kleinen „Mitläufer" einen Teil der Gesamtnachfrage, dem Teilmonopolisten verbleibt der große Rest. Beim unvollkommenen Monopol ist der Monopolist nur innerhalb eines bestimmten (Rechts- oder Preis-)Bereichs von Konkurrenz gesichert. Außerhalb dieses Bereichs können andere Anbieter, auch neue Wettbewerber, konkurrenzfähig sein. Vergleiche Machlup, Fritz, Wettbewerb (III), Wirtschaftstheoretische Betrachtung, Handwörterbuch der Sozialwissenschaften, Band 12, Stuttgart, Tübingen, Göttingen 1965, S. 37 ff.

schen Wirklichkeit keineswegs ein vollkommenes Monopol im wirtschaftlichen Sinne nach sich gezogen hat, bleibt häufig unbeachtet. Allerdings weist die Studie der EWG-Kommission darauf hin, daß in keinem der sechs Mitgliedsstaaten der EWG die Arbeitsvermittlung „ein eigentliches Vermittlungsmonopol" habe[9]. Bei marktformentheoretischer Betrachtungsweise kann man nämlich nicht von einem vollkommenen Monopol der Bundesanstalt auf dem Stellenvermittlungsmarkt, der gedanklichen Zusammenfassung aller Anbieter und Nachfrager von und nach Vermittlungsdiensten[10], sondern je nach Abgrenzung nur von einem unvollkommenen oder von einem Teilmonopol sprechen. Bestimmte Teilmärkte des Arbeitsvermittlungsmarktes sind nämlich, da hier die Bundesanstalt im Wettbewerb mit privaten Konkurrenten steht, als nur teilweise monopolisiert oder als monopolfreie Bereiche anzusehen. Es handelt sich hierbei um die Teilmärkte für Zeitpersonal, Führungskräfte und künstlerische Berufe. Die privaten Mitbewerber in diesen Bereichen befinden sich *untereinander* in polypolistischer Konkurrenz; in Teilbereichen gibt es Oligopole, je nach Grenzziehung auch Teilmonopole.

Ein vollkommenes Monopol der Bundesanstalt läge nur dann vor,

(a) wenn und solange es keine Konkurrenz gäbe, die auch Arbeitsvermittlung in rechtlichem Sinne betreibt; diese ist aber in Teilbereichen in Form der — wenn auch von der Bundesanstalt selbst „zugelassenen" und nur „geduldeten" — Künstleragenturen (noch) vorhanden;

(b) wenn man den Markt nur nach der formaljuristisch bestimmten Zahl der Anbieter und nicht nach der gehandelten „Ware" Vermittlungsdienste abgrenzt und diese wiederum nicht so umfassend definiert, wie es in dieser Arbeit getan wird, daß auch die stark angebotsverwandte Konkurrenz der Personalberater und Unternehmen für Zeitarbeit mit einbezogen werden kann;

---

[9] Vergleiche EWG-Studie, S. 26.

[10] Zum Marktbegriff vergleiche unten S. 44 ff.

(c) wenn man, was in einigen Staaten der Fall ist[11], die Selbstsuche[12] untersagt und für jeden Stellenwechsel obligatorisch die Benutzung des staatlichen Arbeitsvermittlungsmonopols (hier in rechtlichem und wirtschaftstheoretischem Sinne) vorschreibt. Das würde bei einer entsprechenden Zielsetzung eines vollkommen „abgedichteten" öffentlichen Monopols dann allerdings implizieren, daß auch ein Stellenwechsel beziehungsweise eine Stellenbesetzung mit Hilfe von Zeitungsinseraten der Arbeitgeber und Arbeitsuchenden nicht mehr zulässig wäre. Anderenfalls wäre eine „Umgehung" des Monopols in den „echten" Monopolbereichen (zum Beispiel Teilarbeitsmärkte der „Normalberufe") noch immer möglich.

3. Zur Wettbewerbslage auf dem Stellenvermittlungsmarkt

Auch wenn die Bundesanstalt über kein vollkommenes Monopol in ökonomischem Sinne verfügt, ist aus dieser Tatsache nicht zu folgern, daß der Wettbewerb auf dem Stellenvermittlungsmarkt in der Bundesrepublik nur vergleichsweise wenig eingeschränkt sei. Tatsache ist, daß die Bundesanstalt, gestützt auf ihr gesetzlich verbrieftes Alleinvermittlungsrecht, den von der Zahl her gesehen größten Teil der Stellenvermittlungen abwickelt. Sie allein betreibt, mit gesetzlichem Auftrag versehen, die Arbeitsvermittlung in der Bundesrepublik Deutschland. Jedermann sonst ist, von Ausnahmen abgesehen, die Ausübung dieser Tätigkeit (in juristischem Sinne) untersagt.

Gegenüber etwaigen Konkurrenten, die als Anbieter von Vermittlungsleistungen in rechtlichem (Künstlervermittler) oder in ökonomischem Sinne tätig werden möchten, verfügt die Bundesanstalt neben ihrer juristischen Monopolstellung

---

[11] Wie zum Beispiel in Italien, wo es (mit geringen Einschränkungen für Hauspersonal) Arbeitgebern unter Strafandrohung untersagt ist, Personal ohne Einschaltung des Arbeitsamtes einzustellen. Vergleiche Europäische Wirtschaftsgemeinschaft, Kommission, Studie, S. 13 und 27.

[12] Zum Begriff vergleiche S. 52 f.

noch über zwei weitere Wettbewerbsvorteile von großer Bedeutung. Der eine ergibt sich aus dem Umstand, daß sie ihre Leistung kostenlos anbieten kann und muß, während die privaten Vermittler gegen Entgelt arbeiten. Der zweite Wettbewerbsvorteil der Bundesanstalt besteht in der großen Rechtsunsicherheit ihrer Konkurrenten. Quelle dieser Rechtsunsicherheit ist das Monopolrecht der Bundesanstalt, das der Bundesanstalt die Möglichkeit der Bestrafung privater Konkurrenten wegen unerlaubter Arbeitsvermittlung einräumt. Die rechtlichen Möglichkeiten für „newcomers", auf dem Markt für Arbeitsvermittlung legal tätig werden zu können, sind, wie noch zu zeigen ist, als beabsichtigte Auswirkung des Monopolrechts äußerst begrenzt; die rechtliche Lage, insbesondere die Abgrenzung des Begriffs „unerlaubte Arbeitsvermittlung", ist von einer eindrucksvollen Kompliziertheit. Hervorstechendes Kennzeichen ist, daß nur „alte" Tatbestände durch Rechtsvorschriften und Rechtsprechung einigermaßen hinreichend und praktikabel geklärt sind, daß dagegen neuartige Dienstleistungstypen erst der Prüfung ihrer Zulässigkeit, in der Regel durch die Gerichte, bedürfen. Viele Teilfragen und -aspekte sind in rechtlicher Beziehung bis jetzt ungeklärt, unter Umständen auch noch gar nicht aufgegriffen. Sie bergen daher Risiken für den Markteintritt neuer Anbieter in sich. Vorhandene Mitbewerber oder potentielle Konkurrenten, die mit einer vielleicht auch nur gering angebotsverwandten Dienstleistung, möglicherweise auch mit einem völlig neuen Dienstleistungstyp, wie zum Beispiel in der Vergangenheit die Unternehmen für Zeitarbeit, einen Markteintritt erwägen, sind daher immer von der Gefahr der Bestrafung (Geldstrafen) oder von Prozessen mit der Bundesanstalt wegen unerlaubter Arbeitsvermittlung bedroht. Diese können je nach Urteil im ungünstigsten Fall zu einer Vernichtung ihrer wirtschaftlichen Existenz führen. Mit großer Gewißheit bergen sie eine langandauernde Rechtsunsicherheit in sich, bis oft erst nach Jahren geklärt ist, ob ihre Tätigkeit (keine) verbotene Arbeitsvermittlung ist. „Newcomers" auf diesem Dienstleistungsmarkt haben also nicht nur das „normale" unternehmerische Risiko, sondern auch bis zur Klärung der schwierigen Rechtslage die jahrelange Gefahr zu tragen, daß ihre Tätigkeit nachträglich zu unzulässiger Arbeitsvermittlung erklärt wird. Allein diese Gefahren werden in vielen Fällen zur Verhinderung des Markteintritts potentieller Konkurrenten der Bundesanstalt, die keine Arbeitsvermittlung, aber verwandte Dienstleistungen anbieten möchten, führen.

Eine zusätzliche Auswirkung negativer Gerichtsurteile für die Konkurrenten der Bundesanstalt kann es sein, daß die Nachfrage auf (neuartige) Dienstleistungen, die sie vielleicht schon jahrelang in Anspruch genommen und insofern als notwendig honoriert hat, verzichten muß. Wahrscheinlicher ist es jedoch, daß die von existenzbedrohenden Urteilen betroffenen Mitbewerber der Bundesanstalt mit rechtskundiger Hilfe versuchen, mittels speziell auf die relevanten Tatbestände abgestellter Verträge und Tätigkeitsmerkmale Möglichkeiten aufzuspüren, um durch Anpassung an Gesetz und Rechtsprechung weiterhin tätig bleiben zu können.

Trotz der geschilderten Schwierigkeiten haben Anbieter von ähnlichen oder anders gestalteten Dienstleistungen als die der Bundesanstalt auf dem wie oben abgegrenzten Markt für Stellenvermittlung in den letzten fünfzehn bis zwanzig Jahren den Markteintritt gewagt. In Anbetracht ihrer schwierigen rechtlichen Situation einerseits und des gegenüber der Bundesanstalt vorhandenen zusätzlichen Wettbewerbsnachteils der Entgeltlichkeit andererseits sind ihre Erfolge hervorzuheben. Es gibt für private Anbieter auf dem Stellenvermittlungsmarkt grundsätzlich nur zwei legale Möglichkeiten eines Markteintritts[13], wobei wegen der Wettbewerbsvorteile der Bundesanstalt ihre Marktaussichten gering erscheinen:

(a) Im ersten Fall dürfen sie nur mit Erlaubnis („Auftrag") des öffentlichen Monopols als Arbeitsvermittler im Sinne des Gesetzes und nur für eng begrenzte Bereiche tätig werden (Künstlervermittler). Auf die Erteilung des „Auftrags" besteht kein Rechtsanspruch. Es liegt nur eine Kann-Vorschrift mit Ermessensentscheidung vor; außerdem wird das sogenannte Auslaufprinzip verfolgt[14].

[13] Über Einzelheiten der Rechtslage vergleiche S. 83 ff.

(b) Alle anderen „Konkurrenten" der Bundesanstalt in den „monopolfreien" Bereichen können nur dann tätig werden, wenn sie von der öffentlichen Arbeitsvermittlung abweichende, höchstens verwandte Leistungen erbringen; sie dürfen aber grundsätzlich keine Arbeitsvermittlung betreiben. Sie stehen daher immer im Verdacht der unerlaubten Arbeitsvermittlung, wofür, wie bereits erwähnt, eine Reihe von langwierigen Prozessen, die zum Teil bis in die obersten Instanzen gingen, beredtes Zeugnis sind[15].

Das Monopolrecht der Bundesanstalt hat also zwei hervorstechende Wirkungen:

(a) Es stellt eine Einschränkung der Gewerbefreiheit in Form eines Marktzugangsverbots dar; denn es untersagt jedem, neben der Bundesanstalt die Tätigkeit eines Stellenvermittlers auszuüben, schränkt also das Grundrecht der Berufsfreiheit insoweit ein.

(b) Als Folge dieses rechtlichen Markteintrittshemmnisses für private Vermittler sind die Möglichkeiten zu aktuellem und potentiellem Wettbewerb begrenzt.

Auf beide Gesichtspunkte wird im Laufe der Untersuchung noch näher einzugehen sein.

Zweites Kapitel: Vorüberlegung: Arbeitsmarkt und Arbeitsvermittlungsmarkt

1. Die Beziehungen zwischen Arbeits- und Stellenvermittlungsmarkt

Der Markt für Stellenvermittlung ist ein vom Arbeitsmarkt abgeleiteter Markt. Die Dienstleistung der Stellenvermittlung und ihre wichtigste Funktion bestehen darin, zwi-

---

[14] Vergleiche S. 88 f.

[15] Vergleiche S. 90 ff.

schen den Marktparteien des Arbeitsmarktes zu vermitteln. Wegen der Wechselbeziehungen zwischen beiden Märkten erscheint es zweckmäßig, der Kennzeichnung des Stellenvermittlungsmarktes eine Schilderung des „Basis-Marktes", das heißt des Arbeitsmarktes, voranzustellen. Viele Marktbesonderheiten des Stellenvermittlungsmarktes sind erst durch die Kenntnis der Zusammenhänge auf dem Arbeitsmarkt zu verstehen und zu gewichten.

Die Beziehungen zwischen beiden Märkten sind unter anderem dadurch gekennzeichnet, daß der Stellenvermittlungsmarkt ohne Arbeitsmarkt nicht denkbar, der Arbeitsmarkt dagegen ohne Arbeitsvermittlung immer noch, wenn auch wahrscheinlich unter Schwierigkeiten, funktionsfähig ist. Dieser Umstand zeigt die grundsätzliche Abhängigkeit des Stellenvermittlungsmarktes vom Arbeitsmarkt: Ein Markt für Stellenvermittlung entsteht erst, wenn der Arbeitsmarkt dessen Dienstleistung benötigt, das heißt der Stellenvermittlungsmarkt ist ein komplementärer Markt zum Arbeitsmarkt.

2. Begriff und Besonderheiten des Arbeitsmarktes

a) Kennzeichnung des Arbeitsmarktes

Für die Stellenvermittlung ist die Kenntnis der Struktur eines Arbeitsmarktes im Hinblick auf die unterschiedlichen Vermittlungsmöglichkeiten und -bedürfnisse von erheblicher Bedeutung. Auf dem Arbeitsmarkt als jenem Ort, an dem regelmäßig das Angebot an menschlicher Arbeitsleistung mit deren Nachfrage zusammentrifft[16], ist der Produktionsfaktor Arbeit Objekt der Marktvorgänge.

Allerdings ist das Arbeitsangebot nicht das Angebot einer einheitlichen Arbeitsleistung schlechthin, das heißt eines homogenen Gutes, sondern einer Arbeitsleistung, die hinsichtlich ihrer Art und Qualität sehr verschiedenartig sein

[16] Vergleiche auch zu den folgenden Ausführungen Kaufmann, Karl Heinz, Arbeitsmarkt und Wettbewerbspolitik, Bern und Stuttgart 1971, S. 18 f.

kann. Entsprechend differenziert ist die Nachfrage geartet. Daraus folgt, daß man nicht von einem Arbeitsmarkt als einheitlichem Ganzen sprechen kann, sondern daß es *berufliche* Teilarbeitsmärkte für die verschiedensten Arbeitsleistungen gibt[17]. Durch unterschiedliche Begabung, Ausbildung und berufliche Fähigkeiten „wird jede Arbeitsart zum Gegenstand einer spezifischen Nachfrage und ... somit Ausgangspunkt eines bestimmten fachlichen Teilmarktes"[18]. Beruflich abgegrenzte Teilarbeitsmärkte weisen zudem noch „Submärkte"[18] für Gelernte, Angelernte und Ungelernte beziehungsweise besonders, durchschnittlich und unterdurchschnittlich qualifizierte Angehörige eines Berufes auf. Von einem beruflichen Teilarbeitsmarkt kann man sprechen, sobald Angehörige des gleichen Berufs gleichartige (homogene) Arbeitsleistungen erbringen, die, sobald von gleicher Art, Qualität und Intensität, als vollständig austauschbar angesehen werden und die damit diesen Teilarbeitsmarkt kennzeichnen. Wegen der Vielzahl der Berufe[19] ist der Arbeitsmarkt also gedanklich in viele kleine und kleinste Teilmärkte aufzulösen[20].

Durch die Herausbildung von Berufen und die heute immer weitergehende Spezialisierung ist der Grad der Substituierbarkeit der verschiedenen Arbeitsleistungen begrenzt. Allerdings ist zu bedenken, daß die immer stärker in Anspruch genommenen öffentlichen Maßnahmen zur Erhöhung der beruflichen und regionalen Mobilität die Grenzen zwischen den einzelnen Teilarbeitsmärkten fließend werden lassen. So ist anzunehmen, daß durch eine breitangelegte Grund-

---

[17] Die Arbeitskräfte gliedern sich und stufen sich ab in der beruflichen Fähigkeit und Fertigkeit (Ausbildung) horizontal der Art nach, vertikal dem Grade nach, dazu noch weiter natürlich-biologisch nach Altersklassen und nach Geschlecht. Vergleiche Willeke, Eduard, „Arbeitsmarkt", Handwörterbuch der Sozialwissenschaften, Band 1, Stuttgart, Tübingen, Göttingen 1956, S. 323.

[18] Kaufmann, S. 19.

[19] Es gibt heute ca. 20 000 bis 25 000 Berufsbezeichnungen, die aber wegen der häufigen Benennung der gleichen Tätigkeit mit mehreren Berufsnamen nicht unbedingt gleichbedeutend mit der Zahl von beruflich abgegrenzten Teilarbeitsmärkten sind. Trotzdem geben die genannten Zahlen eine Vorstellung von der möglichen Anzahl beruflicher Teilarbeitsmärkte.

[20] Vergleiche hierüber auch von Stackelberg, H., Grundlagen der theoretischen Volkswirtschaftslehre, 2. Auflage, Bern, Tübingen 1951, S. 219 ff.

ausbildung der „Angebotsspielraum" der Arbeitnehmer und der Grad der Substituierbarkeit der Arbeitsleistungen zunimmt[21]. Diese Ausweitung der individuellen Leistungsbreite ist gleichbedeutend mit der Möglichkeit des Arbeitsuchenden, nicht nur auf einem, sondern auf mehreren Teilarbeitsmärkten als Anbieter aufzutreten.

Eine weitere Aufgliederung des Arbeitsmarktes in *räumliche* Teilarbeitsmärkte ergibt sich aufgrund lokaler Immobilität der Arbeitskräfte und regional unterschiedlicher Arbeitsbedingungen[22]. Der Arbeitsmarkt zeichnet sich im Gegensatz zu den Gütermärkten nicht durch freie Mobilität des Angebots aus[22]. Örtliche und persönliche Präferenzen, wie Bindungen an den Wohn- und Arbeitsort, bestimmen als außerwirtschaftliche Überlegungen die ökonomischen Entscheidungen des Trägers der Arbeitsleistung in merklichem Ausmaß mit[23]. Für die Arbeitsvermittlung ist die Frage des Durchmessers eines räumlichen Teilmarktes auch aus organisatorischen Gründen von Interesse. Seine Größe ist abhängig insbesondere von der Mobilität der Arbeitskräfte, von Umfang und Struktur der Arbeitsnachfrage, von den Verkehrsverhältnissen, aber auch von traditionellen Gegebenheiten[22]. Dementsprechend werden lokale, regionale und zentrale räumliche Teilarbeitsmärkte unterschieden.

Der Arbeitsmarkt kann daher als eine Summe von beruflichen und räumlichen Teilarbeitsmärkten aufgefaßt werden[24], wobei sich berufliche und räumliche Teilarbeitsmärkte überlagern. Ein Teilarbeitsmarkt ist also jeweils durch zwei

---

[21] Zur Frage der Verwandtschaftsgrade einzelner Berufsfachrichtungen vergleiche Ullrich, Erhard, Deckungsuntersuchungen für Ausbildungsinhalte als Elemente der beruflichen Substitutionsanalyse, in: Mitteilungen aus der Arbeitsmarkt- und Berufsforschung, herausgegeben vom Institut für Arbeitsmarkt- und Berufsforschung der Bundesanstalt für Arbeit, Erlangen, Heft 10 (Dezember 1969), S. 823. — Ebenso Annelore Chaberny, Herbert Fenger, Manfred Kaiser, Substitutionshinweise in Stellenangeboten, dortselbst, Heft 1 (1. Quartal 1971), S. 81 ff.

[22] Vergleiche Kaufmann, S. 19.

[23] Vergleiche dazu Carell, E., „Arbeit", Handwörterbuch der Sozialwissenschaften, Band 1, S. 233.

[24] Vergleiche Burghardt, A., Lehrbuch der Allgemeinen Sozialpolitik, Berlin 1966, S. 415.

Faktoren, die berufliche Abgrenzung und die räumliche Ausdehnung, gekennzeichnet.

b) Die Besonderheiten des Arbeitsmarktes

Die Tatsache, daß für den größten Teil der Bevölkerung der „Verkauf" ihrer Arbeitsleistung die einzige, oft die ausschließliche Möglichkeit der Einkommenserzielung ist, gibt dem Arbeitsangebot seinen schwerwiegenden sozialen Aspekt. Er erklärt auch, daß der Arbeitnehmer ursprünglich eine, verglichen mit der Nachfrageseite, schwächere Marktposition innehatte, die sich erst dadurch erheblich verbesserte, daß durch die Gewerkschaften die Einzelangebote der Arbeitnehmer vielfach zu einem Gesamtangebot eines Teilarbeitsmarktes zusammengefaßt wurden[25].

Desgleichen wurde die individuelle Marktposition des Arbeitnehmers durch die Begründung der Arbeitslosenversicherung und zahlreiche andere Schutzmaßnahmen, beispielsweise durch den gesetzlichen Kündigungsschutz, gestärkt. Trotzdem bleibt die Abhängigkeit des Arbeitnehmers von der Verwertung seiner Arbeitsleistung, der „strukturelle Verkaufszwang" (Willeke), mit allen sozialen Folgen grundsätzlich bestehen. Zusätzliche Eigenarten lassen den Arbeitsmarkt zu einem „typisch unvollkommenen Markt" (Stackelberg) werden. „Die ‚synchrone Reaktion', das heißt die Möglichkeit, ohne Zeitverlust auf die Marktsituation zu reagieren"[26], ist auf diesem Markt gehemmt. Diese Tatsache ergibt sich unter anderem aus der „Schwerbeweglichkeit der Arbeitskräfte", die auf dem Arbeitsmarkt in dreifacher Form auftritt:[27] Neben der schon dargestellten begrenzten beruflichen Mobilität und der „räumlichen Schwerbeweglichkeit" behindert als weiterer Umstand das mögliche zeitliche Auseinanderfallen von Arbeitsangebot und -nachfrage, etwa durch Kündigungsfristen (oder auch infolge fehlender Vermittlung), den Ausgleich auf diesem Markt.

---

[25] Vergleiche Kaufmann, S. 21.

[26] Willeke, S. 327.

[27] Vergleiche Willeke, S. 327.

Die genannten Besonderheiten wirken dahin, daß es für die Marktteilnehmer, insbesondere die Arbeitnehmer wegen ihrer Vereinzelung und ihrer vergleichsweise bescheidenen Mittel[28], schwierig ist, sich Marktkenntnisse und Marktüberblick zu verschaffen. Die fehlende Markttransparenz[29] als typische Unvollkommenheit des Arbeitsmarktes wird zunächst durch die geschilderte Heterogenität der „Ware" Arbeit an sich verursacht. Die Verschiedenartigkeit des Faktors Arbeit, die daraus resultierende Vielzahl beruflicher und räumlicher Teilmärkte, die unterschiedlichen Preise (= Löhne) und Konditionen auf den einzelnen Märkten bewirken dann insgesamt, daß sich der Arbeitsuchende nur schwer, in der Regel nur mit entsprechend großem Geld- und Zeitaufwand, ausreichende Marktübersicht auf dem für ihn relevanten Teilmarkt verschaffen kann.

Die beschriebene Unvollkommenheit des Arbeitsmarktes, vor allem die daraus resultierende fehlende Marktübersicht, haben das Bedürfnis des Arbeitsuchenden nach Vermittlung durch eine Person oder Institution entstehen lassen, die über eine bessere Kenntnis der Marktlage, insbesondere über das Vorhandensein von Arbeitsangebot und -nachfrage, verfügt als er selbst. Die geschilderten Besonderheiten des Arbeitsmarktes erklären auch, warum es überhaupt zur Entstehung des Stellenvermittlungsmarktes gekommen ist. Denn denkbar wäre ja zunächst auch ein ausschließlich direkter Ausgleich zwischen (Arbeits-)Angebot und Nachfrage wie auf vielen Sachgütermärkten, das heißt ohne Einschaltung von Vermittlern, gewesen.

---

[28] Vergleiche derselbe, S. 328.

[29] Markttransparenz bedeutet die Gesamtheit der Informationen, die Verkäufern und Käufern über die auf einem Markt bestehenden Angebots- und Nachfragekonstellationen zur Verfügung stehen. Vergleiche Scherhorn, Gerhard, Information und Kauf, Köln und Opladen 1964, S. 15. Davon zu unterscheiden ist die Marktübersicht des einzelnen Marktteilnehmers über die für ihn in Frage kommenden Leistungen und Preise. — Die geschilderte mangelnde Markttransparenz auf dem Arbeitsmarkt ist gegenüber der Markttransparenz auf dem Stellenvermittlungsmarkt abzugrenzen; sie findet allerdings eine Entsprechung auf dem Stellenvermittlungsmarkt hinsichtlich der dort angebotenen Dienstleistungen, wie noch darzulegen ist.

3. Der Markt für Stellenvermittlung

a) Begriff und Struktur

Unter dem „Markt für Stellenvermittlung" soll in dieser Studie die gedankliche Zusammenfassung aller Anbieter und Nachfrager von und nach Vermittlungsdiensten, die sowohl gegen Entgelt als auch unentgeltlich erbracht werden können, verstanden werden.

Der Struktur des Arbeitsmarktes entsprechend ist auch der Markt für Stellenvermittlung kein einheitliches Ganzes, sondern auch dieser Markt setzt sich aus vielen Teilmärkten zusammen. Der Markt für Stellenvermittlung kann daher als Summe beruflicher und räumlicher Teilvermittlungsmärkte aufgefaßt werden. Als Teilvermittlungsmarkt ist jener räumlich und/oder beruflich abgegrenzte Bereich anzusehen, in dem Stellenvermittlung für eine weitgehend homogene Arbeitsleistung angeboten und nachgefragt wird[30]. Der historischen Herausbildung der Arbeitsmärkte folgend, haben sich Teilvermittlungsmärkte dort entwickelt, wo auf räumlichen und beruflichen (Teil-)Arbeitsmärkten Bedürfnis nach einer entsprechenden komplementären Dienstleistung bestand[31].

b) Berufliche Teilvermittlungsmärkte

Die beruflichen Teilvermittlungsmärkte der Bundesrepublik können wie folgt beschrieben werden:

Sie sind durch die Tatsache gekennzeichnet, daß die jeweiligen Vermittler nur das Angebot und die Nachfrage für be-

---

[30] Die Abgrenzung eines Teilvermittlungsmarktes vom vermittelten „Gut", das heißt der jeweiligen Arbeitsleistung, her empfiehlt sich deshalb, weil die Vermittlungsleistungen der einzelnen Vermittlertypen sich vor allem durch den Umstand unterscheiden, daß der eine nur die Grundleistung, andere dagegen zusätzliche Leistungen erbringen, wie noch zu zeigen ist.

[31] So soll es bereits 1451 in Nürnberg drei gewerbliche Vermittler für Dienstboten gegeben haben — vermutlich der erste räumlich und beruflich abgegrenzte Teilvermittlungsmarkt in Deutschland. — Vergleiche dazu auch Henschel, S. 28.

stimmte Berufe, Berufsgruppen oder durch andere berufsbezogene Merkmale abgegrenzte Gruppen von Tätigkeiten zusammenführen.

Die Bundesanstalt für Arbeit muß wegen ihres Monopols grundsätzlich auf allen Teilmärkten Vermittlungsleistungen anbieten. Das Schwergewicht ihrer Tätigkeit liegt bei den „normalen" Arbeiter- und Angestelltenberufen. Spezialvermittler bedienen dagegen nur einen oder wenige eng verwandte, beruflich abgegrenzte Teilvermittlungsmärkte, die meist besondere Spezialkenntnisse voraussetzen. Hierfür können beispielhaft genannt werden:

(1) Die Künstlervermittler, die nur künstlerische Berufe vermitteln,

(2) die sogenannten Modellagenturen, die sich nur mit Fotomodellen befassen,

(3) die (inzwischen der Bundesanstalt übertragenen) seemännischen Heuerstellen, die nur Seeleute im Mannschaftsstand (ein Submarkt des Teilvermittlungsmarktes Schiffahrtspersonal) vermitteln,

(4) Personalberater, die sich nur mit Führungskräften beschäftigen (ein Submarkt der Teilvermittlungsmärkte für besonders qualifizierte Arbeitskräfte unterschiedlicher Berufe mit dem Merkmal Top-Management-Eignung), und

(5) Unternehmen für Zeitarbeit, die sich nur mit Zeitpersonal (ein Submarkt — Merkmal Zeitarbeit — der Teilvermittlungsmärkte für unterschiedliche Berufe) befassen.

Die Bundesanstalt für Arbeit, die auch diese Teilvermittlungsmärkte, wenn auch in unterschiedlichem Ausmaß, bedient, hat die Teilvermittlungsmärkte organisatorisch dadurch abgegrenzt, daß sie für jeden Bereich berufsbezogene Vermittler abgestellt hat. So werden innerhalb eines Arbeitsamtes je nach Struktur und Größe eines Wirtschaftsraumes beispielsweise mehrere verwandte Berufe zu einer sogenannten Vermittlungsstelle, die auch die organisatorische Grundeinheit der Arbeitsvermittlung eines Arbeitsamtes bildet, zusammengefaßt.

c) Räumliche Teilvermittlungsmärkte

Die beruflichen Teilvermittlungsmärkte werden von den räumlichen (lokalen, regionalen, zentralen, sektoralen[32]) Teilmärkten überlagert. Für deren Abgrenzung scheint die räumliche Mobilität der Arbeitsuchenden als Kriterium zweckmäßig. Der „Aktionsradius" eines Vermittlers ist nämlich durch den geographischen Raum bestimmt, innerhalb dessen die Arbeitsuchenden bei einem Arbeitsplatzwechsel ihren Wohnsitz zu ändern bereit sind.

Die räumlichen Teilvermittlungsmärkte sind, entsprechend der Mobilität der vermittelten Berufsgruppen, unterschiedlich groß. So reichen für Angehörige „normaler" Arbeiter- und Angestelltenberufe, die auf einem räumlich nahen und überschaubaren Arbeitsmarkt eine Position suchen, erfahrungsgemäß die örtlichen oder regionalen Arbeitsmärkte der Arbeits- und Landesarbeitsamtsbereiche aus. Mit zunehmender beruflicher Qualifikation oder Spezialisierung ist jedoch häufig der lokale oder regionale Arbeitsmarkt nicht mehr ausreichend, da die Wahrscheinlichkeit, auf einem räumlich eng begrenzten Arbeitsmarkt deckungsgleiche Arbeitsgesuche und Stellenangebote zu finden, um so geringer wird, je qualifizierter und damit je heterogener die angebotene oder gesuchte Arbeitsleistung ist. Angehörige akademischer oder anderer qualifizierter technischer und kaufmännischer Berufe sind ebenso wie Künstler, bei denen aber zu der Heterogenität ihrer Arbeitsleistung noch der Umstand der von der Zahl und vom Volumen her begrenzten Teilarbeitsmärkte hinzukommt, auf einen überregionalen Arbeitsmarkt angewiesen. Mit steigender Qualifikation und Spezialisierung wächst daher der erforderliche geographische Raum, das heißt der Durchmesser des Teilarbeitsmarktes, in welchem sich eine neue, vergleichsweise seltene Position bietet. Angehörige besonders qualifizierter Berufe weisen daher

---

[32] Sektorale Märkte haben eine räumliche und eine branchenberufsbezogene Komponente. Da ein Wirtschaftssektor eine Vielzahl von Berufen umfaßt, was zu Einordnungsschwierigkeiten bei den beruflichen Teilmärkten führt, sollen sektorale Teilmärkte aus Vereinfachungsgründen den räumlichen Teilmärkten zugerechnet werden.

in der Regel zwangsläufig eine größere räumliche Mobilität auf als die sogenannten „Normalberufe"[33].

Das Angewiesensein auf größere Arbeitsmärkte kann sich auch dadurch ergeben, daß durch Strukturveränderungen in regional begrenzten Wirtschaftsräumen Angehörige bestimmter Berufe oder Berufsgruppen dort keine Arbeitsplätze mehr finden können, wie vor wenigen Jahren beispielsweise Bergbaubedienstete im Ruhrgebiet. Hier erfordert der erfolgreiche Arbeitsplatzwechsel regionale und sektorale, häufig auch berufliche Mobilität. Sektorale Mobilität bedeutet Wechsel des Wirtschaftszweigs, wenn auch meist im erlernten Beruf. Mobilität ist in jedem Fall gleichbedeutend mit der Bereitschaft, den relevanten (räumlichen und/oder beruflichen) Teilarbeitsmarkt und gegebenenfalls auch den Teilvermittlungsmarkt zu wechseln.

Die Bundesanstalt bietet Vermittlungsdienste auf lokalen, regionalen und zentralen Teilvermittlungsmärkten an, wie noch eingehend darzustellen ist[34].

Personalberater und Künstlervermittler werden dagegen — ebenso wie die „Stellenmärkte" der Zeitungen — überwiegend für zentrale Teilvermittlungsmärkte in Anspruch genommen. Der Tätigkeitsbereich der Unternehmen für Zeitarbeit ist demgegenüber weitgehend lokal oder regional bestimmt.

Drittes Kapitel: Die Nachfrager nach Vermittlungsdiensten

Der vorangegangenen Einführung folgt nun die Bestandsaufnahme des Marktes für Stellenvermittlung, insbesondere die Darstellung der Marktteilnehmer, der Arten der Dienstleistung und der Marktbesonderheiten. Die Marktergebnisse werden, soweit sie für die Studie von Bedeutung sind, im zweiten Hauptteil dargestellt und diskutiert.

---

[33] Zu diesem Schluß führen auch Erhebungen des Instituts für Arbeitsmarkt- und Berufsforschung; vergleiche Schuster, Lothar, Die Mobilität der Arbeitnehmer, in: Mitteilungen, Nr. 7 (März 1969, S. 521 ff.

[34] Vergleiche S. 68 ff.

Da sich im Laufe der Untersuchung der rechtliche Rahmen als ein wichtiges Datum des Stellenvermittlungsmarktes herausstellte, wird auch diesem Gesichtspunkt in den folgenden Abschnitten besondere Aufmerksamkeit geschenkt.

1. Zwei Nachfragergruppen

Wie bei jedem Vermittlungsmarkt lassen sich auf dem Stellenvermittlungsmarkt, eingeteilt nach ihrer Rolle auf dem Arbeitsmarkt, zwei Gruppen von Nachfragern nach Vermittlungsdiensten unterscheiden: die Arbeitsuchenden und die Arbeitgeber[35], die mit Hilfe der Stellenvermittlung neue Positionen beziehungsweise Arbeitskräfte finden wollen.

Von den Nachfragern auf dem Stellenvermittlungsmarkt sind Anbieter und Nachfrager auf dem Arbeitsmarkt begrifflich scharf zu unterscheiden: Auf dem Arbeitsmarkt treten die Arbeitsuchenden als Anbieter von Arbeit und die Arbeitgeber als Nachfrager nach Arbeitskräften auf. Sobald sich aber beide, also Anbieter (Arbeitsuchende) und Nachfrager (Arbeitgeber) des Arbeitsmarktes, der Stellenvermittlung bedienen, um „zueinander zu finden", werden sie damit *beide* zugleich Nachfrager auf dem Stellenvermittlungsmarkt, das heißt Nachfrager nach Vermittlungsdiensten.

2. Die Nachfrager im einzelnen

a) Die Arbeitgeber

Die eine große Nachfragergruppe nach Stellenvermittlungsdiensten, die Arbeitgeber, umfaßt neben gewerblichen

[35] Zu den Arbeitgebern werden hier in funktionaler Sicht — abweichend von der juristischen Betrachtungsweise — im Sinne unserer Abgrenzung der Stellenvermittlung (vergleiche S. 15) auch die Unternehmen gerechnet, die Teilzeitkräfte entleihen. Nach juristischer Auffassung ist „Arbeitgeber ... jede natürliche oder juristische Person, die einen anderen im Arbeitsverhältnis als Arbeitnehmer beschäftigt, von der er sonach abhängig ist, und der die Arbeitsleistung rechtlich zusteht". Vergleiche Draeger, Kommentar AVAVG, S. 206, Ziffer 27 zu Paragraph 37. Zwischen dem Teilzeitbeschäftigten und dem entleihenden Unternehmen besteht dagegen kein Arbeitsverhältnis, und der Teilzeitbeschäftigte ist nicht von dem entleihenden Unternehmer abhängig. Vergleiche S. 97 ff.

Unternehmen aller Art die sogenannten freien Berufe, die Arbeitgeber von Künstlern, die Behörden und die Haushalte. Arbeitskräfte suchende Arbeitgeber stehen genau wie die Arbeitsuchenden vor der Wahl zwischen Selbstsuche[36] oder Inanspruchnahme der Stellenvermittlung. Soweit sich Arbeitgeber der Stellenvermittlung bedienen, gibt es dafür folgende, noch näher darzulegende Gründe: Entweder geht es ihnen darum, durch die Stellenvermittlung ihre eigene Suche nach Arbeitskräften zu ergänzen, um hierdurch ihre Marktübersicht und die Wahrscheinlichkeit und die Chance, geeignete Bewerber zu finden, zu verbessern. Oder sie verzichten aus Gründen möglicher Kostenersparnis, wegen Fehlens einer eigenen Personalabteilung oder eines Sachbearbeiters, der in der Personaleinstellung erfahren ist, oder aus Gründen der Geheimhaltung auf eigene Anstrengungen. Die Frage, wann und in welchen typischen Fällen Arbeitgeber als Nachfrager für Stellenvermittlungsdienste auftreten, ist nicht schematisch zu beantworten. Es lassen sich aber gewisse Tendenzen aufzeigen. So bedienen sich kleine und mittlere Firmen, die nur über geringe Kenntnisse auf dem Arbeitsmarkt und häufig über keine eigene Personalabteilung verfügen, gern der Stellenvermittlung; sie verlagern also die „Beschaffung" des Produktionsfaktors Arbeit nach außen.

Mittlere und große Unternehmen, die über die genannten Voraussetzungen zur eigenen Personalauswahl verfügen und auch einen Großteil ihres Personals im Wege der Selbstsuche, meist mit Hilfe von Zeitungsinseraten, allein finden, schalten aus den folgenden Gründen die Arbeitsvermittlung ein:

(1) Das Angebot an geeigneten Bewerbern ist (zu) knapp. Die Knappheit kann ihre Ursache in der konjunkturellen Lage haben, die zur „Übernachfrage" auf dem Arbeitsmarkt geführt hat. Es kann aber auch an der relativen Seltenheit der geforderten beruflichen Qualifikation des gesuchten Bewerbers liegen.

---

36 Vergleiche S. 52 f.

(2) Man will die eigene Suche ergänzen, um ein breites Angebot hinsichtlich Qualifikation und „Preis" zu bekommen.

(3) Die Kapazität der eigenen Personalabteilung ist ausgelastet; sie kann nicht noch weitere Bewerbungen bearbeiten. Eine kurzfristige Erweiterung der Abteilung ist wegen Mangels an geeigneten Kräften nicht möglich oder nicht zweckmäßig, weil die augenblicklichen Neueinstellungen überdurchschnittlich zahlreich sind, oder nicht rentabel, weil die Einschaltung der Stellenvermittlung kostengünstiger als die Erweiterung der eigenen Personalabteilung ist (sprungfixe Kosten).

(4) Ein besonders wichtiger Grund für den Verzicht auf Selbstsuche ist die Wahrung der Vertraulichkeit: Man will bei den Bewerbern des eigenen Unternehmens oder der Konkurrenz möglichst lange im Hintergrund bleiben, zum einen um eventuelle vorzeitige Mißstimmungen im eigenen Hause wegen nicht eintretender Beförderungen zu vermeiden, zum anderen um der Konkurrenz durch die Veröffentlichung von Stellenanzeigen keine Hinweise über eine geplante Erweiterung oder Änderung des Produktionsprogramms zu geben. Die Geheimhaltung könnte man auch mit Hilfe einer chiffrierten Stellenanzeige erreichen. Hier würde allerdings das Unternehmen unter Umständen eine Stufe früher als bei Einschaltung eines Stellenvermittlers in Erscheinung treten müssen, nämlich bereits dann, wenn die ersten persönlichen Vorstellungen erfolgen; der Stellenvermittler — speziell der Personalberater bei Führungskräften — verweist dagegen je nach Auftrag erst nach den persönlichen Vorstellungen bei ihm einige wenige Bewerber an die erst jetzt namentlich genannte Firma. Der Kreis der „Mitwisser" kann dadurch erheblich kleiner gehalten werden. Auch dem Bewerber, der einen Stellenwechsel plant, gibt man bei Einschaltung eines Vermittlers die Möglichkeit, relativ lange namentlich ungenannt zu bleiben, was beispielsweise bei dem sehr engen Markt für Führungskräfte ein wichtiger Gesichtspunkt ist.

b) Die Arbeitsuchenden

Bei den Arbeitsuchenden können drei Personengruppen unterschieden werden:

(1) Personen, die noch in Arbeit stehen, aber eine andere Beschäftigung aufnehmen möchten, beispielsweise eine höherwertige oder besser bezahlte Tätigkeit;

(2) Arbeitslose, die eine Wiederbeschäftigung anstreben;

(3) Personen, die bisher selbständig waren, jetzt aber eine abhängige Beschäftigung suchen[37].

---

[37] Die unter 1. und 2. genannten Arbeitsuchenden sind überwiegend Anbieter disponierter Arbeitsleistungen*. Allerdings kommen auch unselbständige Anbieter disponierender Arbeit insoweit in Betracht, als sie als sogenannte Führungskräfte (das sind im wesentlichen solche nach Paragraph 4 a—c Betriebsverfassungsgesetz) Direktionsrecht besitzen**. Die sogenannten freien Berufe und die selbständigen Gewerbetreibenden gehören — soweit sie nicht unter 3. fallen — mit einer Ausnahme nicht zu dem Personenkreis, der als Nachfrager nach Vermittlungsdiensten für die eigene Arbeitsleistung auftritt; bei der Ausnahme handelt es sich um Berufsfotomodelle, die sich, auf höchstrichterliche Entscheidung gestützt, als selbständige Gewerbetreibende ansehen, was allerdings von der Bundesanstalt bezweifelt wird***.

* Vergleiche Paulsen, Andreas, Allgemeine Volkswirtschaftslehre, Band III, Berlin 1963, S. 33.

** Der Begriff „Führungskräfte" wird in der Literatur unterschiedlich definiert. So verstehen die mit Runderlaß der Bundesanstalt für Arbeit vom 11. September 1970 neugefaßten „Grundsätze zur Abgrenzung von Personalberatung und Arbeitsvermittlung ..." (veröffentlicht in ANBA, 18. Jahrgang, Nr. 12, vom 22. Dezember 1970, Nürnberg, S. 891) unter einer „Führungskraft der Wirtschaft": „Führungskraft ... ist der Angestellte, der kraft besonderer Vertrauensstellung zum Arbeitgeber eine für Bestand und Entwicklung des Unternehmens entscheidende Schlüsselposition inne hat, indem er a) bedeutende Arbeitgeberfunktionen ausübt, zum Beispiel als Vorstandsmitglied, Geschäftsführer, Betriebsleiter ... oder b) hochqualifizierte Arbeit planender, prüfender, entwerfender, forschender oder beratender Art ... ausführt. Führungskraft ist auch die Person, die als unmittelbarer Nachfolger in eine derartige Position ... in Aussicht genommen ist. (Nachwurchskraft in engerem Sinne)". Der Begriff „Führungskräfte" wird in dieser Arbeit in diesem Sinne verwendet. Die Bezeichnungen „Führungskräfte" und „Top Manager" werden synonym gebraucht.

*** Die Bundesanstalt hält sie für Arbeitnehmer, deren Vermittlung damit unter das sogenannte Vermittlungsmonopol der Bundesanstalt fiele. Modellvermittlungsagenturen betrieben infolgedessen verbotene Arbeitsvermittlung. Die Bundesanstalt hat negative Feststellungsklage erhoben. Vergleiche auch Frankfurter Allgemeine Zeitung, Nr. 263, vom 11. November 1968, S. 15. Es ist noch kein Urteil ergangen.

Arbeitsuchende sind vergleichsweise mehr als Arbeitgeber auf die Inanspruchnahme von Stellenvermittlungsdiensten angewiesen. Das liegt unter anderem daran, daß ihnen — wie etwa den Arbeitgebern — keine eigenen Personalsachbearbeiter zur Verfügung stehen, die sie von der (Selbst-)Suche entlasten könnten, und daß ihnen häufig ausreichende Marktübersicht und arbeitsrechtliche Kenntnisse fehlen.

3. Die Selbstsuche (Eigenvermittlung) als Alternative

Selbstsuche oder „Eigenvermittlung" durch Arbeitgeber oder Arbeitsuchende ist begrifflich keine Vermittlung im Sinne dieser Studie, da es hier an der Mittlereigenschaft fehlt.

Die Selbstsuche von Arbeitsmöglichkeiten und Arbeitskräften ist in folgenden Formen denkbar:

(1) Stellenanzeigen: Aufgabe von Stellengesuchen und -angeboten und ihre Beantwortung durch Arbeitsuchende und Arbeitgeber[38].

(2) Die von Arbeitsuchenden oder Arbeitgebern erbetene „Vermittlung" oder Empfehlung durch Freunde und Bekannte, insbesondere aber durch einflußreiche Personen der Wirtschaft, der Parteien und Gewerkschaften, durch (Hochschul-)Lehrer, Vorgesetzte und so weiter. Als „Quasi-Vermittler" von Führungskräften spielen beispielsweise die Banken eine besondere Rolle: Nach Schätzungen von Fachleuten „besetzen" sie als Kreditgeber oder als Folge des Depotstimmrechts ca. 20 Prozent der Top-Management-Posten[39].

(3) Die direkte Anfrage von Arbeitsuchenden bei möglichen Arbeitgebern.

---

[38] Über Einzelheiten des „Stellenmarktes" in Zeitungen vergleiche S. 102 ff.

[39] Den Einfluß der Banken als „Quasi-Vermittler" von Aufsichtsratsmitgliedern erwähnt, allerdings in anderem Zusammenhang, Lenel, Hans Otto, Ursachen der Konzentration unter besonderer Berücksichtigung der deutschen Verhältnisse, Tübingen 1962, 1. Auflage, S. 170 f.

(4) Das direkte Angebot von Stellen durch Arbeitskräfte suchende Arbeitgeber an mögliche zukünftige Arbeitnehmergruppen außerhalb der Firma, beispielsweise durch Anschläge an Schwarzen Brettern oder durch besondere Werbemaßnahmen für (Hoch-)Schulabsolventen.

(5) Das direkte Angebot von Stellen an Nachwuchskräfte innerhalb der eigenen Firma oder Behörde, das in zunehmendem Maße an Bedeutung gewinnt[40].

4. Die gegenwärtige Rechtsstellung der Nachfrager nach Vermittlungsdiensten

Die Rechtsordnung in der Bundesrepublik gewährleistet Arbeitsuchenden und Arbeitgebern weitergehende Gestaltungsmöglichkeiten auf dem Arbeitsmarkt und dem Stellenvermittlungsmarkt, als viele andere Länder, auch EWG-Staaten, dies tun[41, 42].

Weder für Arbeitgeber noch für Arbeitsuchende besteht in der Bundesrepublik eine Verpflichtung, bei einem Arbeitsplatzwechsel oder der Neubesetzung einer Stelle sich einer privaten oder staatlichen Vermittlungsstelle zu bedienen[43].

---

40 Zu der wachsenden „internen Personalvermittlung" und zu den Vorzügen und Nachteilen der „innerbetrieblichen Stellenausschreibung" vergleiche „Bessere Chancen im eigenen Betrieb", o. Verf., Frankfurter Allgemeine Zeitung vom 4. 4. 1972, Nr. 78, S. 13.

41 In Frankreich, Luxemburg, Italien und in den Niederlanden sind die Arbeitgeber in ihren personalpolitischen Dispositionen weniger frei. Italien schreibt beispielsweise, von gewissen Ausnahmen abgesehen, Arbeitgebern unter Strafandrohung zwingend die Inanspruchnahme der öffentlichen Arbeitsvermittlung vor. Vergleiche EWG-Kommission, Studie . . ., S. 26 f.

42 Nach Artikel 12 Satz 1 des Grundgesetzes haben alle Deutschen das Recht, „Beruf, Arbeitsplatz und Ausbildungsstätte frei zu wählen". Dies bedeutet sowohl Freiheit der Berufs- und Arbeitsplatzwahl als auch Berufs- und Arbeitsfreiheit. Es darf deshalb niemand zu einer bestimmten Arbeit gezwungen werden, außer im Rahmen einer herkömmlichen allgemeinen, für alle gleichen öffentlichen Dienstleistungspflicht. — Vergleiche Draeger, Kommentar AVAVG, Anmerkung 6 und 7 zu Paragraph 45, S. 308.

43 Im Dritten Reich dagegen machte die Arbeitsplatzwechselverordnung vom 1. September 1939 die Lösung von Arbeitsverhältnissen und die Einstellung von Arbeitskräften von der Zustimmung der Arbeitsämter abhängig und führte eine Meldepflicht für freiwerdende Arbeitskräfte ein. Mit Hilfe des 1935 eingeführten Arbeitsbuches wurde der Arbeitseinsatz gelenkt. — Vergleiche auch zu den übrigen zahlreichen Arbeitsmarktregelungen im Dritten Reich: Draeger, Kommentar AVAVG, S. 12 ff.

(Allerdings dürfen in der Bundesrepublik nur bestimmte Institutionen und Personen mit der Vermittlung von Arbeitsplätzen oder Arbeitskräften beauftragt werden.) Infolgedessen sind Arbeitsuchende weder verpflichtet, sich beim Arbeitsamt zu melden noch bei Inanspruchnahme der staatlichen Vermittlung eine Arbeit bei einem bestimmten Arbeitgeber anzunehmen, sofern sie nicht als Bezieher von Arbeitslosengeld und Unterstützung aus der Arbeitslosenhilfe bestimmten gesetzlichen Verpflichtungen unterliegen[44]. Entsprechendes gilt für die Arbeitgeber: Auch für sie besteht weder ein Zwang zur Inanspruchnahme der öffentlichen Arbeitsvermittlung noch zur Anmeldung offener Stellen[45]. Desgleichen hat ein Arbeitgeber, der ein Arbeitsamt mit der Vermittlung von Arbeitskräften beauftragt, das Recht, die Einstellung eines oder mehrerer durch die Arbeitsvermittlung vorgeschlagener Bewerber abzulehnen[46]. Umgekehrt sind die staatliche und erst recht die private Arbeitsvermittlung nicht verpflichtet, Arbeitskräfte und Arbeitsgelegenheiten zu „beschaffen". Die Aufgabe der staatlichen Arbeitsvermittlung besteht darin, lediglich „dahin zu *wirken,* daß Arbeitsuchende Arbeit und Arbeitgeber die erforderlichen Arbeitskräfte erhalten"[47]. Die Vorschrift des Paragraphen 14 will weder dem Arbeitsuchenden noch dem Arbeitgeber die Selbstverantwor-

---

44 Vergleiche Draeger, Kommentar AVAVG, S. 198, Anmerkung 6 zu Paragraph 35.

45 Eine Ausnahme davon legt Paragraph 9 AFG fest: Der Bundesminister für Arbeit und Sozialordnung kann Arbeitgebern durch Rechtsverordnung vorschreiben, offene Arbeits- und Ausbildungsplätze anzumelden. Eine solche Verordnung ist aber bisher nicht ergangen. Daneben verlangt Paragraph 10 AFG, daß der Arbeitgeber binnen drei Tagen die Einstellung und Entlassung von kranken- und sozialversicherungspflichtigen Arbeitnehmern einschließlich der zu ihrer Berufsausbildung Beschäftigten den Krankenkassen, die die Anzeigen an die Arbeitsämter weiterleiten müssen, anzeigt. Beide Vorschriften haben den Zweck, die Bundesanstalt für Arbeit über Bewegungen auf dem Arbeitsmarkt zu informieren, damit sie gegebenenfalls rechtzeitig arbeitsmarktpolitisch notwendige Maßnahmen ergreifen kann. — Vergleiche Hennig, Kommentar AFG, Anmerkung 1 zu Paragraph 10, S. 14.

46 Vergleiche Draeger, Kommentar AVAVG, S. 308, Anmerkung 9 und 10 zu Paragraph 39. — In Italien dagegen sind Arbeitgeber verpflichtet, aus den vom Arbeitsamt vorgeschlagenen Bewerbern ihre Wahl zu treffen. Vergleiche EWG-Kommission, Studie . . . , S. 92.

47 Paragraph 14 Absatz 1 AFG. Hervorhebung von der Verfasserin.

tung für die Gestaltung seiner wirtschaftlichen oder beruflichen Existenz abnehmen[48]. Sobald aber die Bundesanstalt für Arbeit als Arbeitsvermittler in Anspruch genommen wird, ist sie wegen ihres Alleinvermittlungsrechts verpflichtet, im Rahmen der ihr jeweils gegebenen Möglichkeiten für die auftraggebenden Arbeitnehmer und Arbeitgeber tätig zu werden.

Die Einstellung eines Arbeitnehmers durch einen Arbeitgeber bedarf im Bundesgebiet keiner Zustimmung des Arbeitsamtes[49]. Eine Ausnahme bilden unter gewissen Voraussetzungen die Beschäftigungsaufnahme in Berlin und die Einstellung ausländischer Arbeitnehmer.

Zusammenfassend läßt sich sagen, daß die Rechtsordnung in der Bundesrepublik Arbeitgebern und Arbeitnehmern freistellt, ob sie sich der Stellenvermittlung bedienen, also Nachfrager auf dem Stellenvermittlungsmarkt werden, oder ob sie die „Selbstsuche" vorziehen wollen.

Viertes Kapitel: Die Anbieter von Vermittlungsdiensten

1. Überblick

Die Lage der Anbieter von Vermittlungsdiensten ist, vor allem in rechtlicher Beziehung, ungleich komplizierter als die der Nachfrager.

Es erschien notwendig zu untersuchen, innerhalb welcher rechtlicher Grenzen die einzelnen „Konkurrenten" tätig werden können, damit von hier aus Schlußfolgerungen hinsichtlich der Wettbewerbsintensität und der Effizienz der Vermittlung in den einzelnen Teilbereichen im Vergleich mit der Bundesanstalt gezogen werden können.

---

48 Vergleiche Draeger, Kommentar AVAVG, S. 225, Anmerkung 3 zu Paragraph 39. Nach Auffassung Draegers ergibt sich sogar aus den Artikeln 1 (Schutz der Menschenwürde), 2 (Freiheitsrechte) und 12 (Freiheit der Berufswahl) des Grundgesetzes eine Verpflichtung zur Selbstsuche von Arbeit beziehungsweise von Arbeitskräften als Bestandteil der Selbstverantwortlichkeit.

49 Vergleiche Draeger, Kommentar AVAVG, S. 212, Anmerkung 44 zu Paragraph 37.

Als Anbieter von Vermittlungsdiensten sind namentlich zu nennen: Größter Anbieter dieser Dienstleistung in der Bundesrepublik ist die Bundesanstalt für Arbeit, mit Monopolrecht und dem Wettbewerbsvorteil der Unentgeltlichkeit ausgestattet[50].

Die Dienste der Konkurrenten der Bundesanstalt, das heißt der folgenden privaten Vermittler-Typen, werden gegen Entgelt erbracht:

(a) Künstleragenturen,

(b) Personalberater,

(c) Unternehmen für Zeitarbeit.

(d) Eine bedeutende Mittlerrolle bei der Zusammenführung von Arbeitsnachfrage und -angebot, die sich jedoch von der Stellenvermittlung materiell unterscheidet, aber auch gegen Bezahlung erbracht wird, spielen die Stellenanzeigenteile der Zeitungen.

Nicht gewerbsmäßig wird Arbeitsvermittlung im Auftrage der Bundesanstalt beispielsweise von den Einrichtungen der freien Wohlfahrtspflege und von Studentenschnelldiensten durchgeführt, in der Regel nur gegen Ersatz der entstandenen Aufwendungen oder ohne Entgelt.

Der Bundesanstalt für Arbeit als größtem Anbieter von Vermittlungsdiensten ist der folgende „institutionelle" Abschnitt gewidmet. Die Darstellung der privaten „Vermittler", insbesondere ihrer rechtlichen Lage, schließt sich daran an. Zum besseren Verständnis erschien es zweckmäßig, den Ausführungen über die Tätigkeit der Bundesanstalt auf dem Gebiet der Arbeitsvermittlung eine kurze Schilderung der Aufgaben der Bundesanstalt, ihres Aufbaus und ihrer Organisation voranzustellen.

2. Die Bundesanstalt für Arbeit

a) Die Bundesanstalt als Institution

aa) Die Aufgaben der Bundesanstalt für Arbeit

Das allgemeine Tätigkeits- und Aufgabengebiet der Bundesanstalt für Arbeit umfaßt nach dem AFG den ganzen

[50] Vergleiche Paragraphen 4 und 21 AFG.

Bereich des Arbeitsmarktes und der Arbeitsmarktpolitik, soweit nicht andere Stellen, vor allem das Bundesarbeitsministerium, dafür zuständig sind[51].

Die Aufgaben der Bundesanstalt sind durch dieses Gesetz gegenüber seinem Vorläufer, dem AVAVG, bei dem die drei „klassischen" Aufgaben Arbeitsvermittlung, Arbeitslosenversicherung und Berufsberatung mit Lehrstellenvermittlung im Mittelpunkt standen, erheblich erweitert worden. Hatte sich das alte Gesetz in der Hauptsache darauf beschränkt, nachträgliche Hilfe bei bereits eingetretener Arbeitslosigkeit bereitzustellen, so hat das AFG das Ziel, durch präventive Maßnahmen Arbeitslosigkeit bereits vor ihrer Entstehung, desgleichen aber auch Arbeitskräftemangel zu vermeiden; dadurch soll ein hoher Beschäftigungsstand erzielt und aufrechterhalten werden; die Beschäftigungsstruktur soll ständig verbessert und damit das Wirtschaftswachstum gefördert werden[52]. So rücken als Folge der neuen Zielsetzungen, für die die Sicherung und Verbesserung der beruflichen Mobilität — und damit der Vermittelbarkeit der Arbeitsuchenden — auch im Hinblick auf den technischen Fortschritt und Strukturwandlungen der Wirtschaft besonders wichtig erscheint, die Maßnahmen insbesondere zur beruflichen Fortbildung an die erste Stelle[53].

bb) Rechtsvorschriften für die Tätigkeit der Bundesanstalt für Arbeit

Für ihre Tätigkeit ist neben einer Vielzahl anderer Rechtsgrundlagen (Grundgesetz, Sondergesetze wie zum Beispiel das Schwerbeschädigtengesetz, Richtlinien, Anordnungen,

---

[51] Durch das AFG ist die Bindung der Bundesanstalt für Arbeit an das Bundesministerium für Arbeit und Sozialordnung (BMA) verstärkt worden. Das Gesetz schreibt vor, daß die Anordnungen der Bundesanstalt der Genehmigung des BMA bedürfen.

[52] Vergleiche Paragraph 1 AFG.

[53] Die Bundesanstalt ist gesetzlich verpflichtet, zu diesem Zweck Arbeitsmarkt- und Berufsforschung zu betreiben und die Öffentlichkeit über die nach dem AFG möglichen Dienste und Leistungen der Anstalt aufzuklären. Zur Wahrnehmung dieser Aufgaben ist 1967 das Institut für Arbeitsmarkt- und Berufsforschung der Bundesanstalt für Arbeit in Erlangen gegründet worden.

Verwaltungsvorschriften) das bereits genannte Arbeitsförderungsgesetz vom 25. Juni 1969 (AFG) die wichtigste Rechtsquelle der Bundesanstalt. Es definiert und regelt ihre gesamte Tätigkeit und legt ihren Aufbau und ihre Organisation im einzelnen fest.

Von den Abkommen, Vereinbarungen und Empfehlungen internationaler Organisationen, die für die Arbeitsvermittlung durch die Bundesanstalt von Bedeutung sind, seien genannt[54]:

(a) Das bereits genannte Übereinkommen Nr. 88 vom 9. 7. 1948 mit der internationalen Arbeitsorganisation (IAO) über die Organisation der Arbeitsmarktverwaltung,

(b) das bereits oben erwähnte Abkommen Nr. 96 mit der IAO vom 1. 7. 1949 über die Büros für entgeltliche Arbeitsvermittlung, das die Aufhebung der auf Gewinn gerichteten Stellenvermittlungsbüros fordert[55],

(c) Empfehlungen der OEEC und der OECD zur Beseitigung der Hindernisse für die Freizügigkeit der Arbeitskräfte,

(d) der Vertrag von Rom, der auch zum Entstehen eines integrierten Arbeitsmarktes führen soll, für das die zwischenstaatliche Wanderung der Arbeitskräfte mit dem Ziel eines internationalen Ausgleichs von besonderer Bedeutung ist.

cc) Organisation und Aufbau der Bundesanstalt für Arbeit

Die Bundesanstalt für Arbeit ist eine Körperschaft des öffentlichen Rechts mit Selbstverwaltung[56], an der Vertreter der Arbeitnehmer, der Arbeitgeber und der öffentlichen Körperschaften beteiligt sind.

---

[54] Vergleiche Kommission der Europäischen Gemeinschaften, Untersuchung, S. 12.

[55] Vergleiche S. 15.

[56] Das Wesen der Selbstverwaltung ist insbesondere dadurch gekennzeichnet, daß es sich bei ihrer Tätigkeit um Aufgaben handelt, deren Durchführung an sich als Sache des Staates angesehen wird, und daß die Betroffenen selbst in den Selbstverwaltungskörpern die entscheidenden Organe der Verwaltung bilden. Auch beim Aufgabenbereich „Arbeitsvermittlung, Berufsberatung und Arbeitslosenversicherung“ ist man diesen Weg gegan-

Der Verwaltungsaufbau ist dreistufig; er ist geographisch gegliedert: Die der Hauptstelle der Bundesanstalt in Nürnberg nachgeordneten Landesarbeitsämter — zur Zeit neun — haben in der Regel ihren Sitz in den Hauptstädten der Bundesländer, die ihnen unterstellten Arbeitsämter — zur Zeit 146 — in größeren Städten. Der Hauptstelle zugeordnet ist auch das Institut für Arbeitsmarkt- und Berufsforschung in Erlangen.

Die Bundesanstalt hat für zentrale und überbezirkliche Aufgaben besondere Dienststellen errichtet, von denen zwei für diese Studie von Interesse sind:

(1) Das Zentralamt in Nürnberg

Das Zentralamt, dem Verwaltungsaufgaben übertragen sind, die einer zentralen Erledigung zugänglich sind, soll zusätzlich die sogenannte „computerunterstützte Arbeitsvermittlung" übernehmen[57]. Es ist geplant, die Datenverarbeitungsanlagen des Zentralamtes für Programme auf dem Gebiet der überbezirklichen Arbeitsvermittlung einzusetzen[58]. Eine Grundkonzeption für die Anwendung der computerunterstützten Vermittlung wurde bereits erarbeitet und in einem sogenannten Schreibtischtest als praxisgerecht befunden[57]. Hierdurch soll es den örtlichen Vermittlungsstellen ermöglicht werden, im Wege der Datenfernübertragung geeignete Stellenangebote und Arbeitsgesuche dem Zentralamt zu übermitteln, das sie mit Hilfe des Computers vergleicht und die Ergebnisse den Arbeitsämtern auf dem gleichen Wege zur Verfügung stellt. Durch diese Maßnahme soll die Arbeitsvermittlung beschleunigt und zugleich der gesamte Arbeitsmarkt transparent gemacht werden.

---

gen und hat ihn aus der unmittelbaren Staatsverwaltung herausgelöst und der Selbstverwaltungskörperschaft „Bundesanstalt" übertragen. Die Leitung der Anstalt wird von den von ihrer Tätigkeit unmittelbar Betroffenen — Arbeitgebern und Arbeitsuchenden — ausgeübt. Sie bestimmen, auf welche Weise die Aufgaben der Bundesanstalt durchgeführt werden. Vergleiche Klamroth, in: Kuster, S. 356 ff.

[57] Vergleiche Bundesanstalt für Arbeit, Geschäftsbericht 1971, Nürnberg 1972, S. 11 und 17.

[58] Vergleiche hierzu: ohne Verfasser, „Zentralamt der Bundesanstalt für Arbeit errichtet", Bundesarbeitsblatt 3/1970, S. 205.

(2) Die Zentralstelle für Arbeitsvermittlung (ZAV)[59] in Frankfurt am Main

Die Zentralstelle für Arbeitsvermittlung nimmt insofern eine Sonderstellung ein, als bei ihr die Vermittlung von Angehörigen bestimmter Berufe für das ganze Bundesgebiet zusammengefaßt ist. Zu diesen gehören Führungskräfte der Wirtschaft und Angehörige gehobener, insbesondere akademischer Berufe einschließlich der Absolventen von Universitäten und Hochschulen, künstlerisches Personal sowie qualifizierte Bewerber für das und aus dem Ausland. Außerdem führt die Zentralstelle den sogenannten Ausgleich auf Bundesebene durch[60].

Die Bundesanstalt ist kein Bestandteil der bundeseigenen Verwaltung, sondern rechtlich selbständig. Sie ist als Körperschaft des öffentlichen Rechts „ein aus Mitgliedern bestehender Personalverband mit eigener Rechtspersönlichkeit"[61] und mit eigenem Beitragsaufkommen. Beitragszahler sind die (Zwangs-)Mitglieder, das heißt Arbeitgeber und Arbeitnehmer[62]. Daneben hat die Bundesanstalt auch Merkmale einer Anstalt — daher der Name —, so besonders im Bereich der Arbeitsvermittlung und der Berufsberatung, da sie nicht nur ihren Mitgliedern, sondern der Allgemeinheit zur Benutzung zur Verfügung steht.

Der Bundesanstalt steht die Satzungsgewalt (Autonomie) zu, das heißt sie ist zur Rechtsetzung im Rahmen der geltenden Gesetze, also zur Einzelausgestaltung der ihr gesetzlich

---

59 Siehe S. 72 ff.

60 Vergleiche S. 69 ff.

61 Klamroth, in: Fachkunde für den Dienst beim Arbeitsamt, bearbeitet von Fritz Kuster, 4. Auflage, Bücherei für Arbeitsvermittlung und Arbeitslosenversicherung, Bundesanstalt für Arbeitsvermittlung und Arbeitslosenversicherung, Stuttgart, Berlin, Köln, Mainz, 1968, S. 359 (im weiteren als Kuster zitiert).

62 Nach dem Arbeitsförderungsgesetz sind alle Personen, die als Arbeiter oder Angestellte gegen Entgelt beschäftigt sind, beitragspflichtig, sofern sie nicht nach bestimmten Vorschriften beitragsfrei sind. Ebenso sind alle Arbeitgeber, die mindestens einen beitragspflichtigen Arbeitnehmer beschäftigten, beitragspflichtig. Zur Zeit (Dezember 1973) zahlen Arbeitnehmer und Arbeitgeber je 0,85 Prozent der Beitragsbemessungsgrundlage. Eine Erhöhung ist geplant. Die Bundesanstalt finanziert mit diesen Beiträgen neben der Arbeitslosenversicherung sämtliche Aufgaben, die ihr übertragen worden sind.

übertragenen Aufgaben berechtigt. Sie besitzt eigene Finanzhoheit, das heißt eigenes Vermögen und einen eigenen Haushalt. Ihr Haushalt bedarf allerdings der Genehmigung durch die Bundesregierung. Sie untersteht der Rechtsaufsicht des Bundesministers für Arbeit und Sozialordnung, nicht aber seiner Fachaufsicht.

Die Durchführung der Aufgaben der Bundesanstalt obliegt den Organen und der Geschäftsführung. Die Geschäftsführung liegt in der Hand des Präsidenten. Von den Organen — Verwaltungsausschüsse bei Arbeitsämtern und Landesarbeitsämtern, Vorstand und Verwaltungsrat — hat der Verwaltungsrat etwa die Stellung eines Legislativorgans, das zum Erlaß von Richtlinien und Anordnungen ermächtigt ist. Der Vorstand ist das Exekutivorgan. Er stellt auch die Richtlinien für die Geschäftsführung durch den Präsidenten auf.

Organisation der Bundesanstalt für Arbeit[a] (schematisch)

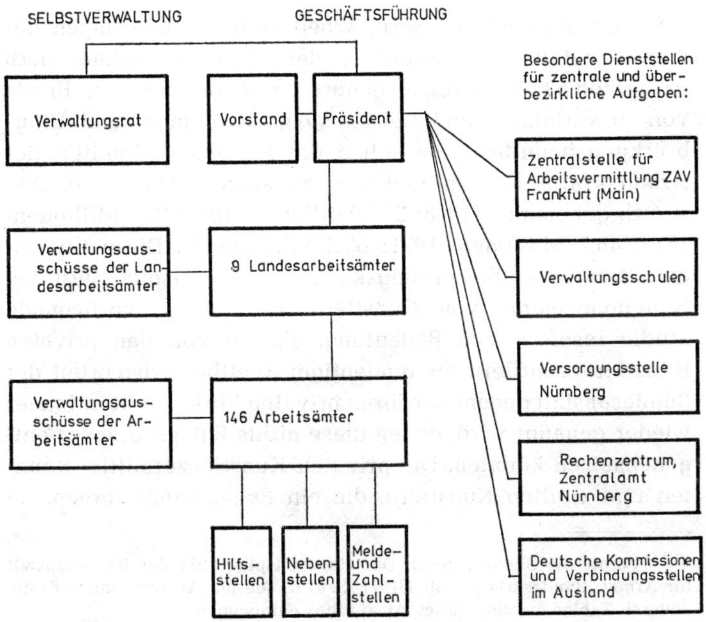

a) Vergleiche Kuster, S. 320.

dd) Exkurs: Arbeitsvermittlung im Haushalt der Bundesanstalt

Um die wirtschaftliche Bedeutung der Bundesanstalt anzudeuten, seien einige wenige Zahlen genannt.

Der Haushaltsplan 1971 schließt mit rund 3,7 Milliarden (3 776 765 300) DM in Einnahmen und Ausgaben bei Zuführung von rund 7 Millionen DM an die Rücklage[63]. Den größten Betrag auf der Einnahmeseite bildet 1971 mit rund 3,3 Milliarden DM das Beitragsaufkommen. Größter Ausgabeposten sind mit 1 021,7 Millionen DM die Leistungen im Rahmen der Beschäftigungs- und Arbeitsmarktpolitik nach dem 2. Abschnitt des AFG.

Die auf den Aufgabenbereich Arbeitsvermittlung entfallenden Ausgaben lassen sich aus dem Haushaltsplan nicht mit befriedigender Genauigkeit ermitteln, da er nicht entsprechend — funktional — gegliedert ist.

Erwähnenswert für diese Arbeit sind die Leistungen der Bundesanstalt zur Förderung der Arbeitsaufnahme nach Paragraph 53 AFG. (Dazu gehört unter anderem der Ersatz von Bewerbungs- und Reisekosten, Trennungs- und Überbrückungsbeihilfen.) Sie sollen die regionale Mobilität der Arbeitskräfte fördern und werden ständig stärker in Anspruch genommen (1968: 21,6 Millionen; 1969: 32,7 Millionen; 1970: 48,7 Millionen; 1971: 60,5 Millionen[64]). Diese Kostenerstattung von Bewerbungskosten, zum Beispiel auch bei Neuengagements von Künstlern, ist für die vorliegende Studie insofern von Bedeutung, als sie von den privaten Künstlervermittlern als eindeutiger Wettbewerbsvorteil der Bundesanstalt gegenüber ihren privaten Mitbewerbern immer wieder genannt wird, denen diese nichts Entsprechendes entgegensetzen könnten. Die privaten Künstlervermittler könnten und wollten Künstlern, die ein Engagement suchen, im

---

[63] Vergleiche Siegers, Josef, Der Haushaltsplan 1971 der Bundesanstalt für Arbeit, Bundesarbeitsblatt 1/1971, S. 41 ff. Diesem Aufsatz sind auch die anderen Zahlenangaben dieses Abschnittes entnommen.

[64] Die Zahlen für 1970 und 1971 wurden dem Geschäftsbericht 1971 der Bundesanstalt, S. 32, entnommen.

Gegensatz zur Bundesanstalt nicht die Vorstellungskosten ersetzen.

b) Die Arbeitsweise der Bundesanstalt für Arbeit auf dem Gebiet der Arbeitsvermittlung

aa) Die Grundsätze der Arbeitsvermittlung

Bei der Arbeitsvermittlung hat die Bundesanstalt gesetzlich festgelegte Grundsätze zu beachten[65]. In diesen Prinzipien finden unter anderem die geschichtlichen Erfahrungen auf dem Gebiete der Arbeitsvermittlung ihren Niederschlag. Unausgesprochene Absicht der Grundsätze ist es, die Wiederholung von Fehlern und Mißständen der Vergangenheit zu vermeiden und eine sachgerechte Vermittlung sowie die Berücksichtigung der sozialen Belange der Arbeitsuchenden zu gewährleisten. Versucht man, die Grundsätze zu systematisieren, so zeigt sich, daß sie vor allem dazu bestimmt sind, einem außerökonomischen Ziel, dem Schutz der Arbeitsuchenden zu dienen. Dieser Schutz hat allerdings für die Betroffenen bedeutsame wirtschaftliche Auswirkungen. Lediglich die Grundsätze unter γ) und ε) haben primär wirtschaftliche Auswirkungen.

Von den Grundsätzen seien die für diese Arbeit interessanten Bestimmungen genannt[66]:

α) Der Grundsatz der Unparteilichkeit

Der Grundsatz der Unparteilichkeit (Paragraph 20 AFG) verlangt, daß Arbeitsvermittlung und Arbeitsberatung von der Bundesanstalt unparteiisch auszuüben sind[67]. Sie ist weder verpflichtet noch berechtigt, sich bei ihrer Tätigkeit einseitig von den Interessen der Arbeitgeber oder der Arbeit-

---

[65] Vergleiche Paragraphen 14 und 17 und 20 bis 22 AFG.

[66] Vergleiche zu den folgenden Ausführungen auch Kuster, S. 386 ff.

[67] Auch diese Vorschrift ist historisch bedingt und war bereits im Gesetz über Arbeitsvermittlung und Arbeitslosenversicherung von 1927 enthalten: Die öffentlichen Arbeitsnachweise sollten im Gegensatz zu denen der Arbeitnehmer- oder Arbeitgeberverbände unparteiisch tätig werden.

nehmer leiten zu lassen oder beispielsweise die Interessen bestimmter Unternehmer oder Arbeitnehmergruppen zu vertreten[68]. Unparteilichkeit bedeutet in allen Fragen der Arbeitsvermittlung die gleiche, wenn auch individuelle Anwendung der gesetzlichen Bestimmungen. Dies schließt also nicht die Berücksichtigung der Interessenlage und der Situation der Beteiligten aus; verboten ist jedoch die Bevorzugung des einen Teils zum Nachteil des anderen aus unsachlichen, subjektiven Gründen[69].

Die Möglichkeit und die Verpflichtung zur Unparteilichkeit in der öffentlichen Vermittlung sind eine beabsichtigte Auswirkung der wirtschaftlichen und rechtlichen Unabhängigkeit der Bundesanstalt.

Aus dem Grundsatz der Unparteilichkeit ergibt sich weiter, daß Arbeit- und Ratsuchende nur dann nach der Zugehörigkeit zu einer politischen, gewerkschaftlichen oder ähnlichen Vereinigung beziehungsweise nach ihrer Zugehörigkeit zu einer Religions- oder Weltanschauungsgemeinschaft gefragt werden dürfen, wenn die Eigenart des Betriebes oder die Art der Beschäftigung die Befragung rechtfertigt.

Desgleichen darf nach einer Zugehörigkeit zu einer Gewerkschaft gefragt werden, wenn diese Gewerkschaft Arbeitsvermittlung im Auftrage der Bundesanstalt, aber satzungsgemäß nur für ihre Mitglieder, betreibt und als Vermittler in Anspruch genommen werden soll.

In diesem Zusammenhang ist auch die Neutralität der öffentlichen Arbeitsvermittlung bei Arbeitskämpfen zu erwähnen, deren Ausbruch und Beendigung die Arbeitgeber dem zuständigen Arbeitsamt schriftlich mitteilen müssen und die Gewerkschaften anzeigen können. Bei Arbeitskämpfen haben Vermittlungen zur Besetzung der (vorübergehend) freien Arbeitsplätze oder der streikenden oder ausgesperrten Arbeitnehmer auf andere Arbeitsplätze zu unterbleiben, es sei denn, Arbeitgeber und Arbeitsuchender verlangten ausdrücklich das Tätigwerden des Arbeitsamtes.

---

[68] Vergleiche EWG-Kommission, Untersuchung . . ., S. 17.

[69] Vergleiche Hennig, Kommentar AFG, Ziffer 2 zu Paragraph 20, S. 30.

Der Grundsatz der Unparteilichkeit ist von erheblicher praktischer Bedeutung. Die Bevorzugung von bestimmten Arbeitsuchenden in Zeiten der Arbeitslosigkeit oder von Arbeitgebern bei Arbeitskräftemangel[70] hätte beachtliche wirtschaftliche Folgen für die Betroffenen. Desgleichen ist die Vorschrift der Neutralität bei Arbeitskämpfen insofern von Gewicht, als die Machtpositionen der Tarifparteien nicht durch die Arbeitsvermittlung verändert werden[71]. Unabhängigkeit und Unparteilichkeit der Bundesanstalt bewirken auch, wie noch näher auszuführen ist, daß keine Abhängigkeiten der Arbeitsuchenden von der Vermittlung entstehen.

β) Der Grundsatz der Unentgeltlichkeit

Unentgeltlichkeit war schon frühzeitig einer der wesentlichen Grundsätze der öffentlichen Arbeitsvermittlung[72]. Die Bestimmung ist geschichtlich eng mit dem allmählichen Abbau der gewerbsmäßigen Stellenvermittlung und der Bekämpfung von deren Mißständen verbunden. Die Unentgeltlichkeit hat den arbeitsmarktpolitischen, besonders den sozialpolitischen Zweck, arbeitsuchende Arbeitnehmer, Ratsuchende und Arbeitgeber zu einer uneingeschränkten Inanspruchnahme der öffentlichen Vermittlung anzuregen[73]. Der Grundsatz der Unentgeltlichkeit besagt, daß die Bundesanstalt Arbeitsvermittlung und Arbeitsberatung ohne Entgelt ausübt (Paragraph 21 AFG) [74].

---

[70] So würde es gegen dieses Prinzip verstoßen, wenn bei der Versorgung mit Arbeitskräften beispielsweise Handwerk und Landwirschaft gegenüber der Industrie bevorzugt würden. Vergleiche Draeger, Kommentar AVAVG, Ziffer 4 zu Paragraph 48, S. 332.

[71] In Italien dagegen als einzigem Staat der EWG greift die Arbeitsverwaltung als Schlichter bei Einzel- und Kollektivstreitigkeiten ein. Vergleiche EWG-Kommission, Studie, S. 41.

[72] Er wurde bereits 1922 und 1927 gesetzlich niedergelegt, und zwar im Arbeitsnachweisgesetz vom 22. 7. 1922 und Gesetz über Arbeitsvermittlung und Arbeitslosenversicherung (AVAVG) vom 16. 7. 1927.

[73] Vergleiche Draeger, Kommentar, Ziffern 1 und 3 zu Paragraph 49, S. 336 f.

[74] Eine Ausnahme davon bildet die Vermittlung von Gastarbeitern: Für die Vermittlung ausländischer Arbeitnehmer in die Bundesrepublik Deutschland aufgrund zwischenstaatlicher Vereinbarungen kann die Bun-

Auch dieses Prinzip hat erhebliche praktische Bedeutung. Die Vorschrift verhindert, daß der mittellose Arbeitsuchende, vor allem derjenige mit geringer Marktübersicht und wenig Eignung zur Selbstsuche, in einen Teufelskreis gerät, dem er im Falle der ausschließlichen Vermittlung gegen Bezahlung nur schwer entgehen könnte: Weil er arbeitslos ist und über wenig oder keine Mittel verfügt, kann er keinen Vermittler beauftragen. Weil er aber keinen Vermittler hat, findet er keinen Arbeitsplatz.

Durch die Vorschrift der Unentgeltlichkeit können Übervorteilung durch die Stellenvermittlung und wirtschaftliche Abhängigkeiten, wie in der Vergangenheit, zwangsläufig nicht mehr auftreten.

γ) Keine Vermittlung zu tarifwidrigen Bedingungen

Der Grundsatz der Berücksichtigung von Tarifen fußt auf der gleichen Überlegung wie der der Unparteilichkeit: die Arbeitsvermittlung soll sich jeder Einwirkung auf die Arbeitsbedingungen, insbesondere die Lohnhöhe, enthalten. Die Klärung von Fragen des Tarifrechts soll den Tarifpartnern vorbehalten bleiben[75]. Die Bundesanstalt soll aber andererseits am Zustandekommen von Arbeitsverhältnissen zu tarifwidrigen Bedingungen oder zu Bedingungen, die unter den gesetzlichen Mindestarbeitsbedingungen liegen, nicht mitwirken, wenn ihr die Tarifwidrigkeit der Bedingungen und die Tarifgebundenheit[76] des Arbeitgebers und des Arbeitnehmers bekannt sind (Paragraph 16 AFG). Der Arbeitsvermittler sollte daher über die wichtigsten, für seinen Vermittlungsbereich geltenden Tarifverträge orientiert sein.

---

desanstalt von den Arbeitgebern, die die Bundesanstalt dazu beauftragt haben, eine Gebühr erheben.

[75] Vergleiche Hennig, Kommentar AFG, Ziffer 1 zu Paragraph 16, S. 22.

[76] Tarifgebundenheit liegt vor, wenn Arbeitgeber und Arbeitnehmer der vertragschließenden Tarifvertragspartei angehören oder wenn der Tarifvertrag für allgemein verbindlich erklärt ist.

δ) Hinweise auf Besonderheiten von Stellen und Arbeitsuchenden

Alle Tatsachen und Umstände, die bei Durchführung der Arbeitsvermittlung bekannt werden, müssen vertraulich behandelt werden. Hinweise auf Besonderheiten einer offenen Stelle (besondere Betriebsverhältnisse) oder auf besondere Eigenschaften des Arbeitsuchenden (Vorstrafen) dürfen gegeben werden, wenn diese amtlich bekannt geworden sind und besondere Umstände dies rechtfertigen. Diese Bestimmung soll einerseits einer individuellen Arbeitsvermittlung dienen. Sie soll andererseits Verletzungen der Intimsphäre vorbeugen[77].

ε) Das Recht auf Arbeitsberatung

Diese Vorschrift ist insofern von Bedeutung, als sie der Verbesserung der individuellen Marktübersicht von Arbeitsuchenden und Arbeitgebern dient. Paragraph 15 AFG verpflichtet die Bundesanstalt, auch außerhalb ihrer eigentlichen Fachaufgaben Arbeitsberatung durchzuführen, das heißt Arbeitnehmer und Arbeitgeber auf Verlangen in allen Fragen des Arbeitsmarktes, also insbesondere über die Lage auf dem Arbeitsmarkt, die Entwicklung in den Berufen, Förderungsmöglichkeiten und ähnliches, fachkundig und individuell zu beraten. Die Arbeitsberatung kann in bloßer Unterrichtung über Fragen des Arbeitsmarktes, aber auch in gezielter Beratung bei der Wahl oder der Besetzung von Arbeitsplätzen bestehen.

ξ) Der Grundsatz individueller Arbeitsvermittlung[78]

Auch die Verpflichtung zu individueller Arbeitsvermittlung dürfte aus der historischen Erfahrung herzuleiten sein. Um die Jahrhundertwende wurde, wie schon erwähnt, oft in

---

[77] Vergleiche Artikel 1 und 2 Grundgesetz und Hennig, Kommentar AFG, Ziffer 1 zu Paragraph 22, S. 33.

[78] Vergleiche Paragraph 14 AFG.

chronologischer Reihenfolge, das heißt nach Eingang des Arbeitsgesuches, und nicht primär nach der beruflichen Eignung des Arbeitsuchenden vermittelt. Das hatte vermutlich zur Folge, daß sich „deckungsgleiche" Arbeitsangebote und -gelegenheiten nicht trafen und daß das Arbeitskräftepotential insoweit unnötigerweise ungenutzt blieb.

Im Vergleich dazu stellt die Forderung nach individueller Arbeitsvermittlung einen bedeutsamen Fortschritt dar. Der Grundsatz besagt im wesentlichen, daß bei der Vermittlung eines Arbeitsuchenden dessen berufliche Kenntnisse, Fähigkeiten und Erfahrungen und seine körperlichen, geistigen und charakterlichen Anlagen zu berücksichtigen sind. Dieser Grundsatz ist auch insofern von ökonomischer Bedeutung, als er Fehlvermittlungen und dadurch hervorgerufenen, vermeidbaren individuellen und volkswirtschaftlichen Verlusten durch Fluktuation vorbeugt.

bb) Die unterschiedlichen Vermittlungsverfahren der Bundesanstalt für Arbeit auf den verschiedenen Teilvermittlungsmärkten

Die Arbeitsvermittlung umfaßt drei Vorgänge: die Annahme des Arbeitsgesuches des Arbeitsuchenden, die Annahme des Vermittlungsauftrages des Arbeitgebers und die eigentliche Arbeitsvermittlung.

Der Vergleich des Arbeitsangebots mit der Arbeitsnachfrage, der möglicherweise zum Erfolg führende Hinweis für Arbeitnehmer und Arbeitgeber sowie das Beseitigen eventueller Hindernisse stellen den Kern der Vermittlung dar.

War die Bewerbung des Arbeitsuchenden erfolgreich und kommt ein Arbeitsvertrag zustande, ist die Vermittlungstätigkeit beendet. Ist das nicht der Fall, werden so lange neue Vermittlungsvorschläge gemacht, bis es zum Ausgleich zwischen individuellem Arbeitsangebot und -nachfrage kommt oder an der Vermittlung kein Interesse mehr besteht.

Die Vermittlung der sogenannten „Normalberufe", für die die lokalen Teilarbeitsmärkte ausreichen, wirft für die Bundesanstalt vergleichsweise geringe Probleme auf. Ihre Vermittlung ist ein Massenvorgang, die Vermittlungstechnik ist eingespielt. Für die lokalen Teilarbeitsmärkte hat die Bundesanstalt bei den jeweils zuständigen Arbeitsämtern berufliche Teilvermittlungsmärkte („Vermittlungsstellen") für einzelne oder verwandte Berufe abgegrenzt[79]. Es handelt sich hierbei um die sogenannte fachliche Gliederung der Arbeitsämter.

Lokalen Teilvermittlungsmärkten, die andere Anforderungen als die Vermittlung der „Normalberufe" stellen[80], hat die Bundesanstalt insofern Rechnung getragen, als sie dafür gesonderte, an den hervorstechenden Merkmalen ausgerichtete Vermittlungsstellen eingerichtet hat, so für Zeitpersonal in Form der „Job-Vermittlung" und für die Vermittlung von Aushilfspersonal die sogenannten „Schnelldienste".

Wesentlich größere Vermittlungsvorkehrungen erfordert dagegen die Vermittlung derjenigen Arbeitsuchenden von der Bundesanstalt, für die die lokalen Arbeitsmärkte nicht ausreichen. Für diese Berufsgruppen hat die Bundesanstalt organisatorisch die Teilvermittlungsmärkte durch die sogenannte „überbezirkliche Vermittlung" vergrößert[81]. Von überbezirklicher Arbeitsvermittlung der Bundesanstalt und ihrer Dienststellen wird gesprochen, sobald die Arbeitsverwaltung bei der Suche nach einer neuen, außerhalb des bisherigen Arbeitsamtsbezirkes gelegenen Position mitwirkt[82].

Die überbezirkliche Arbeitsvermittlung kann organisatorisch unterschiedlich zustande kommen, und zwar entweder durch das Tätigwerden zweier oder mehrerer Arbeitsämter, die unmittelbar oder mit Hilfe von Ausgleichsstellen zusammenarbeiten[83, 84], oder durch die überbezirklich zuständigen Fachvermittlungsstellen.

---

79 Die Vermittlung innerhalb eines Arbeitsamtsbereichs wird als bezirkliche Vermittlung bezeichnet. — Die Landesarbeitsämter haben dagegen in erster Linie aufsichtführende und koordinierende Funktionen.

80 Vergleiche S. 44 ff.: Berufliche Teilvermittlungsmärkte.

81 Bei der überbezirklichen Vermittlung wird im Prinzip die gleiche Vermittlungstechnik, wie oben beschrieben, angewandt.

82 Vergleiche Kuster, S. 399 f.

Bei der zuerst genannten Zusammenarbeit mehrerer Arbeitsämter handelt es sich um eine ausschließlich *räumliche* Erweiterung der relevanten Vermittlungsmärkte. Die hierbei erforderlichenfalls in Anspruch genommenen Ausgleichsstellen haben die Funktion von „Nahtstellen" bei der Zusammenfügung kleinerer geographischer Teilvermittlungsmärkte zu größeren Einheiten.

Die als zweite Möglichkeit überbezirklicher Vermittlung genannten Fachvermittlungsstellen sind dagegen von vornherein anders konzipiert: Sie sind in erster Linie als berufsbezogene Vermittlungsstellen aufzufassen und für solche Berufe eingerichtet, die entweder von der Vermittlung Spezialkenntnisse erfordern und/oder auf größere Teilarbeitsmärkte — hier kommt das räumliche Moment dazu — angewiesen sind. In den überbezirklichen Fachvermittlungsstellen überlagern sich daher berufliche und räumliche Teilvermittlungsmärkte.

Bei den überbezirklichen Fachvermittlungsstellen werden unterschieden:

(1) überbezirkliche und

---

[83] Hier unterrichten sich benachbarte Arbeitsämter gegenseitig über offene Stellen und Arbeitsgesuche, die für einen nachbarlichen Ausgleich in Frage kommen, wie beispielsweise in wirtschaftlichen Ballungsräumen. Bestehen dagegen in entfernter gelegenen Bezirken bessere Vermittlungsmöglichkeiten — und wünschen dies die Arbeitsuchenden beziehungsweise Arbeitgeber ausdrücklich —, so werden innerhalb eines Landesarbeitsamtsbezirks die Landesausgleichsstelle, darüber hinaus die Bundesausgleichsstelle bei der Zentralstelle für Arbeitsvermittlung (ZAV) in Frankfurt/Main eingeschaltet. Die Aufgabe der Ausgleichsstellen besteht nicht in der unmittelbaren Vermittlung, sondern sie stellen die Verbindung zwischen Abgabe- und möglichen Aufnahmebezirken, die sich dann um die weitere Vermittlung bemühen, her. Über diese Ausgleichsstellen werden sowohl Einzel- als auch Gruppenvermittlungen (beispielsweise für Bauarbeiter) durchgeführt.

[84] In der Statistik der Arbeitsvermittlung werden drei Arten der überbezirklichen Arbeitsvermittlung unterschieden:

(1) der Randausgleich: Vermittlungen von Arbeitsuchenden aus unmittelbar angrenzenden Arbeitsamtsbezirken (auch verschiedener Landesarbeitsämter);

(2) der Landesausgleich: Vermittlungen aus Arbeitsamtsbezirken des gleichen Landesarbeitsamtsbezirks;

(3) der Bundesausgleich: Vermittlungen von Arbeitsuchenden aus anderen Landesarbeitsamtsbezirken.

(2) zentrale Fachvermittlungsstellen.

Zu (1):

Die überbezirklichen Fachvermittlungsstellen vermitteln die relevanten Berufe entweder unmittelbar wie die Arbeitsämter, können also direkt von Arbeitgebern und Arbeitsuchenden beauftragt werden, oder sie ergänzen die Tätigkeit der Arbeitsämter, die ihnen Aufträge zuleiten.

Die überbezirklichen Fachvermittlungsstellen sind organisatorisch in der Regel Arbeitsämtern oder Landesarbeitsämtern zugeordnet. Sie versorgen berufliche Teilmärkte, deren räumlicher Durchmesser in der Regel durch Landesarbeitsamtsbereiche oder Bundesländer, also regional bestimmt ist. Sie konzentrieren sich an den Orten der Nachfrage.

Die überbezirklichen Fachvermittlungsstellen sind für die Vermittlung der folgenden Berufe über die Grenzen eines Arbeitsamtsbezirkes hinaus zuständig:

(a) Für die Vermittlung von Angehörigen besonders qualifizierter, meist akademischer Berufe gibt es in sieben zentral gelegenen Großstädten Landesstellen für Arbeitsvermittlung (LAV).

(b) Bei sieben Großstadt-Arbeitsämtern bestehen Fachvermittlungsstellen für Künstler („Künstlerdienste"), die Schauspieler, Sänger, Tänzer, Artisten, Einzel- und Orchestermusiker, Mannequins und Fotomodelle vermitteln. Der „Künstlerdienst" Düsseldorf ist als sogenannte Clearingstelle für den Bundesausgleich von Mannequins, Fotomodellen, Artisten und Einzelmusikern zuständig. Für Artisten und Kapellen bestehen besondere Nachrichtendienste.

(c) Fachvermittlungsstellen für Hotel- und Gaststättenpersonal gibt es in München, Baden-Baden und Düsseldorf.

(d) Fachvermittlungsstellen für Melker, Tierpfleger und andere landwirtschaftliche Fachkräfte sind in zehn Zentren der Hauptnachfragegebiete errichtet worden.

Übersicht über die Möglichkeiten der Vermittlung durch die Bundesanstalt für Arbeit, nach Berufsgruppen gegliedert

Zuständige Vermittlung = räumliche TVM / Berufsart = berufliche Teilvermittlungsmärkte (TVM)	Arbeitsämter (lokaler TVM)	Landesarbeitsämter (mit Landesausgleichsstellen) (regionaler TVM)	Überbezirkliche Fachvermittlungsstellen bei Arbeits- und Landesarbeitsämtern (vermitteln für den jeweiligen Landesarbeitsamtsbezirk) (regionale und berufsbezogene TVM)	Zentrale Vermittlungsstellen (vermitteln für das ganze Bundesgebiet) (zentrale und berufsbezogene Teilvermittlungsmärkte)
„Normalberufe“	x	x		x Bundesausgleichsstelle bei der ZAV
Zeitpersonal, Teilzeitkräfte Studenten	x[a)] x[b)]	x		
besonders qualifizierte, meist akademische Berufe, davon	x	x		x Zentralstelle für Arbeitsvermittlung (ZAV), Frankfurt
a) Führungskräfte	x	x		x Büro Führungskräfte der Wirtschaft bei der ZAV, Frankfurt (BFW)
b) Führungskräfte zu internationalen Organisationen				x Büro Führungskräfte zu internationalen Organisationen (BFIO)

Künstler	x	x	x	x Zentrale Fachvermittlungsstelle für Bühne, Fernsehen und Film (ZBF)
Hotel- und Gaststättenpersonal	x	x	x	
Melker, Tierpfleger, landwirtschaftliche Fachkräfte	x	x	x	
Binnenschiffer	x	x	x	
Seemännische Heuerstellen	x	x	x	
Kneippbademeister einschließlich Masseure	x	x		x Zentrale Fachvermittlungsstelle für Kneippbademeister, Memmingen
Berufe des Reit- und Fahrwesens	x	x		x Zentrale Fachvermittlungsstelle in Verden (Aller)
Seemännische Angestellte	x	x		x Zentrale Fachvermittlungsstelle für seemännische Angestellte, Hamburg

a) Über „Job“-Vermittlung. — b) Über „Studentenschnelldienste“.

(e) Für die Vermittlung von Binnenschiffern sind zwei Fachvermittlungsstellen und fünf weitere Vermittlungsstützpunkte vorgesehen.

(f) Seemännische Heuerstellen konzentrieren sich in den Küstengebieten.

Zu (2):

Die zentralen Fachvermittlungsstellen sind für den gesamten Bereich der Bundesanstalt zuständig, versorgen also — von supranationalen Märkten abgesehen — die räumlich größten, beruflich bestimmten Teilmärkte.

Es gibt die folgenden zentralen Fachvermittlungsstellen:

(a) Die Zentralstelle für Arbeitsvermittlung (ZAV) in Frankfurt am Main; sie ist eine selbständige, der Bundesanstalt unmittelbar nachgeordnete Dienststelle, auf deren Tätigkeit noch im einzelnen eingegangen wird.

(b) Daneben gibt es zentrale Fachvermittlungsstellen für seemännische Angestellte (Hamburg), für Berufe des Reit- und Fahrwesens (Verden/Aller) und für Kneippbademeister und Masseure (Memmingen).

c) *Die Zentralstelle für Arbeitsvermittlung (ZAV)*

aa) Die ökonomischen Gründe für die Schaffung der Zentralstelle für Arbeitsvermittlung

Der 1954 in Frankfurt am Main errichteten Zentralstelle für Arbeitsvermittlung wird in dieser Studie besondere Aufmerksamkeit geschenkt, da sie auf dem Stellenvermittlungsmarkt an erster Stelle im Wettbewerb um den gleichen Nachfragerkreis mit privaten „Konkurrenten", das heißt mit den Künstleragenturen und Personalberatern, steht. Sie erscheint daher für einen Vergleich der öffentlichen mit der privaten Vermittlung sehr geeignet, vor allem auch im Hinblick auf die Gewinnung von Beurteilungsmaßstäben für die Zweckmäßigkeit des Vermittlungsmonopols der Bundesanstalt.

Ökonomische Gründe waren es letztlich, die die Bundesanstalt zwangen, diese zentrale Vermittlungsstelle zu schaffen; der „Zwang" dazu ergab sich für die Bundesanstalt aus ihrer aus dem Arbeitsvermittlungsmonopol resultierenden Aufgabe, für alle Arbeitsuchenden und Kräfte suchenden Arbeitgeber angemessene und ausreichende Vermittlungsmöglichkeiten, „auch unter Berücksichtigung besonderer Verhältnisse", zu schaffen.

Die „besonderen Verhältnisse", denen die Bundesanstalt durch entsprechende Vermittlungsvorkehrungen Rechnung zu tragen hatte, sind gleichbedeutend mit dem bereits in anderem Zusammenhang geschilderten Angewiesensein bestimmter Berufe und Berufsgruppen auf räumliche Teilarbeitsmärkte großen Durchmessers. Die Bundesanstalt hatte für Berufe, die auf große Märkte angewiesen sind, zunächst keine besonderen Vermittlungseinrichtungen zur Verfügung gestellt, sondern sie von der allgemeinen Vermittlung mitbetreuen lassen, vermutlich mit geringem Erfolg, wie die Entwicklung zeigte. In den fünfziger Jahren nahmen sich nämlich die privaten Personalberater — und die Stellenmärkte in den Zeitungen — mit wachsendem Erfolg der „Vermittlung" qualifizierter Berufe an. Die Bundesanstalt sah sich dadurch veranlaßt, auch in den von den Privaten entdeckten Marktlücken[85] tätig zu werden und auf diesen Teilvermittlungsmärkten adäquate Vermittlungsleistungen durch die eigens hierfür geschaffene ZAV anbieten zu lassen.

bb) Der Aufbau der Zentralstelle für Arbeitsvermittlung

Die ZAV vermittelt in der Regel nur auf zentralen Teilmärkten. Lokale und regionale Märkte werden durch Landesarbeits-, Arbeitsämter und überbezirkliche Fachvermittlungsstellen bedient.

Die ZAV ist fachlich untergliedert in:

(A) Fachvermittlung für Angehörige qualifizierter, insbesondere akademischer Berufe (Inlandsvermittlung)[86].

---

[85] Vergleiche S. 33 ff.

(B) Arbeitsvermittlung von und nach dem Ausland[87].

(C) Zentrale Fachvermittlungsstelle für Bühne, Fernsehen und Film (ZBF).

Innerhalb der ZAV ist die Vermittlung von Führungskräften ausgegliedert worden; sie wurde dem 1957 hierfür gegründeten

(D) Büro Führungskräfte der Wirtschaft (BFW)[88]

übertragen. Es befaßt sich mit der Vermittlung von Kräften des oberen und obersten Führungsbereichs, im wesentlichen also Geschäftsführern, Vorstandsmitgliedern und Direktoren, die, von der Berufsausbildung her gesehen, meist Juristen, Wirtschaftswissenschaftler, Kaufleute, Ingenieure oder Naturwissenschaftler sind. Das BFW bedient die gleichen Nachfragergruppen wie die Personalberater, nämlich den Teilvermittlungsmarkt für Führungskräfte, wenn auch unter anderen juristischen Voraussetzungen; insofern bestehen hier Wettbewerbsbeziehungen zwischen zwei Anbietertypen von Vermittlungsdiensten.

Abgrenzungskriterien für die Tätigkeit des BFW gegenüber der Zentralstelle für Arbeitsvermittlung, deren Aufgabe die Vermittlung *aller* akademischen und gehobenen technischen und kaufmännischen Berufe und die insoweit nicht klar vom „Büro Führungskräfte" zu trennen ist, sind:

(a) das Gehalt des zu Vermittelnden; das BFW vermittelt nur Bewerber mit inzwischen über 70 000 bis 80 000 DM Einkommen pro Jahr;

(b) zusätzlich die Eignung oder Nichteignung für das Top Management, wobei der Begriff weit ausgelegt wird; auch potentiell, das heißt auf lange Sicht dafür geeignete, jüngere Bewerber kommen als Nachwuchskräfte für die Ver-

---

86 In die Fachvermittlung für die Angehörigen besonders qualifizierter Berufe teilen sich die ZAV und die Landesstellen für Arbeitsvermittlung, wie bereits erwähnt; ihre Aufgaben sind: Aufklärung, Beratung und Vermittlung von Abgängern und Absolventen der Hochschulen, Fach- und Ingenieurschulen.

87 Mit Ausnahme der bestehenden Anwerbevereinbarungen.

88 Zum Begriff „Führungskräfte" vergleiche S. 51. Anmerkung 37**.

mittlung durch das BFW in Betracht, selbst wenn sie im Augenblick noch nicht das oben genannte Gehalt erreicht haben.

Zur besseren Übersicht sei der Aufbau der ZAV nochmals schematisch wiedergegeben:

Organisatorischer Aufbau der Zentralstelle für Arbeitsvermittlung (schematisch)[a)]

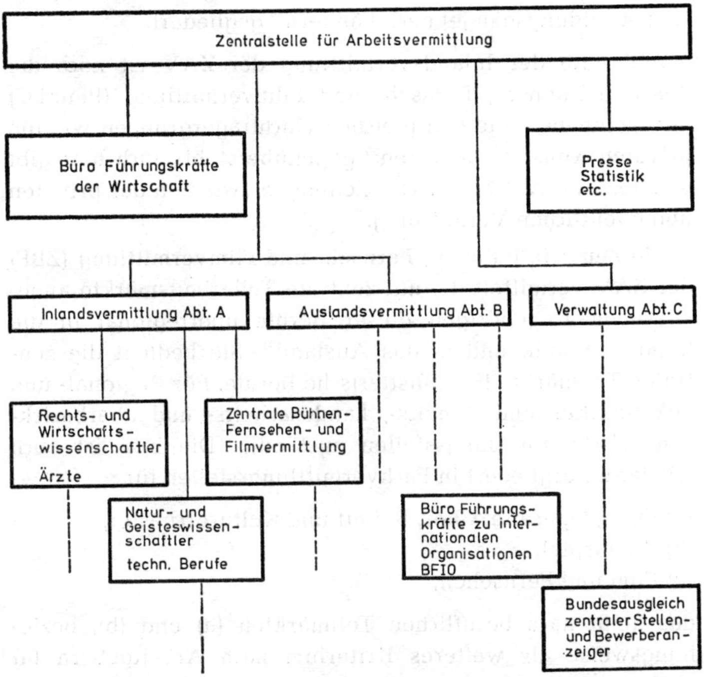

a) Das Schema wurde einer Veröffentlichung der Bundesanstalt ohne Verfasser, Titel, Ort und Jahr entnommen.

Stellensuchende der genannten Berufsgruppen mit geringerem Jahresverdienst und ohne Top-Management-Eignung werden durch die fachlich gegliederten Fachvermittlungsstellen der ZAV (Punkt A) vermittelt. Diese Fachstellen für Ingenieure, für die rechts-, wirtschafts-, sozial- und geisteswissenschaftlichen Berufe, für Mediziner, Diplom-Landwirte und die übrigen gehobenen Berufe sind mit akademisch vorgebildeten Vermittlern der jeweiligen Berufsgruppen besetzt, um die Qualifikation des Bewerbers und die Anforderungen der offenen Positionen bestmöglich beurteilen und zuordnen zu können.

Die Fachvermittlungsstellen für das Inland sind nach Berufen, die Auslandsvermittlung ist aus Zweckmäßigkeitsgründen (Sprache, Aus- und Einwanderungsvorschriften, Berufsausbildungsgänge) nach Ländern[89] gegliedert.

Innerhalb der Inlandsvermittlung der ZAV ist noch die Zentrale Bühnen-, Fernseh- und Filmvermittlung (Punkt C) hervorzuheben, die den gleichen Nachfragergruppen wie die privaten Künstleragenturen[90] gegenübersteht; auch hier gibt es intensive Wettbewerbsbeziehungen zwischen der privaten und öffentlichen Vermittlung.

Die Zentrale Bühnen-, Fernseh- und Filmvermittlung (ZBF) der ZAV vermittelt die auf zentrale Teilarbeitsmärkte angewiesenen Angehörigen dieser Berufe überregional in die Bundesrepublik und in das Ausland[91]. Sie bedient die zentralen Teilmärkte für künstlerische Berufe. Für Regional- und Lokalmärkte sind Arbeits-, Landesarbeits- und überbezirkliche Fachvermittlungsstellen zuständig. Die ZBF ist auch wieder untergliedert in Fachvermittlungsstellen für

(a) Oper, Operette, Chor, Ballett und Kulturorchester,
(b) Schauspiel,
(c) Film und Fernsehen,

das heißt nach beruflichen Teilmärkten (a) und (b), beziehungsweise als weiteres Kriterium nach Arbeitgebern (a)

---

[89] Innerhalb der Länderbüros ist nach Bewerbern aus und nach dem Ausland weiter unterteilt. Die Auslandsvermittlung ist für alle Arbeitskräfte, die aus dem Ausland in die Bundesrepublik kommen, zuständig, also nicht nur für Akademiker, sondern für alle ausgebildeten Fachkräfte. Ausgenommen davon sind diejenigen Ausländer, die von den offiziellen Kommissionen, die in den jeweiligen Ländern tätig sind, angeworben werden, in der Regel wenig(er) qualifizierte Kräfte.

[90] Vergleiche S. 84 ff.

[91] Desgleichen ist sie für die Vermittlung ausländischer Künstler in die Bundesrepublik zuständig.

bis (c). Sie vermittelt auch Artisten, Künstler für Shows und ähnliche Veranstaltungen. Die Vermittlungsstellen sind mit Fachvermittlern, die aus künstlerischen Berufen kommen, besetzt.

Auch auf den Teilvermittlungsmärkten für künstlerische Berufe war die Bundesanstalt ursprünglich nicht tätig, sondern überließ diese als entgeltliche Vermittlung den privaten Vermittlern. Interessenvertreter der Künstler hatten aber verlangt, daß die Bundesanstalt auch die unentgeltliche Vermittlung dieses — nach Auffassung der Vertreter — besonders schutzbedürftigen Personenkreises mitübernähme, da anderenfalls eine Verletzung des Gleichheitsgrundsatzes vorliege, weshalb man das Bundesverfassungsgericht anrufen werde[92]. Daraufhin hat 1960 die Zentrale Bühnenvermittlung ihre Arbeit zunächst für den Schauspielbereich, später auch für andere künstlerische Berufe aufgenommen.

cc) Die überbezirklichen Vermittlungsverfahren der ZAV auf den zentralen Teilmärkten

Bei der Vermittlung kann die ZAV folgende Wege beschreiten, die gegenüber der „normalen" Vermittlung erweitert sind:

---

[92] Ähnliches hat sich auch für die seemännischen Heuerstellen ergeben: Vor Erlaß des Arbeitsförderungsgesetzes führten die Arbeitsvermittlung von Seeleuten im Mannschaftsstand die seemännischen Heuerstellen durch, die von den beteiligten Verbänden (Reeder und Arbeitnehmer) getragen wurden. Sie wurden wie die Künstleragenturen hierzu von der Bundesanstalt beauftragt. Bei der Beratung des AFG sprachen sich Bundesrat, Bundesanstalt, Arbeitgeber und zum Teil die Arbeitnehmerseite dafür aus, die seemännischen Heuerstellen in dieser Form beizubehalten. In der Begründung des Regierungsentwurfs wurde dagegen ausgeführt, eine umfassende Beschäftigungs- und Arbeitsmarktpolitik lasse es nicht mehr zu, die Arbeitsvermittlung in diesem wichtigen Wirtschaftszweig auch nur teilweise außerhalb der Bundesanstalt wahrzunehmen. Eine vom Ausschuß für Arbeit eingesetzte Kommission befürwortete in ihrem Bericht, der Bundesanstalt auch die Arbeitsvermittlung im Mannschaftsstand zu übertragen, hierfür aber besondere Fachvermittlungsstellen und Fachausschüsse vorzusehen. Die bereits oben erwähnten Fachvermittlungsstellen der Bundesanstalt für Seeleute haben Anfang 1970 ihre Tätigkeit aufgenommen. Damit ist die gesamte Arbeitsvermittlung für Seeleute in den Bereich der Bundesanstalt einbezogen worden.

(1) Der Vermittler schlägt einen geeignet erscheinenden Bewerber auf ein vorliegendes, entsprechendes Stellenangebot hin dem Arbeitgeber vor. Normalerweise wird er dem Arbeitgeber zunächst schriftliche Bewerbungsunterlagen zusenden; bei positiver Beurteilung wird der Bewerber von der Kräfte suchenden Firma zur persönlichen Vorstellung aufgefordert werden. In einer Vielzahl von Fällen kommt es dann zum Arbeitsvertrag; die Vermittlung ist erfolgreich gewesen. Anderenfalls kann der Vermittlungsversuch beliebig oft wiederholt werden.

(2) Für den Fall, daß Stellensuchenden von der Bundesanstalt und ihren Dienststellen keine geeigneten Positionen angeboten werden können, kann die sogenannte „Initiativ-Vermittlung" eingeleitet werden. Hierbei wird die Vermittlungsstelle initiativ, das heißt sie tritt an geeignet erscheinende mögliche Arbeitgeber heran und bietet die Stellensuchenden — häufig mit großem Erfolg — an. Dieser Vermittlungsweg wird häufig vom „Büro Führungskräfte der Wirtschaft", aber auch generell bei schwer vermittelbaren, älteren Angestellten beschritten.

(3) Außerdem werden die von den Arbeitgebern angebotenen Positionen kostenlos im wöchentlich erscheinenden „Zentralen Stellenanzeiger" der Bundesanstalt (Auflage ca. 17 000) veröffentlicht, im ebenfalls wöchentlich erscheinenden „Zentralen Bewerberanzeiger" die Stellengesuche (Auflage ca. 28 000)[93].

Im Durchschnitt werden wöchentlich etwa 500 Stellenangebote und ca. 400 Stellengesuche aufgenommen. Für Berlin gibt es den „Berliner Stellenanzeiger" in dreiwöchigem Turnus (Auflagenhöhe 12 000)[94].

Für Absolventen der Technischen Hochschulen und Universitäten erscheinen in unregelmäßigen Abständen Sonderausgaben.

---

[93] Vergleiche Veröffentlichung der Bundesanstalt „Aus der Arbeit der Zentralstelle für Arbeitsvermittlung (ZAV)", ohne Verfasser, ohne Jahr, S. 11.

[94] Vergleiche Veröffentlichung der Bundesanstalt „Aus der Arbeit der Zentralstelle für Arbeitsvermittlung (ZAV)", ohne Verfasser, ohne Jahr, S. 11.

Der Schwerpunkt der Kräfteanforderungen und Stellengesuche liegt hier nach Angabe der Bundesanstalt[94] bei Berufen, die auf einen überbezirklichen Arbeitsmarkt angewiesen sind.

Die Anzeiger dienen in erster Linie der Vereinfachung und Beschleunigung der Vermittlung, haben aber als Nebeneffekt die Gewinnung einer besseren Marktübersicht.

Der „Bewerberanzeiger" wird einer Vielzahl von Betrieben kostenlos zugestellt. Es wurden im Zeitraum eines Jahres ca. 26 000 Anzeigen veröffentlicht[94] und darauf 2 919 Vermittlungen getätigt. Die „Stellenanzeiger" werden ausgelegt und ausgehängt.

(4) Erst wenn die unter (1) bis (3) beschriebenen Möglichkeiten, dem Grundsatz der Sparsamkeit in der Verwaltung entsprechend, — erfolglos — ausgeschöpft sind, kann die ZAV in Tageszeitungen und Fachzeitschriften Stellengesuche und vakante Stellen veröffentlichen. In der Mehrzahl der Fälle, in denen die ZAV offene Positionen — häufig für internationale Organisationen — in Zeitungen ausschreibt, geschieht dies jedoch auf Wunsch und Rechnung der Auftraggeber.

d) Die Möglichkeiten zur Delegation der Arbeitsvermittlung der Bundesanstalt an private, gewerbsmäßige und nichtgewerbsmäßige Vermittler: Ausnahmen vom Alleinvermittlungsrecht der Bundesanstalt

Aus der Erwägung, daß die Bundesanstalt unter Umständen nicht alle Teilvermittlungsmärkte ausreichend bedienen kann, läßt das AFG Ausnahmen vom Alleinvermittlungsrecht der Bundesanstalt zu. Grundsätzlich wird aber der Alleinvermittlungsanspruch der Bundesanstalt verfolgt, wie das Auslaufprinzip zeigt.

Die Bundesanstalt kann daher nach Anhörung der beteiligten Arbeitgeber- und Arbeitnehmerverbände auf Antrag Personen oder Einrichtungen mit der Arbeitsvermittlung für einzelne Berufe oder Personengruppen beauftragen, „wenn dies für die Durchführung der Arbeitsvermittlung zweckmäßig ist und der Antragsteller die Gewähr für die ordnungsgemäße Ausführung des Auftrages bietet"[95].

Die Bundesanstalt kann damit ihre eigene Vermittlungstätigkeit durch entsprechende Vermittlungsaufträge an Personen und Einrichtungen ergänzen[96], wenn sie im Rahmen ihrer Möglichkeiten nicht oder noch nicht ohne weiteres für jeden Vermittlungsbereich so vorsorgen kann, wie es die Sachlage erfordert.

Bei den Vermittlungsaufträgen der Bundesanstalt kann es sich um „Aufträge zur nicht auf Gewinn gerichteten Arbeitsvermittlung" und um „Aufträge zur auf Gewinn gerichteten Arbeitsvermittlung" handeln. Die erstgenannten Aufträge werden an nichtgewerbsmäßig vermittelnde Einrichtungen, überwiegend an karitative Verbände, häufig konfessioneller Ausrichtung, erteilt, die unentgeltlich oder gegen eine lediglich die Kosten deckende Gebühr vor allem Kranken-, Pflege- und Hauspersonal, aber auch Fürsorgezöglinge, Strafentlassene und Körperbehinderte, also fürsorgebedürftige Personen verschiedenster Art, vermitteln. Zu den nichtgewerbsmäßig vermittelnden Einrichtungen, die mit der Arbeitsvermittlung beauftragt werden können, gehören auch die studentischen Vermittlungseinrichtungen (insbesondere für kurzfristige Beschäftigung) und gemeinnützige Vereine. Bei den nichtgewerbsmäßig vermittelnden Einrichtungen handelt es sich im ganzen um einen meist lokal oder regional und quantitativ begrenzten Vermittlungsbereich, in den die Arbeitsämter ebenfalls eingeschaltet sind. Da sich diese Vermittler in der Regel nur als „verlängerter Arm" der Bundesanstalt, nicht aber als deren Konkurrenten betrachten, sind in dem Vermittlungsbereich auch keine Wettbewerbsbeziehungen von Bedeutung festzustellen.

Bei den Aufträgen „zur auf Gewinn gerichteten Arbeitsvermittlung" handelt es sich überwiegend um solche zur

---

[95] Vergleiche Paragraphen 23 und 18 Arbeitsförderungsgesetz.

[96] Vergleiche auch zu den folgenden Ausführungen Draeger, Kommentar AVAVG, S. 348, zu Paragraph 54, und S. 350.

Arbeitsvermittlung von Künstlern. Sie werden aus Zweckmäßigkeitsgründen im Abschnitt über „Die Künstleragenturen" behandelt[97].

3. Die privaten Anbieter auf dem Markt für Stellenvermittlung

a) Der beschränkte Marktzutritt

Das hervorstechende Kennzeichen der Tätigkeit der übrigen, privaten Anbieter auf dem Stellenvermittlungsmarkt ist die Einschränkung der Gewerbefreiheit in diesem Dienstleistungsbereich durch das Arbeitsvermittlungsmonopol der Bundesanstalt[98, 99]. Das rechtliche Marktzutrittsverbot, das sich aus dem Exklusivrecht der Bundesanstalt ergibt, ist allerdings, wie schon erwähnt, in einigen wenigen Bereichen bei ökonomischer Betrachtung in zweifacher Hinsicht modifiziert. Erstens besteht als Ausnahme vom Monopol die bereits erwähnte juristische Möglichkeit, daß privaten „Vermittlern" in formaljuristischem Sinne der Marktzugang, allerdings unter Auflagen, gestattet wird („Auftrag" an Künstlervermittler)[100]. Soweit dies der Fall ist, wird das Marktzutrittsverbot zur „Beschränkung des Marktzutritts"[101] herabgemildert. Die zweite Möglichkeit, das Zutrittsverbot für den Markt für Stellenvermittlung legal „aufzuweichen", ist qualitativer Natur. Sie ergibt sich dann, wenn die erbrachte Vermittlungsleistung privater Anbieter keine Arbeitsvermittlung im Sinne des Gesetzes ist, sich also materiell, wenn

---

97 Vergleiche S. 84.

98 Zu den Auswirkungen auf den Wettbewerb auf diesem Markt vergleiche unten S. 132 ff.

99 Die Frage der Verfassungskonformität des Alleinvermittlungsrechts der Bundesanstalt als Einschränkung des Grundrechts der Berufsfreiheit nach Artikel 12 GG ist vom Bundesverfassungsgericht zugunsten des Monopols beantwortet worden. Damit ist auch die Regelung über die ausnahmsweise Beauftragung Dritter, zum Beispiel der Künstlervermittler, mit der Arbeitsvermittlung als verfassungskonform anzusehen. Vergleiche Hennig, Kommentar AFG, S. 34 c., vergleiche weiter unten S. 180 ff.

100 Vergleiche oben S. 81.

101 Vergleiche Tuchtfeldt, Egon, „Gewerbefreiheit", Handwörterbuch der Sozialwissenschaften, 4. Band, S. 502 ff.

auch vielleicht nur in beschränktem Ausmaß, von der letztgenannten unterscheidet[102]. Das ist der Fall bei der Dienstleistung der Personalberater und der Unternehmen für Zeitarbeit, die im Sinne des in dieser Studie funktional gebrauchten Vermittlungsbegriffs Stellenvermittlung betreiben, deren Leistung sich aber sachlich genügend von der der Bundesanstalt unterscheidet.

Die folgenden Ausführungen sind der Darstellung der rechtlichen Marktzugangsmöglichkeiten der privaten Vermittlertypen auf dem Stellenvermittlungsmarkt einerseits und ihrer sich daraus ergebenden qualitativen Dienstleistungsmöglichkeit gewidmet.

b) *Die Künstleragenturen*

aa) Zur Tätigkeit der Künstleragenturen

Es gibt zur Zeit 88 von der Bundesanstalt „mit Arbeitsvermittlung beauftragte" private Künstleragenten (Stand 31. 12. 1972)[103]. Ihre Marktanteile auf den einzelnen Teilvermittlungsmärkten der künstlerischen Berufe liegen nach Schätzungen von Fachleuten zwischen 20 und 75 Prozent der jeweiligen Gesamtvermittlungsleistung[104].

Der aggregierte Teilvermittlungsmarkt der künstlerischen Berufe ist, bezogen auf den gesamten Vermittlungsmarkt der Bundesrepublik, quantitativ klein. Er wird aber deshalb genauer untersucht, weil auf ihm zwei sehr verschiedenartige Anbietertypen von Vermittlungsdiensten, Bundesanstalt und private Künstlervermittler, in den vergleichsweise engsten Wettbewerbsbeziehungen des Stellenvermittlungsmarktes zueinander stehen. Beide bieten auf diesem Teilvermittlungsmarkt als einzigem die — bei vordergründiger Betrachtung —

---

[102] Da die „Angebotsvariation" der Dienstleistung Arbeitsvermittlung jedoch nur in begrenztem Umfang möglich ist, können private Anbieter als Folge des Vermittlungsmonopols nur auf wenigen Teilvermittlungsmärkten tätig werden.

[103] Vergleiche Geschäftsbericht der Bundesanstalt 1971, S. 20.

[104] Über Einzelheiten vergleiche S. 145 ff.

gleiche Dienstleistung an, nämlich Arbeitsvermittlung im Sinne des Gesetzes, der eine jedoch gegen Entgelt, der andere unentgeltlich, der eine als Behörde mit gesetzlich gesichertem Monopolrecht und entsprechenden Befugnissen, der andere als privater Vermittler, der nur tätig werden darf, wenn es ihm der staatliche Konkurrent „erlaubt". Dieser Teilvermittlungsmarkt ist der einzige in der Bundesrepublik, auf dem es (noch) einen direkten Wettbewerb zwischen öffentlicher und privater Vermittlung gibt[105]. Auch in diesem Bereich gibt und gab es Prozesse wegen des Verdachtes unerlaubter Arbeitsvermittlung.

bb) Die rechtliche Ausgestaltung des Marktzutritts der Künstlervermittler

Die zugelassenen Künstleragenturen betreiben, wie schon dargelegt, mit Erlaubnis („Auftrag zur auf Gewinn gerichteten Arbeitsvermittlung" gemäß Paragraph 23 AFG) der Bundesanstalt Arbeitsvermittlung im Sinne des Gesetzes, unterliegen aber dem sogenannten Auslaufprinzip, auf das noch eingegangen wird.

Bei den Aufträgen „zur auf Gewinn gerichteten Arbeitsvermittlung", die die Bundesanstalt an Künstleragenturen erteilt, handelt es sich um solche zur Arbeitsvermittlung von Künstlern, das heißt von Artisten, Kapellen, Bühnen-, Film-, Fernseh- und Konzertkünstlern[106]. Hierbei kann es sich sowohl um die Vermittlung von (einmaligen) Gastspielen als

---

[105] Zur Vergleichbarkeit der Dienstleistungen der „Konkurrenten" in diesem Bereich vergleiche S. 150 ff.

[106] Von den beauftragten Künstleragenturen sind die sogenannten „Impresarios", „Künstlermanager" und so weiter zu unterscheiden. Die letztgenannten haben keinen Auftrag der Bundesanstalt und werden von der Bundesanstalt der (verbotenen) Arbeitsvermittlung verdächtigt. Sie selbst sind der Ansicht, keine Arbeitsvermittlung zu betreiben, da sie nur einen oder wenige Künstler ständig betreuen. Die Bundesanstalt führt einen diesbezüglichen Prozeß, der noch nicht entschieden ist; die Rechtslage ist infolgedessen ungeklärt. — Erwähnenswert ist, daß es in Frankreich als ähnliche Erscheinung den — rechtlich zulässigen — „Künstlersekretär" gibt, der aber nur eine geringe Zahl von Künstlern ständig betreuen, das heißt auch vermitteln, darf.

auch um Spielzeit- oder Jahresverträge handeln[107]. Der Auftrag grenzt den zulässigen Vermittlungsbereich, das heißt die Teilvermittlungsmärkte, auf denen der Beauftragte tätig werden darf, genau ab, beispielsweise „Schauspiel", „Oper und Operette", „Filmvermittlung" und „Kapellenvermittlung". Der beauftragte Vermittler kann also nicht für den gesamten künstlerischen Bereich tätig werden[108]. Die Begründung dafür sieht die Bundesanstalt darin, daß sich ein privater Vermittler nur auf einem sehr begrenzten Markt ausreichende Marktübersicht verschaffen könne. Die Bundesanstalt bleibt allerdings im Auftragsbereich trotz der Beauftragung weiterhin zuständig. Der Beauftragte darf lediglich „auch", das heißt *neben* der Bundesanstalt, vermitteln[109]. Der eigentliche Auftrag kann um einen sogenannten Anschlußauftrag erweitert werden, der den Agenten berechtigt, zum Beispiel von ihm vermittelte Künstler des Bereichs „Oper", für den er zugelassen ist, zu gelegentlichen Fernseh-Opern-Auftritten zu vermitteln

Die beauftragten Vermittler dürfen, da sie die Tätigkeit als Beruf ausüben, höhere Gebühren für ihre Tätigkeit erheben, als die „nicht auf Gewinn gerichtete Arbeitsvermittlung", die nur Gebühren zur Deckung der erforderlichen Aufwendungen beanspruchen darf[110]. Die Höhe der Gebühren der beauftragten Künstlervermittler ist bis auf weiteres mit der 10. Durchführungsverordnung zum AVAVG vom 23. Oktober 1960 (BGBl. I S. 189) festgelegt[111].

Wichtig ist, daß beauftragte Künstlervermittler mit ihren Auftraggebern keine Verträge schließen dürfen, die ihre alleinige Inanspruchnahme durch einen Arbeitsuchenden oder Arbeitgeber zum Inhalt haben. Solche Ausschließlichkeits- oder Alleinvertretungsverträge sind nach Paragraph 134 des

---

[107] Für Details vergleiche S. 107 ff.

[108] Vermittelt ein Künstleragent ohne Auftrag der Bundesanstalt in einem anderen als dem zugelassenen Bereich, so liegt unerlaubte Arbeitsvermittlung, das heißt eine Ordnungswidrigkeit, vor, die mit Geldbußen bis 30 000 DM bedroht ist.

[109] Vergleiche Hennig, Kommentar AFG, S. 34 a und 35.

[110] Vergleiche Paragraph 24 AFG.

[111] Vergleiche S. 106 ff.

BGB oder unter Umständen Paragraph 138 des BGB nichtig. Desgleichen dürfen Vermittler auch nicht aufgrund eines (exklusiven) Vermittlungsauftrages von Künstlern oder deren Arbeitgebern für von diesen selbst gesuchte Arbeit oder selbst gefundene Arbeitnehmer Vermittlungsgebühren beanspruchen.

Bei der Vermittlung ausländischer Künstler in die Bundesrepublik darf der ausländische Vermittler — auch nicht der in seinem Staat ordnungsgemäß zugelassene — nicht unmittelbar hier tätig werden und umgekehrt; er muß entweder die Bundesanstalt oder einen „beauftragten" deutschen Künstlervermittler dabei einschalten. Ausländischen Künstlern, die nicht auf diesem vorgeschriebenen Wege ein Engagement in der Bundesrepublik erhalten haben, kann die Arbeitserlaubnis versagt werden.

Die mit der Arbeitsvermittlung Beauftragten unterliegen der Aufsicht der Bundesanstalt und sind an ihre Weisung gebunden. Der Auftrag wird für ein Jahr — unter Umständen auch mit Einschränkungen — erteilt, wird allerdings in der Regel auf Antrag verlängert. Er kann aufgehoben werden, wenn der Beauftragte dies beantragt oder den Vorschriften oder Weisungen der Bundesanstalt nicht entspricht oder die Voraussetzungen für die Erteilung des Auftrages nicht (mehr) vorliegen. Der Auftrag ist an die Person gebunden und nicht übertragbar. Er ist ein antragsbedingter Verwaltungsakt, die Entscheidung steht im Ermessen der Bundesanstalt. Auf die Auftragserteilung besteht kein Rechtsanspruch. Bei der Ermessensentscheidung über die Erteilung des Auftrages sind persönliche Eignung (Charakter, Zuverlässigkeit, Gesundheit, berufliche Kenntnisse) ebenso wie die erforderlichen sachlichen und wirtschaftlichen Voraussetzungen dafür wesentlich, ob „der Antragsteller die Gewähr für ordnungsgemäße Ausführung des Auftrages bietet". Die Einzelheiten zu den Kriterien für die Feststellung der „persönlichen Eignung" sind nur Angehörigen der Bundesanstalt, Außenstehenden dagegen nicht zugänglich, es sei denn bei verwaltungsgerichtlichen Überprüfungen konkreter Fälle der Verweigerung eines beantragten Auftrags. — Die Ermessensentscheidung bei der Erteilung eines Auftrags ist eine Marktzutrittsbeschränkung von besonderer „Restriktionsintensität"[112]: Sie stellt eine Zusammenziehung mehrerer „Instrumente zur Beschränkung des Marktzutritts"[112] dar, nämlich

(1) eines Zuverlässigkeitsnachweises (Zuverlässigkeit ist primär gleichbedeutend mit strafrechtlicher Unbescholtenheit),

(2) eines Befähigungsnachweises (die fachliche Qualifikation muß nachgewiesen werden),

(3) einer Bedürfnisprüfung (ein Bedürfnis liegt erst vor, wenn die Bundesanstalt nicht „angemessen" für die Vermittlung dieses Bereiches sorgen kann),

(4) begrenzt auch eines gewissen Kapitalnachweises („erforderliche wirtschaftliche Voraussetzungen").

Die Aufhebung des Auftrags ist ebenfalls, soweit nicht beantragt, eine Ermessensentscheidung, allerdings abhängig vom Vorliegen bestimmter Sachverhalte und deren „pflichtgemäßer Würdigung"[113].

Zur Bundesanstalt hat der beauftragte Vermittler ein öffentlich-rechtliches Aufsichtsverhältnis. Die Beziehungen des beauftragten Vermittlers zu seinen Kunden sind privatrechtlicher Natur. Wie die Bundesanstalt die Aufsicht über den Beauftragten ausübt, liegt in ihrem Ermessen. Ihre Weisungen können bis ins Detail der Durchführung der Aufgaben gehen. Ihre Nachprüfung findet im Wege der Dienstaufsicht statt[114].

In internationaler Sicht ist eine Tendenz zum Abbau der „auf Gewinn gerichteten Arbeitsvermittlung", das heißt der privaten Vermittlungsagenturen, unverkennbar[115]. Die erklärte Zielsetzung ist eine möglichst allumfassende öffent-

---

[112] Vergleiche zu den Begriffen Tuchtfeldt, S. 504 ff.

[113] Vergleiche hierzu Hennig, Kommentar AFG, S. 35 f.

[114] Zuwiderhandlungen gegen Weisungen können als Ordnungswidrigkeit mit Geldbußen bis 3000 DM geahndet werden (Paragraph 228 Absatz 1 Nummer 3 und Absatz 2 AFG).

[115] Vergleiche Draeger, Kommentar AVAVG, Ziffer 9 zu Paragraph 54, S. 351, und EWG-Kommission, Studie, S. 123 ff.

liche Arbeitsvermittlung. Dies gilt auch für die Bundesrepublik, die, wie viele andere Länder[116], den Übereinkommen Nummer 88 und 96 (vom 1. Juli 1949) der Internationalen Arbeitsorganisation (IAO) beigetreten ist[117]. Das Abkommen Nummer 96 enthält im ratifizierten Teil II die Vorschrift, die auf Gewinn gerichteten Büros für entgeltliche Arbeitsvermittlung „innerhalb eines begrenzten, von der zuständigen Stelle festgesetzten Zeitraumes aufzuheben" (Artikel 3). Diese Vorschrift hat durch die Ratifizierung für die Bundesrepublik Gesetzeskraft erlangt. Eine solche Fristbestimmung, das heißt die Festlegung der Auslauffrist, ist bisher noch nicht gesetzlich vorgesehen[118]. In „Ausnahmefällen" sind aber nach dem Abkommen „Befreiungen" vom Ziel der ausschließlich öffentlichen Vermittlung bei „Kategorien von Personen" zu gewähren, für deren angemessene Vermittlung im Rahmen der öffentlichen Arbeitsverwaltung nicht vorgesorgt werden kann. Voraussetzung dafür ist jedoch, daß in solchen Fällen die beteiligten Verbände der Arbeitgeber und Arbeitnehmer in geeigneter Weise angehört werden[119]. Diese Büros müssen außerdem bestimmte Bedingungen hinsichtlich der Ausgestaltung ihrer geschäftlichen Tätigkeit erfüllen und der Aufsicht der zuständigen Behörde unterstellt sein (Artikel 5). Das Übereinkommen Nummer 96 bezieht sich nach Draegers Auffassung auf sämtliche Arbeitnehmerberufe und nicht nur auf Arbeiter[120].

Die Vorschriften des Abkommens Nummer 96 der IAO haben, wie schon in der Einleitung erwähnt, dazu geführt, daß die Bundesanstalt auslaufende Aufträge zur Vermittlung an private Künstleragenturen, die wegen Alters, Krankheit oder Tod beendet sind, in der Regel nicht mehr vergibt (Aus-

---

116 Unter anderem die Benelux-Staaten, Italien, Frankreich, Norwegen, Schweden, Finnland, Japan und so weiter. Vergleiche BArbBL. 1960, Beiheft 1/1960, S. 14.

117 Ratifikationsgesetze vom 15. April 1954, BGBl. II, S. 448 und 456; Nummer 96 ist mit Ausnahme seines Teils II am 8. September 1955 in Kraft getreten, BGBl. II, S. 906.

118 Vergleiche Draeger, Kommentar AVAVG, Ziffer 9 zu Paragraph 54, S. 351.

119 Vergleiche Draeger, Kommentar AFG, S. 351 f.

120 Vergleiche Draeger, Kommentar AFG, S. 351; anders: Vogel, Die Sozialgerichtsbarkeit, 1959, S. 124.

laufprinzip). Sie vergibt derartige „Aufträge" in der Regel selbst dann nicht (mehr), wenn geeignete Bewerber dafür vorhanden und die betroffenen Arbeitnehmer und Arbeitgeber der Auffassung sind, daß die Bundesanstalt in diesem Vermittlungsbereich keine ausreichenden Vermittlungsdienste anbieten kann[121]. Es ist wiederholt zu Klagen privater Künstleragenten gegen die Bundesanstalt auf Erteilung eines „Auftrags" gekommen.

c) *Die Personalberater*

aa) Zur Tätigkeit der Personalberater

Auch die Personalberater erbringen entsprechend der oben getroffenen Begriffsbestimmung der Stellenvermittlung *faktisch* Vermittlungsleistungen, da auch sie Angebot und Nachfrage auf einem Teilarbeitsmarkt, dem Markt für Führungskräfte, zusammenführen. Ihre Einbeziehung in die Studie wird unter anderem auch durch die Tatsache gerechtfertigt, daß sie von der Bundesanstalt der (verbotenen) Arbeitsvermittlung in einer Reihe von Prozessen beschuldigt wurden.

Die Personalberater üben ihre Beratungstätigkeit freiberuflich aus. Ihrem beruflichen Werdegang nach sind sie häufig Industriepsychologen und -graphologen, Wirtschaftswissenschaftler, Ingenieure und ehemalige Personalleiter größerer Unternehmen. Sie beraten ihre Kunden, das heißt die Unternehmen, welche sie dazu beauftragt haben, bei der Auswahl und Einstellung von Führungskräften[122].

bb) Die rechtlichen Möglichkeiten des Marktzutritts der Personalberater

Die Tätigkeit als Personalberater unterliegt keiner rechtlichen Marktzugangsbeschränkung. Sie setzt insbesondere

[121] Auch die anderen Mitgliedsstaaten der EWG haben darauf hingewirkt, alle privaten und gewerbsmäßigen oder nicht gewerbsmäßigen Stellenvermittlungseinrichtungen so rasch wie möglich auslaufen zu lassen. — Vergleiche EWG-Kommission, Studie, S. 123.

[122] Zum Umfang ihrer Dienstleistung und zu den Marktergebnissen vergleiche S. 145 ff., insbesondere S. 154 f.

keinen Befähigungsnachweis voraus. Die rechtlichen Möglichkeiten der Personalberater, auf dem Markt für Stellenvermittlung als Anbieter aufzutreten, unterscheiden sich von denen der zugelassenen Künstlervermittler allerdings vor allem dadurch, daß nach einem Urteil des Bundesverfassungsgerichts[123, 124] Personalberater keine Arbeitsvermittlung im Sinne des Gesetzes durchführen dürfen. Das heißt, Personalberater können nur dann auf dem Stellenvermittlungsmarkt tätig werden, wenn sie bei juristischer Betrachtung keine Stellenvermittlung betreiben. Das bedeutet, daß die Dienstleistung der Personalberater anders als die der Bundesanstalt beschaffen sein, es sich also bei beiden um Anbieter heterogener „Güter" handeln muß.

Die Bundesanstalt hat sich allerdings nicht der Erkenntnis verschließen können („unter Würdigung der Besonderheiten dieses Arbeitsmarktbereiches" und des wirtschaftlichen Erfolgs der Personalberater), daß in der Wirtschaft ein Bedürfnis nach Beratung durch private Personalberater bei der Einstellung qualifizierten Personals besteht, und daher im Einvernehmen mit den zuständigen Verbänden und dem Bundesministerium für Arbeit bereits 1957 die „Grundsätze zur Abgrenzung von Personalberatung und Arbeitsvermittlung ..."[125] erlassen.

---

[123] BGH-Urteil vom 13. Dezember 1961 — 2 STR 507/60, bestätigt durch BundesverfG. vom 4. April 1967, 1 BvR 126/65 (der sogenannte Hanten-Prozeß). Vergleiche Hennig, S. 16 a zu Paragraph 13 AFG. — Der Prozeß diente unter anderem auch der grundsätzlichen Klärung der Rechtslage der Personalberater.

[124] Das Bundesverfassungsgericht traf bei seinem Spruch eine sogenannte Güterabwägung zwischen dem verfassungmäßig garantierten Recht der freien Berufswahl (Artikel 12 GG) — auch des gewerblichen Stellenvermittlers — und dem Eingriff in dieses Recht durch das Vermittlungsmonopol der Bundesanstalt „zum Schutze übergeordneter Gemeinschaftsgüter", wobei auch das Schutzbedürfnis der Arbeitsuchenden von Bedeutung war.

[125] Runderlaß „Grundsätze zur Abgrenzung von Personalberatung und Arbeitsvermittlung bei der Besetzung von Stellen für Führungskräfte der Wirtschaft" vom 7. September 1957 — Ia 5108 (247/57.1), Dienstblatt der Bundesanstalt vom 20. September 1957, Nummer 40, 6. Jahrgang, Nürnberg, S. 495 f.

Diese „Grundsätze" sind 1970 neu gefaßt worden[126, 127]. Ziel war es, durch die Neufassung des zu Abgrenzungsschwierigkeiten Anlaß gebenden Begriffs „Führungskräfte der Wirtschaft" und der Aufzählung der Voraussetzungen, bei deren Vorliegen unerlaubte Arbeitsvermittlung zu vermuten ist, eine rechtlich einwandfreie und praktikable Abgrenzung von Personalberatung und Arbeitsvermittlung zu erleichtern.

Im Sinne dieser Grundsätze (1.2) liegt erlaubte Personalberatung dann vor, „wenn ein Personalberater im Rahmen eines Beratungsauftrages auch bei der Suche und Auswahl von Führungskräften der Wirtschaft für die Besetzung offener Führungspositionen mitwirkt". Personalberater dürfen also nur beratend bei der Personalsuche und -auswahl und auch nur für Führungskräfte der Wirtschaft[128] tätig werden. Darüber hinaus muß für jeden konkreten Einzelfall der Beratung nachweisbar durch ein Unternehmen dem Personalberater der Auftrag erteilt worden sein, bei der Besetzung einer offenen Führungsposition mitzuwirken. Der Personalberater kann dann im Rahmen des Auftrages Anzeigen des Unternehmens in Zeitungen und Zeitschriften aufgeben, die den Hinweis enthalten dürfen, daß der namentlich genannte Personalberater bei der Auswahl der in der Anzeige genannten Führungskraft mitwirkt und Bewerbungen an ihn gerichtet werden können. Die bisherige Vorschrift, daß diese Anzeigen die Alternative enthalten mußten, daß Bewerbungen entweder unter Chiffre an die Zeitung oder an den genannten Personalberater gesandt werden können, ist, weil unpraktikabel, fallengelassen worden. Allerdings ist die Alternative „Zeitungschiffre" damit nicht unzulässig geworden. Die

---

[126] „Grundsätze zur Abgrenzung von Personalberatung und Arbeitsvermittlung bei der Besetzung von Stellen für Führungkräfte der Wirtschaft — Unberechtigte Arbeitsvermittlung", Amtliche Nachrichten der Bundesanstalt für Arbeit, Nürnberg, Heft 12, vom 22. Dezember 1970, 18. Jahrgang, S. 889 ff.

[127] Bei der Neufassung wirkten der der Bundesanstalt zugeordnete „Beirat Führungskräfte der Wirtschaft", dem neben Vertretern der Bundesanstalt solche des Bundesministerums für Arbeit und Sozialordnung und des Bundes Deutscher Unternehmensberater e. V. angehören, und die Bundesvereinigung der Deutschen Arbeitgeberverbände mit.

[128] Zum Begriff vergleiche S. 51, Anmerkung 37**.

„Grundsätze" ziehen also bestimmte Kriterien (vor allem: nur Beratung, nur für die Besetzung von Führungspositionen) für die Feststellung heran, daß die Dienstleistung der Personalberater von der der Bundesanstalt verschieden ist. Die folgenden Merkmale für unerlaubte Arbeitsvermittlung durch Personalberater zeigen im einzelnen, wie sich Personalberatung von Arbeitsvermittlung unterscheiden muß. (Die Vielzahl der Kriterien verdeutlicht zugleich die Schwierigkeiten, die sich in der Praxis bei der Abgrenzung des Arbeitsvermittlungsbegriffs ergeben. Sie seien auch als Beispiel dafür wiedergegeben.)

Unerlaubte Arbeitsvermittlung durch Personalberater[129, 130] wird vermutet, wenn der Personalberater

(1) bei der Suche und Auswahl anderer als der als solche definierten Führungskräfte mitwirkt,

(2) im bezeichneten Sinne tätig wird, ohne im konkreten Einzelfall dazu von einem Unternehmen beauftragt zu sein,

(3) sich im eigenen Namen mit Zeitungsanzeigen an Unternehmen oder an Führungskräfte der Wirtschaft wendet (die Anzeige muß erkennen lassen, daß sie eine Anzeige des auftraggebenden Unternehmens ist),

(4) solche Anzeigen zwar im Auftrag eines Unternehmens aufgibt, sie aber so ausgestaltet, daß der Eindruck entstehen kann, als unterhalte der Personalberater ein Stellenvermittlungsbüro und betreibe Arbeitsvermittlung,

(5) Bewerber, die sich wegen einer ordnungsgemäß ausgeschriebenen Führungsposition an ihn gewandt haben, für andere offene Stellen vorschlägt,

(6) eigene Bewerberkarteien führt und auswertet,

(7) Bewerbungsunterlagen nach der Entscheidung des auftraggebenden Unternehmens zurückbehält,

---

129 Vergleiche „Grundsätze ...", S. 892, Ziffer 2.2. — Als Begriff der Arbeitsvermittlung wird in den „Grundsätzen ..." die Legaldefinition des Paragraphen 13 Abs. 1 AFG zugrunde gelegt. Vergleiche 14.

130 Unerlaubte Arbeitsvermittlung kann als Ordnungswidrigkeit mit einer Geldbuße von bis zu 30 000 DM belegt werden (Paragraph 228 AFG).

(8) von Bewerbern Gebühren oder ein Erfolgshonorar verlangt oder annimmt,

(9) eigene Stellen- und Bewerberlisten herausgibt oder einen anderen auf Arbeitsvermittlung gerichteten Offertendienst einrichtet, unterhält oder auswertet.

Hervorzuheben ist, daß nur Arbeitgeber Personalberater mit der Stellenausschreibung und Personalauswahl beauftragen dürfen. Stellensuchenden Arbeitnehmern ist die Beauftragung eines Personalberaters mit der Stellenauswahl selbst dann, wenn sie Führungskräfte sind, nicht gestattet.

Wertet man den Merkmalskatalog für unerlaubte Arbeitsvermittlung aus, so ergibt sich, daß die Mehrzahl der Voraussetzungen auf „vermittlungstechnische" Gesichtspunkte abstellt (Punkte 2, 3, 4, 5, 6, 7 und 9). — Als wesentlich für die Heterogenität der Dienstleistungen beider Konkurrenten erscheint aber der unterschiedliche Akzent ihrer Tätigkeit: Bei der Vermittlung der Bundesanstalt steht das „Zusammenführen" von Arbeitsangebot und -nachfrage im Vordergrund, bei den Personalberatern dagegen die Beurteilung der Bewerber.

Die Honorare der Personalberater sind nicht in einer einheitlichen Gebührenordnung festgelegt, obwohl beim Bund Deutscher Unternehmensberater e. V. (BDU) eine derartige Regelung erwogen wurde. Im Rahmen der Vertragsfreiheit stellen deshalb die Personalberater ihre Leistungen den auftraggebenden Unternehmen in unterschiedlicher Höhe in Rechnung, sei es in Anlehnung an das Jahreseinkommen des zu „Vermittelnden", sei es als sogenanntes Erfolgshonorar oder nach dem für den Auftrag nötigen Zeitaufwand.

Die Zusammenarbeit zwischen den Personalberatern und den Dienststellen der Bundesanstalt, insbesondere mit ihrem „Büro Führungskräfte der Wirtschaft"[131], ist ausdrücklich wie folgt in den „Grundsätzen" geregelt: Beide „arbeiten im Rahmen ihrer Tätigkeit eng zusammen". Die Bundesanstalt beziehungsweise die „Zentralstelle für Arbeitsvermittlung

---

[131] Vergleiche S. 75 ff.

(ZAV)" schlägt den Personalberatern im konkreten Einzelfall geeignete Bewerber vor. Umgekehrt sind die Personalberater gehalten, Bewerbungen, die sie nicht bearbeiten oder weiterbearbeiten dürfen, an die ZAV weiterzuleiten, sofern die Bewerber damit einverstanden sind. Die Personalberater sollen in diesem Fall den Bewerbern empfehlen, die Dienste der „Zentralstelle" in Anspruch zu nehmen.

Zusammenfassend kann man sagen, daß die „Vermittlungs"-Möglichkeiten der Personalberater in rechtlicher Beziehung sehr beschränkt sind. Einerseits dürfen sie mit der einen Nachfragergruppe des Marktes, den Arbeitsuchenden, nur eine abgeleitete Verbindung aufnehmen. Andererseits können sie nur auf dem eng begrenzten Teilvermittlungsmarkt für Führungskräfte und nur für die Arbeitgeber tätig werden. Sie dürfen aber beispielsweise Positionen für andere qualifizierte Berufe, allerdings ohne die wie oben beschriebene Führungskräfte-Eigenschaft[132], nicht ausschreiben, obwohl diese Berufe, wie schon dargelegt, ebenso wie die Führungskräfte auf räumliche Teilmärkte des gleichen, das heißt zentralen Durchmessers und auf differenzierte Kenntnisse der Vermittler angewiesen sind. Für ihre eigene Vermittlung hat die Bundesanstalt dieser ökonomischen Zweckmäßigkeit dagegen Rechnung getragen, indem sie in der ZAV die Vermittlung der qualifizierten Berufe und der Führungskräfte zusammengefaßt hat.

d) Die Unternehmen für Zeitarbeit

aa) Zur Tätigkeit der Unternehmen für Zeitarbeit

Die Unternehmen für Zeitarbeit, fälschlicherweise oft auch als Leiharbeitsunternehmen bezeichnet, stellen anderen Unternehmen aufgrund von Arbeitnehmerüberlassungsverträgen Arbeitskräfte für eine vorübergehende Beschäftigung mit sachlich abgegrenzten Arbeiten gegen Entgelt zur Verfügung, führen also Arbeitsuchende mit Arbeitskräfte suchenden Be-

---

132 Vergleiche S. 76.

trieben, wenn auch unter ganz besonderen Voraussetzungen, zusammen. Die Auftraggeber bezahlen dafür entsprechend dem abgeschlossenen Arbeitnehmerüberlassungsvertrag einen bestimmten Stundensatz, der von der Qualifikation des „ausgeliehenen" Arbeitnehmers abhängt, an das Unternehmen für Zeitarbeit. Hinsichtlich der Beschäftigung stehen dem Unternehmen für Zeitarbeit die primären Weisungen (Zuweisung an den „Entleiher": Regelung des Umfangs der zu leistenden Arbeit und so weiter) zu; die mit der eigentlichen Arbeitsleistung verbundenen Weisungen ergehen teilweise zwangsläufig vom „Entleiher".

Der Arbeitnehmerüberlassungsvertrag umfaßt zwei Verträge: erstens den Arbeitsvertrag zwischen der Schreibkraft beispielsweise und dem Unternehmen für Zeitarbeit, das sie anstellt, bezahlt und für sie Steuern und Sozialversicherungsbeiträge abführt; der zweite Vertrag ist ein Überlassungs- oder Mietvertrag zwischen dem Unternehmen für Zeitarbeit und seinem Partner, dem „entleihenden" Unternehmen.

Arbeitnehmer der Zeitarbeitunternehmen sind überwiegend solche Personen, die aus familiären oder sonstigen Gründen keine Dauertätigkeit ausüben möchten oder können und für die diese Art vorübergehender Beschäftigung eine spezifische Verdienstmöglichkeit darstellt[133, 134]. Sie werden zu dem arbeitsvertraglich vereinbarten Stundensatz entlohnt, der wegen der Lohnneben- und Verwaltungskosten und wegen eines Gewinnzuschlages niedriger als der verrechnete Kundentarif ist.

---

133 Vergleiche dazu etwa bei Troclet, L.-E., und Vogel-Polsky, E., Le travail intérimaire en Belgique et dans les pays du Marché Commun, Etudes du Centre national de sociologie du droit social, Editions de l'Institut de Sociologie de l'Université Libre de Bruxelles, Brüssel 1968, S. 31 ff.

134 Auch in der Sowjetunion suchen aus den obengenannten Gründen — wegen des Fehlens entsprechender Stellen im Wirtschaftsplan jedoch meist erfolglos — Millionen von Hausfrauen, Invaliden, Rentnern und Studenten einen „Teilzeitjob". Diese Art von Beschäftigung, so die Iswestija, diene den Menschen und erhalte der Volkswirtschaft fehlende Arbeitskräfte. — Auch in der Sowjetunion haben Untersuchungen ergeben, „was im Westen bereits Allgemeinplatz ist", daß nämlich (Teil-) Zeitarbeit effektiver sein kann, als ein Full-time-job. Vergleiche „Heiße Nadel", ohne Verfasser, in: Der Spiegel, Das deutsche Nachrichtenmagazin, Nr. 24 vom 5. Juni 1972, 26. Jahrgang, Hamburg, S. 92 ff.

bb) Die rechtlichen Möglichkeiten des Marktzutritts der Unternehmen für Zeitarbeit

Die rechtlichen Möglichkeiten für die Unternehmen für Zeitarbeit, auf dem Markt für Stellenvermittlung ihre Dienstleistungen anzubieten, sind ähnlich wie die der Personalberater beschaffen. Der Marktzutritt ist bisher ohne formale Zugangsbeschränkungen zulässig gewesen,

(1) wenn die Unternehmen für Zeitarbeit keine Arbeitsvermittlung im Sinne des Gesetzes betrieben, das heißt wenn ihre Dienstleistung sich materiell von der der Bundesanstalt unterschied, beide Dienstleistungen also als heterogene „Güter" anzusehen waren,

(2) solange das geplante „Gesetz zur Regelung der gewerbsmäßigen Arbeitnehmerüberlassung" noch nicht erlassen war, das den Unternehmen für Zeitarbeit die Einholung einer Erlaubnis der Bundesanstalt zur Ausübung des Gewerbes vorschreibt.

Nach Inkrafttreten dieses Gesetzes ist daher der legale Marktzugang vom Vorliegen beider Voraussetzungen abhängig[135].

Die Klärung der Frage, ob und unter welchen Voraussetzungen die Unternehmen für Zeitarbeit (verbotene) Arbeitsvermittlung betreiben, hat in der Vergangenheit erhebliche Schwierigkeiten bereitet. So hat die Bundesanstalt auch gegen Unternehmen für Zeitarbeit, vor allem die Firma Adia-Interim, Prozesse in mehreren Instanzen geführt, weil sie der Auffassung war, daß hier verbotene Arbeitsvermittlung vorliege. Die Urteile haben folgendes ergeben:

(1) Das Bundesverfassungsgericht erklärte die Einbeziehung der sogenannten Arbeitnehmerüberlassung in das Vermittlungsmonopol der Bundesanstalt wegen Unvereinbarkeit mit dem Grundrecht der freien Berufswahl für grundgesetzwidrig. Daraus folgte die Nichtigkeit des damaligen

---

135 Vergleiche dazu „Besserer Schutz für die Zeitarbeiter", Frankfurter Allgemeine Zeitung, Nr. 236, vom 11. Oktober 1972, S. 17; ebenso S. 101 f.

Paragraphen 37 Absatz 3 AVAVG[136], der die Überlassung von Arbeitnehmern als (verbotene) Arbeitsvermittlung bezeichnet hatte. Hieraus ergibt sich aber nun nicht, daß jede „Arbeitnehmerüberlassung" oder jedes „Verleihen von Arbeitskräften" schon außerhalb des Vermittlungsmonopols liegt. Die jeweiligen Umstände des Einzelfalls entscheiden darüber, ob es sich nach den vom Bundesverfassungsgericht aufgestellten Kriterien um erlaubte Arbeitnehmerüberlassung oder verbotene Arbeitsvermittlung handelt.

(2) In Anknüpfung an die Rechtsprechung des Bundesverfassungsgerichts hat das Bundessozialgericht am 29. Juli 1970 entschieden[137], daß unerlaubte Arbeitsvermittlung immer dann anzunehmen sei, wenn der Schwerpunkt der arbeitsrechtlichen Beziehungen im Verhältnis zwischen „Entleiher" und ausgeliehenem Arbeitnehmer liege und wenn im Verhältnis zwischen „Verleiher" und Arbeitnehmer keine feste Grundlage für einen arbeitsrechtlichen Schutz vorhanden sei. Die gegenteilige Annahme, also erlaubte Arbeitnehmerüberlassung, hält das Bundessozialgericht erst dann für gerechtfertigt, wenn zwischen „Verleiher" und Arbeitnehmer ein Dauerschuldverhältnis begründet wird, das während der Beschäftigung des Arbeitnehmers im „Entleiher"-Betrieb fortbesteht, diese Beschäftigung überdauert und den „Verleiher" verpflichtet, Lohn auch für Zeiten zu bezahlen, in denen der Arbeitnehmer nicht ausgeliehen werden kann. Das Urteil, das von dem „Verleih"-Unternehmen mit der Verfassungsbeschwerde angefochten worden ist[138], besagt damit, daß insbesondere dann keine verbotene Arbeitsvermittlung vorliegen wird, wenn die Teilzeitkräfte beim Zeitunternehmen fest angestellt sind und auch dann eine Vergütung erhalten, wenn für sie keine Arbeit zu finden ist.

---

[136] Vergleiche Hennig, Kommentar AFG, S. 16, Erläuterung zu Paragraph 13. — BVerfG-Urteil vom 4. April 1967 — 1 BvR 84/65.

[137] Vergleiche Hennig, S. 16, und BSG-Urteil vom 29. Juli 1970 — 7 RAr 44/68.

[138] Aktenzeichen 1 BvR 752/70. — Vergleiche Hennig, S. 16 a.

Die Bundesanstalt hat die vom Bundessozialgericht gestellten Anforderungen teilweise weiter konkretisiert. Sie ist der Auffassung, daß verbotene Arbeitsvermittlung und eine Verletzung ihres Monopols von Seiten der Zeitarbeitunternehmen nur dann nicht vorliege, wenn folgende Kriterien gegeben seien:

(a) Es muß ein Arbeitsverhältnis zwischen Zeitarbeitunternehmen und „Leiharbeiter" bestehen, in dem der Schwerpunkt der arbeitsrechtlichen Beziehungen (und nicht zwischen „Leiharbeiter" und „Entleiher"-Firma) liegen muß. Das bedeutet insbesondere, daß das Zeitarbeitunternehmen Arbeitgeberfunktion ausüben und die daraus resultierenden Pflichten, wie Bezahlung von Urlaub, Überstunden, Sozialversicherung, Lohnfortzahlung im Krankheitsfalle, Einhaltung der gesetzlichen Kündigungsfristen, gegebenenfalls des gesetzlichen Kündigungsschutzes, erfüllen muß.

(b) Das Arbeitsverhältnis des „Leiharbeiters" mit dem Zeitarbeitunternehmen muß die Zeiten der jeweiligen Ausleihe an dritte Firmen überdauern, es darf in zeitlicher Beziehung keine Deckungsgleichheit bestehen. Ist ein „Leiharbeiter" in der gleichen „entleihenden" Firma länger als drei Monate beschäftigt, wird, auch bei Erfüllung der Kriterien zu (a), unterstellt, daß sich der Schwerpunkt der arbeitsrechtlichen Beziehungen zum Entleiher verlagert hat und daß damit verbotene Arbeitsvermittlung vorliegt.

(c) Der Arbeitgeber, also das Unternehmen für Zeitarbeit, muß das volle Betriebs- und Verdienstrisiko tragen, insbesondere den Leiharbeiter auch dann bezahlen, wenn keine Ausleihmöglichkeit besteht.

(d) Der „Leiharbeiter" muß auch gegen seinen Willen von seinem jeweiligen „Entleiher" durch das Zeitarbeitunternehmen abgerufen und einem neuen „Entleiher" zugewiesen werden können.

Die Erfüllung dieser Kriterien bereitet den Unternehmen für Zeitarbeit zum Teil grundsätzliche Schwierigkeiten. Zwar berücksichtigt der im Juni 1970 abgeschlossene Manteltarifvertrag zwischen der DAG und dem Unternehmensverband für Zeitarbeit bereits einen Teil der unter (a) bis (d) genannten Gesichtspunkte[139].

Wesentliches Merkmal für die Legalität der Tätigkeit der Zeitunternehmen ist es nach dem Bundessozialgerichtsurteil indessen, daß sie Arbeitgeberfunktionen ausüben. Wichtiges Kennzeichen eines echten Arbeitsverhältnisses ist nach herrschendem Recht der Abschluß eines unbefristeten Arbeitsvertrages[140]. Im Gegensatz dazu gibt jedoch der Manteltarifvertrag auch die Möglichkeit befristeter Arbeitsverträge, die für die Zeitarbeitbranche die Regel und auch die Unternehmensidee darstellen[141]. Der Tarifvertrag bedarf daher noch insoweit der Anpassung an das neue Gesetz.

Die für die Zulässigkeit im Vergleich mit der Arbeitsvermittlung der Bundesanstalt notwendige Heterogenität der Dienstleistung der Unternehmen für Zeitarbeit muß also vor allem darin bestehen, daß der Gesichtspunkt der Vermittlung weit hinter dem (zusätzlichen) Merkmal arbeitsvertraglicher Beziehungen zwischen „Vermittler" und „Vermittelten" zurücktritt. Die Vermittlungsleistung der Zeitarbeitunternehmen unterscheidet sich von der der Bundesanstalt auch dadurch, daß sie um die Übernahme der Personalverwaltungsarbeit (Abführung der Steuern und Sozialversicherungsbeiträge) erweitert und durch die sorgfältigere Abstimmung des Arbeitnehmers auf die Erfordernisse des Entleiherbetriebs[142] in eine andere, umfassendere Dienstleistung „transformiert" wird.

---

139 Inzwischen (November 1972) haben beide Vertragsparteien den Antrag gestellt, den Tarifvertrag für allgemein verbindlich zu erklären.

140 Vergleiche auch zu den folgenden Ausführungen Starosta, Eberhard, Aspekte der Zeitarbeit, Berichte des Deutschen Industrieinstituts zur Sozialpolitik, Köln, Jahrgang 5/1971, Nummer 5, S. 11 ff.

141 Als Ergänzung des Manteltarifvertrages wurde zwischen dem Unternehmensverband für Zeitarbeit und der DAG im Oktober 1970 — mit Wirkung vom 1. November 1970 an — ein Gehaltstarifvertrag geschlossen, der die verschiedenen Tätigkeitsmerkmale des Zeitpersonals definiert und die zugehörigen Vergütungssätze festlegt.

142 Vergleiche weiter unten S. 158 ff.

Wegen der starken Zunahme der Arbeitnehmerüberlassung in den letzten Jahren und angesichts der Rechtsunsicherheit auf diesem Gebiet hatte sich die Bundesregierung entschlossen, den Teilarbeitsmarkt der Zeitarbeit gesetzlich zu regeln, und dazu den „Entwurf eines Gesetzes zur Regelung der gewerbsmäßigen Arbeitnehmerüberlassung"[143] Mitte 1971 vorgelegt. Ziel des Gesetzes ist es, einen möglichst weitgehenden Schutz der Arbeitnehmer mit den Interessen der Wirtschaft zu verbinden, wobei das erstgenannte Motiv den eigentlichen Anstoß zu diesem Gesetzentwurf gab[144].

Das inzwischen (am 12. Oktober 1972) in Kraft getretene Gesetz sieht unter anderem vor,

(1) daß Zeitarbeitunternehmen, die legal tätig sein und gewerbsmäßig Arbeitnehmer überlassen wollen, der Erlaubnis durch die Bundesanstalt für Arbeit bedürfen.

Eine solche Erlaubnis wird nur dann — und nur für ein Jahr — erteilt, wenn der Verleiher zuverlässig erscheint und der soziale Schutz der Leiharbeitnehmer gewährleistet ist[145];

(2) daß die Zeitarbeitunternehmen unbefristete Arbeitsverträge mit ihren Arbeitnehmern abschließen müssen, die der arbeitsrechtlichen Kündigungsfrist unterliegen[146];

(3) daß das Unternehmen für Zeitarbeit eine Vielzahl von Auskunftspflichten hinsichtlich der Vorlage geschäftlicher Unterlagen hat, so die Pflicht zur Mitteilung über die Verlegung von Betriebsteilen, Abgabe detaillierter, regelmäßiger statistischer Meldungen über den Geschäftsverlauf und ähnliche Angaben;

---

[143] Bundesrats-Drucksache 200/71.

[144] Vergleiche Starosta, S. 41 ff.

[145] Versagungsgründe sind Unzuverlässigkeit des Antragstellers (vor allem hinsichtlich der einzuhaltenden gesetzlichen Vorschriften über Arbeitsvermittlung, des Lohnsteuer- und Sozialversicherungsrechts, des Arbeitsschutz- und des Arbeitsrechts), das Fehlen einer ordnungsgemäßen Betriebsorganisation, der Abschluß befristeter Arbeitsverträge mit Arbeitnehmern und die Überlassung des gleichen Arbeitnehmers an den gleichen „Entleiher" für länger als drei Monate.

[146] Ein befristeter Arbeitsvertrag ist jedoch zulässig, wenn sich dafür aus der Person des Leiharbeiters ein sachlicher Grund ergibt.

(4) daß auch dem „Entleiher" Pflichten zum Schutze des „Leiharbeiters" auferlegt werden: Unter anderem hat er eine Anzeigepflicht für die Beschäftigung von „Leiharbeitern" beim Arbeitsamt und der Sozialversicherung. — Für den Fall, daß der Arbeitnehmer dem „Entleiher" von einem Zeitarbeitunternehmen, das keine Erlaubnis dazu besitzt, überlassen worden ist, tritt der „Entleiher" in alle Arbeitgeberpflichten des „Verleihers" ein (Subsidiärhaftung).

Es wird erwartet, daß das Gesetz den Schutz der von unseriösen „Leihunternehmen" teilweise erheblich benachteiligten Arbeitnehmer, vor allem von Gastarbeitern, verbessern und die Rechtsunsicherheit auf dem Gebiet der Zeitarbeit beseitigen wird.

Zusammenfassend läßt sich feststellen, daß das Gesetz in seiner jetzigen Form den Marktzutritt der Unternehmen für Zeitarbeit beschränken wird, und zwar insbesondere durch die Anforderung eines sehr umfassenden und fortdauernden Zuverlässigkeitsnachweises mit Versagungs- und Widerrufsmöglichkeit, der die Voraussetzung für die Gewerbeausübung bildet. Die Marktchancen der Unternehmen für Zeitarbeit werden durch die Möglichkeit der Subsidiärhaftung der Kunden vermutlich beeinträchtigt.

e) Exkurs: Die Stellenmärkte der Zeitungen

Die Zeitungsanzeige wird im Sinne dieser Studie nur als Medium der Stellenvermittlung, nicht aber als Stellenvermittlung eingeordnet. Die Zeitungsverlage verfolgen nämlich bei der Veröffentlichung von Stellenanzeigen nicht das Ziel des Abschlusses von Arbeitsverträgen, sondern lediglich der Bekanntgabe einer „Nachricht", nämlich der über eine freie Arbeitskraft oder Position.

Wichtig erscheinen aber bei den Stellenanzeigen im Hinblick auf diese Arbeit zwei Umstände:

(a) Sie sind ein hervorragendes Mittel zur Schaffung von Markttransparenz auf dem Arbeitsmarkt,

(b) ihre ökonomische Wirkung ist die gleiche wie die jeder privaten „Vermittlung", nämlich eine Durchbrechung des staatlichen Arbeitsvermittlungsmonopols, da sie auf dem Wege der „Selbstsuche" einen Ausgleich zwischen Arbeitsangebot und -nachfrage ohne Inanspruchnahme des Monopols ermöglichen.

Auch die Frage, ob die Aufnahme von Stellenanzeigen in Tageszeitungen, Zeitschriften, Fachblättern und so weiter verbotene Arbeitsvermittlung ist, war Gegenstand mehrerer Prozesse und einer Entscheidung des Bundesverfassungsgerichts[147]. In diesem Urteil hat das Bundesverfassungsgericht die Vorschrift[148], daß die Aufnahme von Stellenangeboten in Zeitungen für Tätigkeiten im Ausland an die vorherige Zustimmung der Bundesanstalt gebunden sei, wegen Verstoßes gegen das Grundrecht der Pressefreiheit[149] für verfassungswidrig erklärt. Im Falle der Zeitung „Südkurier", die die Zustimmung für die Veröffentlichung von fünf Stellenangeboten für Auslandsbeschäftigungen beantragte, hatte die Bundesanstalt diese Erlaubnis mit der Begründung versagt, es handele sich hierbei um „Mangelberufe".

Nach dem Urteil des Bundesverfassungsgerichts und dem danach erlassenen Arbeitsförderungsgesetz ist die Aufnahme von Stellenangeboten und -gesuchen in den Anzeigenteilen periodischer Druckschriften zulässig und auch dann keine — verbotene — Arbeitsvermittlung, wenn a) die Veröffentlichung des Stellenmarktes der Hauptzweck des betreffenden Presseerzeugnisses ist und b) auch wenn es sich bei der angebotenen Stelle um eine Tätigkeit im Ausland handelt[150]. Nach Ansicht des Gerichts bleibt die Veröffentlichung eines „Stellenmarktes" im „Vorhof der Arbeitsvermittlung" stehen. „Sie enthalte nur die Weitergabe eines Stellenangebotes oder -gesuches an einen unbekannten Kreis von Lesern ... und

---

147 Es handelt sich hierbei um den sogenannten „Südkurier-Prozeß"; vergleiche BVerfG, Urteil vom 4. April 1967 — 1 BvR 414/64, in: Juristen-Zeitung 1967, S. 314 ff.

148 Vergleiche Paragraph 37 Absatz 2 Satz 3 AVAVG.

149 Vergleiche Artikel 5 Grundgesetz.

150 Vergleiche Hennig, Kommentar AFG, S. 17, Anmerkung 4 zu Paragraph 13 AFG.

überlasse es dem suchenden Arbeitnehmer und dem anbietenden Arbeitgeber, selbst den gewünschten Vertragspartner überhaupt erst ausfindig zu machen. Eine solche, ... lediglich einen fremden Willen übermittelnde Tätigkeit ... erfülle nicht die für den Begriff der Arbeitsvermittlung erforderliche eigene ... Bemühung des Vermittlers[150]."

Dagegen hat das nachfolgende Arbeitsförderungsgesetz die Regelung, daß „die Bekanntgabe von Stellenangeboten und Stellengesuchen in Ton- und Fernsehrundfunk" Arbeitsvermittlung und damit verboten sei, beibehalten[151].

Fünftes Kapitel: Vermittlungskosten als Entscheidungsfaktor zwischen den alternativen Vermittlungsmöglichkeiten?

Der Markt für Stellenvermittlung ist ein „unvollkommener" Markt[152]. Er ist insbesondere durch Heterogenität der angebotenen „Ware" Arbeitsvermittlung, durch mangelnde zeitliche Anpassung, fehlende Marktübersicht und sachliche ebenso wie persönliche Präferenzen der Nachfrage gekennzeichnet[153].

Die Unvollkommenheit des Marktes für Stellenvermittlung hat zur Folge, daß die Nachfrage auf diesem Markt nicht — wie bei vollkommenen Märkten — in erster Linie durch den Preis gelenkt wird. Für diese Feststellung gibt es mehrere Hinweise. Der wichtigste ist der Umfang der Inanspruchnahme der kostenlosen Vermittlung durch die Bundesanstalt für Arbeit.

Die Arbeitsuchenden und Arbeitgeber, für die die Bundesanstalt tätig wird, haben dafür keine Gebühr zu entrichten. Es entstehen ihnen keine direkten Kosten[154].

---

151 Hennig, S. 18, Anmerkung 5, sieht diese Vorschrift als verfassungswidrig an.

152 Zum Begriff vergleiche etwa Schneider, Erich, Einführung in die Wirtschaftstheorie, II. Teil, Wirtschaftspläne und wirtschaftliches Gleichgewicht in der Verkehrswirtschaft, 10. Auflage, Tübingen 1965, S. 68 ff.

153 Vergleiche zu den beiden letztgenannten Kriterien S. 121 ff.

154 Der Umstand, daß die Arbeitsvermittlung der Bundesanstalt aus den Beiträgen der Arbeitgeber und Arbeitnehmer zur Arbeitslosenversicherung

Für den größten Teil der „Vermittlungskunden" bietet sich wegen des Monopols als Alternative zur unentgeltlichen öffentlichen Arbeitsvermittlung nur die mit Kosten verknüpfte Selbstsuche, nicht aber die Vermittlung durch eine andere Stelle oder Institution gegen Gebühr an. Wären für die Wahl zwischen der kostenlosen Vermittlung durch die Bundesanstalt und der Kosten verursachenden Selbstsuche (zum Beispiel für Zeitungsanzeigen) allein Preisüberlegungen ausschlaggebend, so würde die Bundesanstalt vorgezogen. Bedenkt man aber, daß nach vorsichtiger Schätzung mindestens fünfzig Prozent aller Stellenbesetzungen auf private „Vermittler" und Selbstsuche entfallen[155], und berücksichtigt man die großen Stellenanzeigenteile der Zeitungen, die wahrscheinlich den größten Teil der „selbstsuchenden" Arbeitgeber und -nehmer repräsentieren, so können die Kosten der Vermittlung für das Nachfrageverhalten nicht die allein entscheidende Bestimmungsgröße sein.

Nur relativ kleinen Nachfragergruppen stehen, wie gezeigt, neben der Bundesanstalt alternative private Vermittlungsmöglichkeiten offen. Ihr Verhalten ist wegen der vorhandenen Wahlmöglichkeit für Rückschlüsse auf den Gesamtmarkt unter dem Gesichtspunkt, wie sich die Nachfrager verhalten würden, wenn er ein „freier" Markt wäre, besonders aufschlußreich. So steht beispielsweise die Gruppe der künstlerischen Berufe vor der Wahl, wenn sie nicht die Selbstsuche vorzieht, sich entweder — kostenlos — von der Bundesanstalt oder gegen Gebühr von einem von der Bundesanstalt damit beauftragten Künstleragenten vermitteln zu lassen.

Die Gebühren, die weitgehend von der Bundesanstalt für die Vermittlung durch die Agenten festgelegt[156] sind, richten

finanziert wird, insofern eine wenn auch nur mittelbare Belastung der Nachfrager nach dieser Dienstleistung eintritt, ist den wenigsten bekannt oder bewußt, so daß aus dieser Überlegung heraus ihr Nachfrageverhalten nicht beeinflußt wird. Die Tatsache, daß Benutzer der Bundesanstalt und Beitragszahler nicht immer identisch sind, erschwert im übrigen die Zurechnung.

155 Genaue Angaben sind wegen fehlender statistischer Unterlagen nicht möglich. Vergleiche S. 147 ff.

156 Vergleiche 10. Durchführungsverordnung vom 23. März 1960 zum AVAVG, Bundesgesetzblatt I, S. 189.

sich nach dem vertraglich vereinbarten Arbeitsentgelt und werden nach Abschluß des Arbeitsvertrages fällig. Für eine Vermittlungstätigkeit, die zu keinem Vertragsabschluß führt, darf der Agent keine Provision verlangen, desgleichen nicht für einen Vertragsabschluß, den er zwar eingeleitet, aber nicht selbst getätigt hat. Die Gebühren sind in der Regel je zur Hälfte von den Arbeitgebern, vor allem also von Theatern und Filmgesellschaften, und den Arbeitnehmern zu tragen. Die Vermittlungsprovisionen werden prozentual vom Wert des Engagements berechnet und sind wie folgt gestaffelt[157]:

Konzertvermittlung:	
Inland	10 Prozent
vom oder ins Ausland	15 Prozent
Artistenvermittlung:	
Inland	bis zu 6 Prozent
Tages- und Auslandsgeschäfte	bis zu 10 Prozent
Filmvermittlung:	
Inland	bis zu 6 Prozent
vom oder ins Ausland	bis zu 10 Prozent[158]
Kapellenvermittlung:	
Inland	bis zu 4 Prozent
vom oder ins Ausland	bis zu 6 Prozent[158]
Bühnenvermittlung:	
1. Inland ab 600 DM Monatsentgelt der vermittelten Person	bis zu 6 Prozent
darunter	gestaffelte niedrigere Sätze
2. erstmalige Vermittlung von Nichtdeutschen nach dem Inland	bis zu 8 Prozent eines Jahres- oder Spielzeitvertrages[158]
3. Einzelverpflichtungen vom oder nach dem Ausland	10 Prozent[159]

[157] 10. Durchführungsverordnung vom 23. März 1960 zum AVAVG, Bundesgesetzblatt I, S. 189.

[158] Bei der Vermittlung von Künstlern aus den deutschsprachigen Nachbarländern dürfen nur die Inlandsgebühren erhoben werden.

[159] Bei Bühnenvermittlungen nach dem Ausland muß die vermittelte Person die Gebühr in voller Höhe, bei Inlandsvermittlungen dagegen, wie gesagt, nur die Hälfte tragen.

Fernsehvermittlung:

Die Gebühren für Fernsehvermittlung sind nicht durch die genannte Durchführungsverordnung der Bundesanstalt geregelt, sondern können im Rahmen der Vertragsfreiheit frei vereinbart werden. Nach Auskunft von Fachleuten ist es branchenüblich, daß die „beauftragten" Fernsehvermittler in der Regel zehn Prozent vom vertraglich vereinbarten Bruttoarbeitsentgelt erhalten. Die Gebühr ist als „Branchenusance" ganz vom Arbeitnehmer zu tragen, da die Fernsehanstalten es ablehnten, sich wie andere Arbeitgeber, die in der Regel fünfzig Prozent der Vermittlungskosten übernehmen, daran zu beteiligen.

Bei Verlängerung (auch Gastspiel- oder Stückverträge) eines durch die Tätigkeit des Bühnenvermittlers zustande gekommenen Jahres- oder Spielzeitvertrages, die ohne erneute Vermittlungstätigkeit des Agenten zustande gekommen ist, steht dem Bühnenvermittler die Hälfte der erstmaligen Gebühr zu, die längstens für zwei Jahre erhoben werden kann.

Da die festgelegten Provisionssätze für alle Agenten gleich und verbindlich sind, ist es unter dem Gesichtspunkt des Preises für den „Vermittlungskunden" gleichgültig, *welchen* Agenten er beauftragt, sofern er sich überhaupt dazu entschließt.

Für die andere Entscheidung, ob er die Bundesanstalt mit der — kostenlosen — Vermittlung oder einen Agenten gegen Gebühr damit beauftragt, können im wesentlichen vier Gesichtspunkte ausschlaggebend sein: Preis und Qualität der Vermittlung, eine eventuelle Machtposition des Vermittlers und Liquiditätserwägungen.

Die Vermittlungszahlen[160] zeigen, daß die Nachfrager die Leistungen beider „Konkurrenten" nicht als gleichartig bewerten, da der Marktanteil der gegen Entgelt arbeitenden privaten Agenten an den Gesamtvermittlungen auf den künstlerischen Teilmärkten teilweise beachtlich ist, in vielen Teilbereichen sogar um ein Vielfaches höher als derjenige der Bundesanstalt. Bei größerer Preisempfindlichkeit der Nachfrager hätte man einen höheren Marktanteil der Bun-

---

[160] Vergleiche S. 152 ff.

desanstalt wegen der Kostenlosigkeit ihrer Leistung erwarten können. Die Zahlen sprechen aber nicht dafür. Das legt den Schluß nahe, daß andere Erwägungen als Preisüberlegungen für die Vermittlungskunden von größerer Bedeutung sind. Wie weit hierfür Unterschiede zwischen der Qualität der öffentlichen und der privaten Vermittlung oder auch Angst vor der Machtstellung eines privaten Vermittlers eine Rolle spielen, ist noch eingehend darzulegen[161]. Für die Entscheidung, einen privaten Agenten oder die Bundesanstalt in Anspruch zu nehmen[162], kann auch ein vierter Faktor maßgebend sein. Die Beauftragung eines Agenten setzt voraus, ihn bezahlen zu können. So ist es beispielsweise denkbar, daß ein Intendant gezwungen ist, entgegen seinem entsprechenden Wunsch auf Agenten zu verzichten, weil er im Etat keine Mittel (mehr) dafür hat[163]. Eine solche Wahl zwischen den Vermittlungsmöglichkeiten ist dann nicht primär eine Folge möglicher Preisüberlegungen, sondern der fehlenden Mittel. Das Entsprechende gilt für stellensuchende, meist jüngere Künstler, die (noch) kein Geld für eine Vermittlung gegen Gebühr haben.

Für das Nachfrageverhalten der weiteren Nachfragergruppen, die die Vermittlung der Bundesanstalt in den anderen Bereichen („Job“, „Büro Führungskräfte der Wirtschaft“), in denen Angebotskonkurrenz besteht, oder alternativ die Dienstleistungen der Unternehmen für Zeitarbeit beziehungsweise der Personalberater in Anspruch nehmen können, gilt ähnliches. Sehen sie die kostenlosen Leistungen der Bundesanstalt als denen der privaten Mitbewerber qualitativ gleichwertig an, werden sie bei rationalem Verhalten die Bundesanstalt vorziehen. Auch in diesen Bereichen ist das ausschließliche Vorherrschen von Preisüberlegungen beim Vergleich Bundesanstalt/private Konkurrenz relativ unwahrscheinlich,

---

161 Vergleiche dazu insbesondere S. 127 ff.

162 Es können auch beide nebeneinander mit der Vermittlung beauftragt werden.

163 So wurde der Verfasserin berichtet, daß sich die großen Bühnen mit großen Etats „Agenten leisten können“, während die kleinen Häuser wegen fehlender Mittel auf die Selbstsuche oder die Vermittlung durch die Bundesanstalt angewiesen seien.

da hier die Marktanteile der Privaten größer als die der Bundesanstalt sein dürften[164].

Auch diese Feststellung legt den Schluß nahe, daß für die Wahl der „Vermittlungskunden" zwischen verschiedenen Anbietern nicht — oder zumindest nicht primär oder ausschließlich — Preisüberlegungen ausschlaggebend sein können. Das schließt indessen nicht aus, daß die Nachfrager nach den Dienstleistungen der Personalberater und der Unternehmen für Zeitarbeit, bezogen allein auf diese privaten Anbieter, preiselastisch reagieren, da in diesen Bereichen keine Preise festgelegt sind, sondern weitgehend Vertragsfreiheit und Preiswettbewerb bestehen. Der Gesichtspunkt des Preiswettbewerbs der privaten Anbieter von „Vermittlungs"-Diensten untereinander wurde aber entsprechend der Zielsetzung der Untersuchung nicht weiter verfolgt. Die obigen Überlegungen legen den Schluß nahe, daß für die Nachfrager auf dem Vermittlungsmarkt nicht nur Preis-, sondern Qualitätsgesichtspunkte, gegebenenfalls auch Machtpositionen einzelner Agenten, bei der Wahl des Vermittlers ausschlaggebend sein müssen.

---

[164] Vergleiche S. 152 ff. Es gibt kein genaues und vergleichbares Zahlenmaterial hierzu. Die Aussage beruht auf Schätzungen von Fachleuten.

ZWEITER TEIL

Zur wirtschaftspolitischen Zweckmäßigkeit des Arbeitsvermittlungsmonopols in der Bundesrepublik Deutschland

Sechstes Kapitel: Arbeitsvermittlungsmonopol und sozialer Schutz

1. Die Gründe für die Einführung des Arbeitsvermittlungsmonopols

a) Zwei Hauptgründe

Grundsätzlich sind drei verschiedene Einstellungen des Staates zur Stellenvermittlung denkbar: erstens die völlige Gewerbefreiheit ohne irgendwelche Einschränkungen; zweitens staatliche Kontrollmaßnahmen unterschiedlicher Intensität, die sich auf die Zulassung zum Beruf (Zugangsbeschränkung), auf die Berufsausübung oder auch auf beides beziehen können, und drittens die staatliche Monopolisierung[1]. Auf dem Gebiet der Stellenvermittlung ist schließlich, schrittweise 1922 beginnend[2], der dritte Weg, das staatliche Arbeitsvermittlungsmonopol, gewählt worden, nachdem von den beiden erstgenannten Möglichkeiten in unterschiedlicher Weise Gebrauch gemacht worden war, wie schon dargelegt wurde.

Die Notwendigkeit des staatlichen Monopols wurde — und wird — in Deutschland, wie auch in anderen Ländern, im wesentlichen mit zwei Gesichtspunkten begründet, unter denen sich nahezu alle Teilargumente subsumieren lassen:

(1) Nur ein staatliches Vermittlungsmonopol könne insbesondere die Arbeitsuchenden vor Mißständen und möglicher Übervorteilung durch gewerbsmäßige, private Stellenvermittler schützen (soziale Schutzfunktion des staatlichen Monopols); und — mit zunächst geringerer Betonung —

---

1 Vergleiche Kühne, S. 72 f.

2 Ebenda, S. 27 f.

(2) der Staat könne die wichtigste Funktion der Arbeitsvermittlung, Arbeitsangebot und -nachfrage zusammenzuführen und zum Ausgleich zu bringen, besser, das heißt sachgerechter als private Arbeitsvermittler und Arbeitsnachweise der Kommunen und Interessenverbände erfüllen (Effizienz-Argument)[3].

Diese Überlegungen wurden zum einen durch die teilweise unerträglichen Mißbräuche auf dem Gebiet der privaten gewerblichen Stellenvermittlung, vor allem im neunzehnten Jahrhundert, ausgelöst. Zum anderen spielte die allgemeine Überzeugung eine entscheidende Rolle, daß der im Laufe eines Jahrhunderts in damals unvorstellbare Größenordnungen hineingewachsene Arbeitsmarkt als „sachliche Notwendigkeit" einer reichseinheitlichen Regelung bedürfte, „weil Umfang und Bedeutung des Gesamtaufgabengebietes über lokale Bezirke hinausgewachsen waren"[4].

b) Die Argumente gegen die private Stellenvermittlung im einzelnen

aa) Die Mißstände in der gewerbsmäßigen Stellenvermittlung

Die Einführung des staatlichen Vermittlungsmonopols als ultima ratio wird, wie schon angedeutet, überwiegend nicht mit den Vorzügen einer solchen Regelung, sondern mit der mangelnden Eignung der privaten Stellenvermittlung begründet. Der unterschiedlichen Aktualität der Teilprobleme im Bereich der Arbeitsvermittlung entsprechend, sind dabei jeweils verschiedene, allerdings interdependente Teilaspekte von besonderer Bedeutung gewesen. Die wichtigsten von ihnen, aus Literatur und Befragungen von Fachleuten stammend, sollen nun dargelegt werden.

---

[3] Für viele: Vergleiche Bethge, Dietrich, Die Arbeitsvermittlung im sozialen Rechtsstaat unter besonderer Berücksichtigung der Monopolstellung der Bundesanstalt für Arbeitsvermittlung und Arbeitslosenversicherung, juristische Dissertation, Köln 1962, S. 125 ff.

[4] Vergleiche Denkschrift zum zehnjährigen Bestehen der Reichsanstalt, o. V., zitiert bei Kuster, S. 312.

Zunächst stand fast ausschließlich der Schutz der sozial Schwächsten, der Arbeitnehmer, im Mittelpunkt der Diskussion über die Notwendigkeit eines staatlichen Vermittlungsmonopols. Hierzu wurden vor allem die folgenden Einzelargumente genannt, die erstmals 1906 in einer eingehenden wissenschaftlichen Untersuchung über die gewerbliche Stellenvermittlung von Ludwig[5] zusammengetragen wurden[6]. Sie werden mit Ausnahme der beiden letztgenannten Gesichtspunkte auch heute noch nahezu unverändert angeführt. Ludwig stellte insgesamt acht Hauptnachteile der gewerblichen Stellenvermittlung fest[7]:

(1) Das Erwerbsinteresse der gewerbsmäßigen Vermittler sei die Wurzel aller weiteren Mißstände. Der gewerbsmäßige Arbeitsvermittler sei an jeder Vermittlung interessiert. Er wolle daher rasch und häufig vermitteln. In aller Regel neige er dazu, diesem Ziel die berechtigten Interessen der Arbeitsuchenden und der künftigen Arbeitgeber unterzuordnen. Er lasse dabei häufig die gebotene Zuverlässigkeit und die individuelle Beratung der Parteien vermissen.

(2) Der private Vermittler sei an langfristigen Arbeitsverhältnissen uninteressiert. Er fördere daher mit allen Mitteln — auch zum Nachteil der Beteiligten — den Stellenwechsel. Sein Bemühen gehe dabei vor allem dahin, daß alle weiteren Vermittlungen nur von ihm vorgenommen würden.

(3) Auch die Berechnung überhöhter Gebühren sei für das Stellenvermittlergewerbe typisch. Vielfach würden neben der eigentlichen — in den meisten Fällen bereits zu hoch bemessenen — Vermittlungsgebühr unzulässige Sonder-

---

[5] Ludwig, Franz, Der gewerbsmäßige Arbeitsnachweis, Berlin 1906. — Ludwig wertete dazu umfangreiches Material aus, das ihm nach Abschluß seiner Enquête zur Verfügung stand. Er befragte dazu Berufsorganisationen der Arbeitnehmer und Arbeitgeber ebenso wie die zuständigen Behörden.

[6] Eine Zusammenstellung der Ausführungen Ludwigs, auf der auch die folgenden Ausführungen im wesentlichen beruhen, findet sich bei Bethge, S. 14 ff.

[7] Vergleiche Ludwig, insbesondere S. 114 ff.

zuwendungen verlangt und bezahlt, so beispielsweise Einschreibgebühren, denen noch nicht einmal der Versuch einer Vermittlung folge[8]. Auch würden (verbotene) Extragebühren von solchen Stellenlosen verlangt und, sofern möglich, bezahlt, die wenig Aussicht auf einen Arbeitsplatz hätten. Ferner versuche der Vermittler, Stellensuchende an sich zu binden, indem er ihnen Deposita (Vorschüsse und Arbeitspapiere) abnehme. Hierdurch werde deren Bewegungsfreiheit erheblich eingeschränkt.

(4) Der gewerbliche Arbeitsvermittler sei überall dort eine gefährliche wirtschaftliche Macht, wo er die Vermittlung in einem Berufszweig ganz oder teilweise beherrsche. Die Möglichkeit eines Boykotts lasse es den Stellungsuchenden angeraten erscheinen, den Wünschen der Vermittler zu folgen.

(5) Großer Schaden entstehe bei der Vermittlung nach dem Ausland, da sich hier die gewerbsmäßige Vermittlung durch die Inanspruchnahme von Mittelspersonen sehr leicht der gesetzlichen Kontrolle entziehen könne. Hierdurch seien insbesondere Jugendliche mit ihrer Anfälligkeit für Verwahrlosung in einem fremden Land gefährdet, wenn sie dort nicht einen geeigneten Arbeitsplatz fänden[9].

(6) Die privaten Stellenvermittler behinderten die öffentliche Stellenvermittlung, indem sie Arbeitsuchende an sich zögen, die sich wegen der hohen Gebühren gar nicht eines gewerbsmäßigen Vermittlers bedienen wollten[10].

---

[8] Insbesondere beanstandete Ludwig bei der Vermittlungsgebühr, daß Tarife mit Minimal- und Maximalsätzen zur Anwendung gelangten. Die Vermittler verwendeten die Minimalsätze als Lockmittel, berechneten dann aber den Maximalsatz. Sie klassifizierten beispielsweise eine gewöhnliche als perfekte Köchin und konnten dann einen höheren Gebührensatz erheben. Die heutige Gebührenordnung für die private, gewerbsmäßige Vermittlung von Künstlern sieht dagegen prozentual gestaffelte Höchstsätze vom nominalen Vertragswert (Gage) vor, nimmt aber keine Qualifikation der Arbeitsuchenden vor. Desgleichen ist eine Einschreibgebühr nicht vorgesehen.

[9] Vergleiche Bethge, S. 16 und S. 124.

[10] Vergleiche derselbe, S. 16, und Ludwig, S. 114 ff.

(7) Die Beherbergung von Arbeitsuchenden, insbesondere von weiblichen Hausangestellten, habe häufig Ausbeutung und moralisches Absinken der Stellensuchenden zur Folge[11, 12].

(8) Die Stellenvermittler, die in der Öffentlichkeit in Mißkredit gekommen seien, versuchten häufig, über ihren gewerbsmäßigen Charakter hinwegtäuschen. Sie träten als neutrale oder gemeinnützige Einrichtungen auf.

Ludwig kam zu dem Ergebnis, daß er auch bei objektivster Betrachtung keinen wesentlichen Vorteil der privaten Vermittlung für Arbeitsmarkt und Arbeitsuchende in der damaligen Zeit erkennen könne, sondern daß im Gegenteil die vorhandenen Mißstände zu schweren finanziellen und sittlichen Schäden führten. Er sah daher als einzig mögliche Lösung zur Beseitigung der Mißstände im öffentlichen Interesse das generelle Verbot des gesamten privaten Stellenvermittlergewerbes an, da er Kontrollmaßnahmen für wenig wirksam hielt. Ausgenommen vom Verbot sollte die Vermittlung von Bühnenkünstlern und Artisten werden[13].

---

11 Die Beherbergung von Hausangestellten war eine Folge der damaligen Landflucht. Die Mädchen mußten in den Herbergen oft wucherische Preise für Kost und Logis zahlen. Um ihren Verpflichtungen nachkommen zu können, mußten sie häufig von den Vermittlerinnen Geld borgen und gerieten dadurch in deren Abhängigkeit. Nicht selten ließen sie sich von den Verdingerinnen zur Prostitution verleiten. Vergleiche Bethge, S. 117 f., ebenso dazu Ludwig, S. 8 f.

12 Auch die Schiffsleute hatten unter den Mißständen der Stellenvermittlung sehr zu leiden. Als besonders schädlich erwies sich das Zusammenwirken der Vermittler (Heuerbase) und den Herbergswirten (Schlafbasen). Nach einer Reise verfügten die Seeleute über verhältnismäßig hohe Geldsummen. Die Herbergswirte, bei denen die Seeleute wohnten, arbeiteten mit den Vermittlern, die an den Gewinnen der Herberge beteiligt waren, in der Weise zusammen, daß die Heuerbase den Stellensuchenden erst dann eine Stelle verschafften, wenn die Geldmittel der Seeleute erschöpft waren. Vergleiche Bethge, S. 11, und dazu auch die Zusammenfassung der Mißstände, in: Verhandlungen des Reichstages, XII. Legislaturperiode, II. Session, Band 273, Anlagen zu den stenographischen Berichten, Aktenstück 231, Anlage II, S. 1587 f., zitiert nach Bethge, S. 11, Anmerkung 4.

13 Ludwig gestand zu, daß die Vermittlung von Artisten und Bühnenkünstlern eine besondere individualisierende Tätigkeit der Vermittler sei, die von den öffentlichen Arbeitsnachweisen kaum erwartet werden könne. Trotz der gerade bei der Vermittlung dieser Berufe häufig auftretenden Mißstände sei deshalb eine Ausnahme vom Verbot zu erwägen. — Vergleiche Ludwig, S. 113.

Die Arbeit Ludwigs war von großem Einfluß auf die öffentliche Meinungsbildung und Gesetzgebung. In der Begründung zum Entwurf des Stellenvermittlergesetzes vom 2. Juni 1910[14] wird ausdrücklich auf seine Arbeit Bezug genommen[15].

Die von Ludwig genannten Argumente gegen die private Stellenvermittlung, die in erster Linie sozialpolitische Gefahren aufzeigen, lassen sich materiell seitdem in der gesamten Literatur zum Arbeitsvermittlungsmonopol verfolgen[16]. Sie werden dort als Begründung für die Auffassung angeführt, daß den Mißständen und den noch näher darzulegenden Unzulänglichkeiten bei der privaten Stellenvermittlung nur durch ein staatliches Vermittlungsmonopol begegnet werden könne.

bb) Die Zweckbindung der nichtgewerbsmäßigen Stellenvermittlung

Neben den gewerbsmäßigen Vermittlern wird auch die Eignung der privaten, nichtgewerbsmäßigen Vermittlungseinrichtungen, wie sie seit etwa der Mitte des vorigen Jahrhunderts als Selbsthilfemaßnahmen gegen die Mißstände in der gewerbsmäßigen Vermittlung insbesondere von den Arbeitgeberverbänden, Gewerkschaften und Kommunen gegründet wurden, bezweifelt[17].

Die nichtgewerbsmäßigen Arbeitnachweise der Arbeitgeber und der Arbeitnehmer seien abzulehnen, da sie nicht neutral seien. Die Vergangenheit habe gezeigt, daß sie in

---

[14] Reichsgesetzblatt Teil I, 860. — Dieses Gesetz regelte ein Teilgebiet der Vermittler; es ordnete erstmals einheitliche, staatliche Kontrollen für gewerbsmäßige Stellenvermittler an.

[15] Vergleiche Kühne, S. 55. — Begründung zum Entwurf eines Stellenvermittlergesetzes, in: Reichstags-Anlagen, Band 273, S. 1582 (Aktenstück 231, Anlage II).

[16] Stellvertretend für viele seien hierzu genannt: Bethge, S. 221 ff. Ebenso das Urteil des Bundesverfassungsgerichts vom 4. April 1967 zur Verfassungskonformität des Monopols der Bundesanstalt für Arbeit, auf das noch unten eingegangen wird. (Unter anderem dokumentiert in: Juristenzeitung, München 1967, S. 309 ff.)

[17] So etwa bei Freund, Richard, Der Arbeitsnachweis, eine sozialpolitische Studie, Leipzig 1899, S. 11 f., und Kühne, S. 69 f.

erster Linie eigennützige Ziele verfolgten, sobald sie in größerem Umfang auf das Arbeitsgeschehen Einfluß nähmen. Die Wahrnehmung einseitiger Verbandsinteressen könne zu großen sozialen Mißständen führen[18]. Daher seien auch die nichtgewerbsmäßigen privaten Arbeitsnachweise mit wenigen Ausnahmen für die Arbeitsvermittlung im lokalen wie im überregionalen Bereich nicht geeignet.

Diejenigen Arbeitsnachweise allerdings, die sich aus gemeinnützigen Gründen der Arbeitsvermittlung widmeten, seien zwar für die besonders benachteiligten oder speziellen Personengruppen (Strafentlassene, Körperbehinderte, Studenten), auf deren Vermittlung sie sich beschränkten, von größter sozialer Bedeutung. Für einen umfassenden, das heißt überregionalen Ausgleich von Arbeitsangebot und Nachfrage seien sie jedoch ungeeignet[19].

---

[18] Vergleiche Bethge, S. 125 f. — Bethge schildert ausführlich (S. 20 ff.), wie um die Jahrhundertwende zuerst die Gewerkschaften die Arbeitsnachweise als Instrumente des wirtschaftlichen und politischen Machtkampfes einsetzen wollten. Sie strebten an, daß die Arbeitsnachweise allein von der Arbeitnehmerschaft geführt würden. Der eigene Arbeitsnachweis sollte die Gewerkschaftsmitglieder an ihre Gewerkschaft binden und Nichtorganisierte zum Beitritt anregen. Außerdem war man der Meinung, mit Hilfe des eigenen Arbeitsnachweises das Ausmaß der Arbeitslosigkeit vor den Arbeitgebern verbergen zu können. Das Ziel, mit Hilfe der angestrebten alleinigen Vermittlung von Arbeitern durch die Gewerkschaften im Falle von Streiks die Betriebe von der Vermittlung jeglicher Arbeitnehmer abschneiden zu können, wurde jedoch nicht erreicht. Allerdings gelang es der Gewerkschaft, die Entlassung nichtorganisierter Arbeitskräfte aus einzelnen Betrieben zu erzwingen und die freigewordenen Arbeitsplätze durch den eigenen Arbeitsnachweis mit Mitgliedern zu besetzen, ein Vorgehen, das in ähnlicher Form („closed shop") noch heute in den USA praktiziert wird.

Der Mißerfolg der Gewerkschaften hatte zwei Ursachen. Einerseits konnten in Zeiten schlechter Beschäftigung die Arbeitgeber ihren Bedarf an Arbeitskräften leicht unter Umgehung der gewerkschaftlichen Arbeitsnachweise decken. Andererseits bauten die Unternehmer eigene Arbeitsnachweise auf, die nicht nur der Vermittlung, sondern vor allem der Personalkontrolle dienten. Mittel dieser Kontrolle waren die berüchtigten sogenannten „schwarzen Listen", in die diejenigen Arbeitnehmer eingetragen wurden, die ihren Arbeitgebern irgendwie unangenehm aufgefallen waren. Im Geltungsbereich dieser Listen konnten die eingetragenen Arbeiter kaum jemals wieder einen Arbeitsplatz finden, zumal sie die gegen sie erhobenen Vorwürfe nicht entkräften konnten.

[19] Vergleiche Bethge, S. 126 f.

cc) Die mangelnde Eignung zu überregionaler Vermittlung

Der zweite Hauptgrund für die Einführung des Arbeitsvermittlungsmonopols, der Gesichtspunkt der zweckmäßigsten organisatorischen Ausgestaltung der Stellenvermittlung, die Frage und die Notwendigkeit effizienter überregionaler Arbeitsvermittlung, erlangte besondere Aktualität durch die große Arbeitslosigkeit während und nach Beendigung des Ersten Weltkrieges.

Schon zu Beginn des Krieges entstand durch die Einberufung von etwa drei Millionen Männern und die dadurch verursachten Betriebsschließungen eine erhebliche Arbeitslosigkeit[20]. Gleichzeitig bestand aber in einer Vielzahl von Betrieben ein großer Mangel an Arbeitskräften. Die Übersicht über den Arbeitsmarkt fehlte, da es keine gemeinsame Spitze der örtlichen Nachweisbüros gab. Ein überregionaler sogenannter Reichsausgleich zwischen Arbeitslosen und offenen Arbeitsplätzen erschien deshalb nur dann möglich, wenn in allen größeren Gemeinden öffentliche Arbeitsnachweise vorhanden waren, an die sich Arbeitgeber und Arbeitslose wenden konnten[21].

Von der besonderen Arbeitsmarktsituation während eines Krieges abgesehen, wird den privaten Stellenvermittlern auch generell die Fähigkeit zur Durchführung eines sachgerechten

---

[20] Bethge schätzt (siehe S. 35, Anmerkung 1), daß im ersten Kriegsmonat bereits etwa ein Viertel aller Industriearbeiter infolge des Krieges ihren Arbeitsplatz verlor.

[21] Diese Umstände beschleunigten den Ausbau öffentlicher Vermittlungseinrichtungen erheblich und hatten während des Krieges einige — allerdings nicht dauerhafte — Neuregelungen zur Folge, um dann im Arbeitsnachweisgesetz vom 27. Juni 1922 (ANG) eine vorläufig abschließende Regelung zu erfahren.

In diesem Gesetz fanden beide Argumente zugunsten eines Arbeitsvermittlungsmonopols einen ersten Niederschlag: Zum einen legte das ANG, wie schon erwähnt, als wesentliche materielle Neuerung das grundsätzliche Verbot jeder gewerbsmäßigen Stellenvermittlung fest. Zum anderen brachte das Arbeitsnachweisgesetz nach heftigen parlamentarischen Debatten den Übergang zur reichseinheitlich geregelten staatlichen Arbeitsvermittlung, für die die organisatorischen Voraussetzungen in Form eines dreistufigen Verwaltungsaufbaues geschaffen wurden. — Über Einzelheiten vergleiche S. 28 ff., und Bethge, S. 38 ff.

überregionalen Arbeitsmarktausgleichs, insbesondere wegen des Fehlens eines „durchorganisierten technischen Apparats" abgesprochen[22]. Die moderne arbeitsteilige Wirtschaft verlange nach einem gut organisierten, überbezirklichen Ausgleich von Arbeitsangebot und -nachfrage, wie ihn nur eine große staatliche Organisation herbeiführen könne[22].

Der private Vermittler besitze dagegen lediglich einen beschränkten Wirkungskreis, der darüber hinaus nur ein begrenztes und zufälliges Angebot an offenen Arbeitsplätzen und freien Arbeitskräften umfasse.

Dem überregionalen und übernationalen Arbeitsmarktausgleich werde in den kommenden Jahren und Jahrzehnten zunehmender Freizügigkeit auf den Arbeitsmärkten eine wachsende Bedeutung zukommen, der die privaten Vermittler nicht gerecht werden könnten. Das Vermittlungsmonopol sei daher nicht nur wegen der Mißstände im Stellenvermittlungsgewerbe zwingend geboten; auch die Durchführung einer wirksamen Arbeitsmarktpolitik sei ohne ein staatliches Monopol für den Bereich der Arbeitsvermittlung nicht möglich[23].

dd) Die arbeitsmarktpolitische Funktion der staatlichen Vermittlung

Mit der Frage überregionaler Vermittlungsmöglichkeiten hat auch eine andere Funktion der Arbeitsvermittlung in der Argumentation zugunsten des Monopols an Gewicht gewonnen, die bereits genannte arbeitsmarktpolitische Funktion der öffentlichen Vermittlung.

Die staatliche Arbeitsvermittlung habe eine doppelte Aufgabe: Einerseits solle sie mit Hilfe einer entsprechenden Organisation Arbeitgeber und Arbeitsuchende sachgerecht zusammenführen; andererseits diene sie als Instrument der Arbeitsmarktpolitik dazu, beim Arbeitsmarktablauf auftretende soziale Härten zu korrigieren[24].

---

[22] Vergleiche Bethge, S. 126 ff.

[23] Vergleiche Bethge, S. 226.

[24] Vergleiche Siebrecht, Valentin, System der Arbeitsmarktpolitik, Arbeit, Beruf und Arbeitslosenhilfe 1960, S. 98 f.

Nach überwiegender Ansicht könne sich die Arbeitsvermittlung nicht auf die Besetzung freier Arbeitsplätze durch möglichst geeignete Bewerber beschränken. Es sei notwendig, auch „die Gefahren des rein technischen, quantitativen, zufälligen und damit oft ungerecht wirkenden Arbeitsmarktausgleichs"[25] zu beseitigen. Eine allein marktwirtschaftlich ausgerichtete (private) Stellenvermittlung, selbst wenn sie unparteiisch sei, könne nicht genügend berechtigte soziale Interessen wie beispielsweise Ungleichheit der Startchancen oder besondere Notlagen berücksichtigen. Sie vernachlässige insbesondere die aus irgendwelchen Gründen (Krankheit, Alter, Strukturwandel) benachteiligten Arbeitsuchenden. Diese bedürften besonderer Hilfen bei der Suche eines Arbeitsplatzes, wie sie nur eine nicht erwerbsorientierte Vermittlung bieten könne. Der „natürliche", das heißt der marktwirtschaftlich geordnete Arbeitsmarktablauf sei gewissen Korrekturen zu unterwerfen, um den Bedürfnissen beispielsweise von Berufsanfängern, verheirateten Frauen, älteren, schwer vermittelbaren Arbeitnehmern und Behinderten gerecht zu werden und den Arbeitsmarktausgleich humaner zu gestalten. Eine Arbeitsvermittlung, die dem Einzel- wie dem Gesamtinteresse in gleicher Weise gerecht werden solle, könne nur von unparteiischen staatlichen Einrichtungen durchgeführt werden[26].

Allein die öffentliche Arbeitsvermittlung sei in der Lage, den rein zufälligen und häufig mit großen Härten und Ungerechtigkeiten verbundenen Ausgleich von Arbeitsangebot und -nachfrage sachgerechter und menschlicher zu gestalten als andere Regelungen.

c) Zur Bedeutung der dargestellten Kritik an der privaten Stellenvermittlung

Wegen ihrer Bedeutung für die Fragestellung der Untersuchung erscheint es angezeigt, — auch im Hinblick auf das erneute „Eindringen" der privaten „Vermittler" in den Stel-

---

[25] Derselbe, S. 98.

[26] Vergleiche Bethge, S. 1 und S. 226 ff.

lenvermittlungsmarkt — die bisher zusammengefaßten, überwiegend der Literatur entnommenen Argumente zu analysieren und zu ergänzen sowie die Rationalität der geltenden Marktverfassung zu überprüfen.

So ist im einzelnen der Frage nachzugehen, ob die in der Vergangenheit festgestellten Mißstände bei der privaten Stellenvermittlung, die die Forderung nach sozialem Schutz durch den Staat entstehen ließen, noch andere als die bereits erwähnten Ursachen haben. Des weiteren ist zu untersuchen, ob diese Gründe noch immer und mit der gleichen Bedeutung gegeben sind.

Das zweite Argument zugunsten des Monopols, die angenommene größere Leistungsfähigkeit der öffentlichen Arbeitsvermittlung, ist wegen deren strategisch bedeutsamer Stellung am Arbeitsmarkt von erheblicher wirtschafts- und gesellschaftspolitischer Bedeutung. Es ist daher zu prüfen, ob die Vermittlung der Bundesanstalt tatsächlich als so effizient gelten kann, wie zur Rechtfertigung des Monopols angenommen wird. Auch die möglichen Nachteile der Monopolisierung eines Berufs beziehungsweise Gewerbezweiges durch den Staat sind in diesem Zusammenhang zu bedenken. Bei der Analyse der wirtschaftlichen Effizienz der staatlichen Vermittlung ist zu berücksichtigen, daß der angestrebte soziale Schutz die ökonomische Leistung der Bundesanstalt beeinträchtigen könnte[27]. Soweit das der Fall ist, erhebt sich die Frage, ob der soziale Schutz, der als unabdingbares Erfordernis angesehen wird, nur durch das Monopolrecht der öffentlichen Vermittlung sichergestellt oder auch auf andere Weise erreicht werden kann. Eine Lockerung oder Aufhebung des Arbeitsvermittlungsmonopols kann, selbst bei geringerer Effizienz, allerdings nur dann in Betracht kommen, wenn der soziale Schutz auch in anderer Form gewährleistet werden kann.

---

[27] So beansprucht beispielsweise die Vermittlung schwer vermittelbarer Arbeitsuchender, die sich vorwiegend der Bundesanstalt bedienen, einen vergleichsweise größeren Zeitaufwand als die Vermittlung von Angehörigen sogenannter Mangelberufe.

In diesem Zusammenhang ist zu bedenken, daß staatliches Arbeitsvermittlungsmonopol und staatliche Vermittlungspflicht keineswegs dasselbe sind[28]. Es ist im Gegenteil durchaus denkbar, die öffentliche Vermittlungspflicht beizubehalten und sogar zu verstärken, gleichzeitig aber das Monopolrecht der Bundesanstalt aufzuheben und dadurch die Marktzugangsbeschränkungen für die privaten Vermittler abzubauen.

Eine wirtschaftspolitisch rationale Arbeitsvermittlung sollte, wie eingangs dargelegt, beiden Zielen zweckmäßiger Arbeitsvermittlung gerecht werden, dem des sozialen Schutzes der Arbeitnehmer ebenso wie der Anforderung größtmöglicher Effizienz. Nur dann können die Bedürfnisse der Nachfrager nach Vermittlungsleistungen, nämlich bestmögliche Vermittlung bei Vermeidung sozialer Nachteile, ausreichend befriedigt werden.

Die nun folgenden Ausführungen sind der Analyse bereits zur Begründung des Arbeitsvermittlungsmonopols genannter Argumente sowie ergänzender Überlegungen dazu gewidmet.

2. Marktbesonderheiten und sozialer Schutz

a) Benachteiligung der Arbeitsuchenden als Folge von Besonderheiten des Stellenvermittlungsmarktes

In der Literatur werden die Mißstände, die sich im Laufe der Geschichte der gewerbsmäßigen Stellenvermittlung ge-

---

[28] Wegen ihrer Ausschließlichkeitsrechte sind staatliche Monopole in der Regel nicht nur berechtigt, sondern auch verpflichtet, im Monopolbereich tätig zu werden. (Es sei in diesem Zusammenhang an die Klage des Vereins der Telefonbenutzer gegen die Bundespost erinnert, die wegen ihres Monopols im Fernsprechbereich zur schnelleren Versorgung mit neuen Telefonanschlüssen verurteilt werden sollte.) Auch das Monopol der Bundesanstalt schließt die Pflicht zum Tätigwerden im Vermittlungsbereich, die Vermittlungspflicht, die aber nicht gleichbedeutend mit einer Pflicht zur Arbeitsplatzbeschaffung ist, ein. Die Pflicht des Staates zu einer Leistung ist allerdings nicht zwangsläufig mit einem Monopolrecht verknüpft; es ist durchaus denkbar, daß der Staat gesetzlich zu einer Leistung verpflichtet wird, ohne daß man ihm aber dafür das Ausschließlichkeitsrecht zugesteht, wie etwa bei der Rentenversicherung für Angestellte mit Einkommen oberhalb der Pflichtversicherungsgrenze. Hier haben die Versicherungsnehmer die Möglichkeit, zwischen staatlicher (Renten-) und privater (Lebens-)Versicherungsalternative zu wählen.

zeigt haben, letztlich fast ausschließlich dem Erwerbsinteresse der privaten Vermittler zugeschrieben. Das Erwerbsinteresse wird als eigentlicher Grund für die Ungeeignetheit der privaten Stellenvermittlung angesehen[29]. Diese Darstellungen lassen aber zweierlei unberücksichtigt. Einerseits kann das Erwerbsinteresse privater Vermittler auch mit Vorteilen für die Nachfrager nach Vermittlungsdiensten verbunden sein, wie noch darzulegen ist. Zum anderen unterscheidet die Kritik an der privaten Stellenvermittlung nicht zwischen denjenigen möglichen Gefahren und Nachteilen für die Arbeitsuchenden, die — wie das Erwerbsinteresse — wesensmäßig mit dem Beruf des privaten Stellenvermittlers verbunden sind, und solchen, die sich aus den Besonderheiten des Arbeits- und des Stellenvermittlungsmarktes als unvollkommenen Märkten ergeben haben beziehungsweise ergeben können. Es ist nämlich zu bedenken, daß die Durchsetzung auch des ausgeprägtesten Verdienststrebens von Anbietern einer Ware oder Dienstleistung nur dann möglich ist, wenn die dafür notwendigen Voraussetzungen gegeben sind. Beispielsweise darf kein vollkommener Markt gegeben sein, bei dem Markttransparenz, Homogenität des angebotenen Gutes und Einheitlichkeit des Preises die Entstehung und Ausnutzung von Marktmacht, wie sie etwa der (Teil-)Monopolist hat, ausschließen. Zum anderen erhöhen bestimmte wirtschafts- und sozialpolitische Rahmenbedingungen die Möglichkeit der Anbieter auf unvollkommenen Märkten, ihre Marktmacht voll auszuschöpfen, oder begründen diese Machtposition überhaupt erst.

b) Voraussetzungen für die Entstehung von Machtpositionen privater Vermittler

Die Vergangenheit hat gezeigt, daß private Arbeitsvermittlung mit zum Teil unerträglichen sozialen Mißständen verbunden sein konnte. Für die Entstehung von Machtpositionen privater Stellenvermittler und ihrer Möglichkeiten,

---

[29] Für viele: Vergleiche Ludwig, S. 114 ff., Bethge, S. 14 und 118 ff., Kühne, S. 66.

Arbeitsuchende in der oben beschriebenen Weise auszubeuten, war ihr Erwerbsinteresse allein jedoch keine hinreichende Bedingung; eine Vielzahl von Gründen, vor allem Besonderheiten des Arbeitsmarktes, aber auch der allgemeinen wirtschaftlichen Lage und Entwicklung kamen hinzu.

So waren die Arbeitsmärkte des 19. Jahrhunderts — wie in teilweise abgeschwächtem Maße auch im ersten Viertel des 20. Jahrhunderts — gekennzeichnet durch eine im Vergleich zu den Arbeitgebern äußerst schlechte Lage der Arbeitnehmer, insbesondere durch zeitweise sehr starke Arbeitslosigkeit, durch niedrige Löhne in der Nähe des Existenzminimums, durch das weitgehende Fehlen von Arbeitslosen-, Renten-, Unfall- und Krankenversicherung, durch schlechten physischen Zustand der Arbeiter (unzureichende Ernährung, lange Arbeitszeiten) und geringen Einfluß der Gewerkschaften als Interessenvertreter der Arbeitnehmer.

Hinzu kam, daß wegen des wenig entwickelten Verkehrswesens die räumliche Mobilität der Arbeitsuchenden stark eingeschränkt war; sie waren auf eng begrenzte lokale Arbeitsmärkte, die häufig noch ungünstig strukturiert waren (zum Beispiel nur eine Fabrik oder nur eine Branche), unbedingt angewiesen, falls sie nicht den Wohnsitz wechseln wollten. Das wiederum war mit erheblichen Schwierigkeiten verbunden; neben den entstehenden Kosten stand dem unter anderem die Notwendigkeit einer Polizeierlaubnis zum Ortswechsel und das Finden eines neuen Arbeitsplatzes am neuen Wohnort entgegen. Das vergleichsweise schlecht entwickelte Informationswesen erschwerte die Übersicht darüber, wo freie Arbeitsplätze vorhanden waren. Die starken wirtschaftlichen Konjunkturausschläge erhöhten die Angst vor dem Verlust des Arbeitsplatzes.

Alle diese Faktoren bewirkten ein extrem starkes Angewiesensein der Arbeitsuchenden auf einen Arbeitsplatz und gaben damit den Stellenvermittlern als „Zugangstellen" zum Arbeitsmarkt eine ausgeprägte Machtposition, die die Möglichkeit und Versuchung zur Ausnutzung dieser „Monopolstellung" in sich barg. Verstärkt wurde die Position der

Vermittler durch den Umstand, daß Arbeits- und Stellenvermittlungsmarkt, wie schon gezeigt, typisch unvollkommene Märkte waren — und auch noch sind —, die die Entstehung von Marktmacht begünstigen.

Ein Teil der Faktoren, die die Dringlichkeit der Arbeitsuche bestimmten, ist verschwunden oder hat an Gewicht verloren, wie an späterer Stelle noch zu erläutern ist. Andere jedoch sind, weil dem Arbeitsmarkt und dem Stellenvermittlungsmarkt inhärent, nach wie vor von Bedeutung, so vor allem die mangelnde Markttransparenz der Nachfrager auf beiden Märkten als Folge ihrer Unvollkommenheit. Auf Erscheinungsform und Auswirkungen der fehlenden Marktübersicht auf die Verhandlungsposition der Arbeitsuchenden soll deshalb im folgenden näher eingegangen werden.

c) Schutzbedürfnis der Nachfrager nach Vermittlungsdiensten als Folge mangelnder Marktübersicht

Eine der Besonderheiten des Marktes für Stellenvermittlung, die für die Frage des sozialen Schutzes von erheblicher Bedeutung ist, ist die unvollkommene Marktübersicht der Nachfrager, insbesondere der Arbeitsuchenden[30].

Wesentlich für die Marktübersicht der Nachfrager der Dienstleistung Stellenvermittlung ist es, daß sie sich ausreichende Informationen über deren Preise, Qualität, Nebenleistungen und sonstige Bedingungen beschaffen können und daß die „Beschaffungskosten" der Information in angemessenem Verhältnis dazu stehen. Hinsichtlich der Preise für Stellenvermittlungsdienste ist die Marktübersicht verhältnismäßig leicht zu erlangen: Die Unentgeltlichkeit der Leistungen der Bundesanstalt ist weitgehend bekannt. Für die privaten Künstlervermittler gibt es die erwähnte, ohne weiteres zugängliche Gebührenordnung. Unternehmen für Zeitarbeit und Personalberater übersenden in der Regel auf Anforderung Preislisten. Im Falle der Selbstsuche mit Hilfe von Stellenanzeigen können die Anzeigenpreise bei den Zeitungen erfragt werden.

---

[30] Vergleiche S. 104 ff.

Schwierig dagegen ist die Informationsbeschaffung, sobald es sich um die Erlangung von „Qualitätstransparenz" handelt. Der Nachfrager ist nicht in der Lage, vor oder bei Vertragsabschluß die Qualität der angebotenen Dienstleistung der einzelnen Vermittler zu beurteilen, da sie nur versprochen, aber noch nicht erbracht ist. Er ist deshalb darauf angewiesen, sich Informationen über die Qualität der Vermittlungsleistungen des ins Auge gefaßten Vermittlers von Dritten zu beschaffen, sofern er über solche Informationsquellen verfügt[31]. Die Erfahrungen Dritter werden wegen der unterschiedlichen individuellen Anforderungen an einen Vermittler vermutlich subjektiv beeinflußt sein. Ihre Eignung für objektive Vergleiche zwischen den Qualitäten der einzelnen Vermittler, insbesondere ihrer Schnelligkeit, den Umfang und die Qualität ihrer Karteien, die ja die Vermittlungschancen repräsentieren, sowie ihre Fähigkeit, deckungsgleiche Partner zu finden, ist infolgedessen eingeschränkt.

Hinzu kommt, daß manche privaten Vermittler für ihre Kunden erhebliche Nebenleistungen erbringen, beispielsweise auf dem künstlerischen Teilvermittlungsmarkt Terminüberwachung, Zusammenstellung von Tourneen, Führung der Buchhaltung, Werbung für den betreffenden Künstler durch Information von Kritikern, Intendanten, Schallplattenfirmen. Diese Nebenleistungen können unter Umständen von größerer Bedeutung für die Vermittelbarkeit und den Marktwert eines Künstlers sein als die eigentliche Hauptleistung der Vermittlung.

Andere Nebenleistungen werden beispielsweise von einem Teil der Unternehmen für Zeitarbeit (optimale Zuordnung des „right man for the right place" durch Schulung und vorherige Besichtigung seines zukünftigen Arbeitsplatzes) und der Personalberater (genaue Analyse der zukünftigen Tätigkeit der Führungskraft und der Tätigkeitsmerkmale, das heißt Erstellung der sogenannten „job description") erbracht.

---

31 Arbeitgeber werden, von einer bestimmten Größe an, in der Regel über eine bessere Markttransparenz als Arbeitnehmer verfügen, da sich ihnen die Frage der Inanspruchnahme eines Vermittlers häufiger stellt als den Arbeitsuchenden.

Die Erlangung von Qualitätstransparenz wird auch durch die Tatsache erschwert, daß es kaum absolute Maßstäbe zur qualitativen Beurteilung von Haupt- und Nebenleistung bei der Vermittlung gibt. Die Folge davon ist häufig eine Unsicherheit des Vermittlungskunden bei der Auswahl des Vermittlers, die durch die fehlende Markttransparenz auf dem „Basismarkt", dem Arbeitsmarkt, noch verstärkt werden kann. Die Entscheidung des Arbeitsuchenden für einen Vermittler kann sich infolgedessen weniger an objektiven Leistungsmerkmalen orientieren als bei anderen ökonomischen (Sach-)Gütern; sie wird vielmehr zur Vertrauenssache, die die Möglichkeit des Enttäuschtwerdens in sich birgt. Dabei ist zu bedenken, daß eine schlechte oder ausbleibende Vermittlungsleistung für den Vermittlungskunden erhebliche wirtschaftliche und soziale Folgen wie Arbeitslosigkeit und Fehlvermittlung nach sich ziehen kann.

Diese Unsicherheit der Vermittlungskunden als Folge fehlender Marktübersicht auf dem Vermittlungsmarkt, dieses Angewiesensein auf sachkundige Information, ist eine der auch jetzt noch gegebenen Voraussetzungen für die Entstehung und Ausbeutung von Machtpositionen der Vermittler.

Es ist also der Informationsvorsprung der Stellenvermittler, der ihnen als „Zugangshilfen" zum Arbeitsmarkt eine gewisse Machtposition verleihen kann. Die daraus resultierende Gefahr der Übervorteilung, der Schlecht- oder Falschinformation läßt insbesondere beim Arbeitsuchenden das Bedürfnis nach Schutz vor diesen Nachteilen entstehen.

Es ist allerdings hervorzuheben, daß die beschriebene Unterlegenheit des Arbeitsuchenden durch mangelnde Marktübersicht eine Folge der Unvollkommenheit des Stellenvermittlungsmarktes ist und daher nicht der Stellenvermittlung als solcher, insbesondere nicht dem Erwerbsinteresse der privaten Vermittler zugerechnet werden kann.

Völlig anders dagegen ist der Umstand zu beurteilen, daß es aufgrund der besseren Marktübersicht der Vermittler zum Entstehen von Machtpositionen der Vermittler einerseits und von Abhängigkeiten der Arbeitsuchenden andererseits kommen kann, auf die im folgenden eingegangen werden soll.

d) Abhängigkeiten auf Teilvermittlungsmärkten

Auf besonders schwierig strukturierten Teilvermittlungsmärkten, die durch ausgeprägt schlechte Markttransparenz sowohl der relevanten Teilarbeitsmärkte als auch der entsprechenden Teilvermittlungsmärkte sowie durch differenzierte Anforderungen an die berufliche Qualifikation gekennzeichnet sind, kann sich infolge der fehlenden Marktübersicht die beschriebene Unsicherheit zu einem Gefühl des „Ausgeliefertseins" des Arbeitsuchenden gegenüber einem Vermittler steigern, und es kann dadurch zu einer bemerkenswerten Machtstellung des Vermittlers im Verhältnis zu seinem Kunden kommen. Die Macht des Vermittlers besteht in diesem Falle darin, daß sein Tätigwerden über den Marktzutritt des Arbeitsuchenden, der nicht über alternative (Eigen-)Vermittlungsmöglichkeiten verfügt, und häufig auch über dessen Verdiensthöhe, ja überhaupt über dessen berufliche Zukunft (zum Beispiel bei Schauspielern) entscheidet. Bei dieser Konstellation des unter Umständen existenzbedrohenden Angewiesenseins des Arbeitsuchenden auf einen Vermittler können persönliche und wirtschaftliche Abhängigkeitsverhältnisse entstehen. In den Anfängen der Arbeitsvermittlung, als gewerbliche Stellenvermittler die entscheidende Rolle spielten, waren sie nichts Ungewöhnliches. Sie sind auch heute für Angehörige einzelner Berufe oder Berufsgruppen feststellbar, für deren Marktzutritt weniger die streng sachliche Information des Vermittlers über berufliche Einzelheiten des Bewerbers von Bedeutung ist, sondern bei denen beim zukünftigen Arbeitgeber ein Bedürfnis nach einem *Urteil* eines renommierten Meinungsführers, also des „führenden" Vermittlers auf dem Teilmarkt, über die Qualifikationen des Bewerbers besteht. Das Urteil des Vermittlers ist dann nicht selten ausschlaggebend für die Karriere des Betreffenden. Zumindest wird es seine gesamte berufliche Entwicklung sehr fördern oder hemmen. Der Vermittler hat in diesem Falle ein „Karrieremonopol". Solche „Karrieremonopole" sind in der Bundesrepublik bei hauptberuflichen privaten Vermittlern im Bereich der künstlerischen Berufe und, in Einzelfällen, auch bei Personalberatern hinsichtlich der Führungskräfte festzustellen[32].

Besonders typisch sind solche „Zugangssperren" für Berufskategorien, bei denen „Quasi-Vermittler"[33] mit ihrem Urteil über die Bewerber über deren Karriere entscheiden. Das sind beispielsweise Banken, Aufsichtsratsmitglieder, Wirtschaftsprüfer und Anwälte von Aktiengesellschaften, die bei der Besetzung von Führungspositionen, vor allem in den Vorständen, den Ausschlag geben[34]. Bei der Auswahl können Partei-, Religions- und Clubzugehörigkeiten oder Hobbies (Golf, Reiten, Fliegen) genau so wichtig sein wie die berufliche Qualifikation[35]. Das Urteil der „Quasi-Vermittler", von

---

[32] Hier fällt dem Vermittler, der in der Regel durch seine überdurchschnittliche Qualifikation zum Meinungsführer geworden ist, die Aufgabe zu, aufgrund seiner langjährigen Erfahrungen, seines Überblicks und seiner intimen Kenntnis des betreffenden Marktes und der ausgeschriebenen Position den „richtigen" Bewerber herauszufinden. Er muß beispielsweise beurteilen können, ob der Baß eines Sängers „schwarz genug" ist und ob er sich im Hinblick auf gute Aufführungen harmonisch in ein bestehendes Ensemble einfügen wird. — Bei fachlich gleich gut geeigneten Bewerbern um eine begehrte Vorstandsposition kann das Urteil des Personalberaters darüber, ob einer von ihnen in der Lage sein wird, mit den untereinander zerstrittenen Eigentümern einer Familiengesellschaft gedeihlich zusammenzuarbeiten, über die Karriere der Betreffenden entscheiden. Schließt der Personalberater oder der Künstlervermittler von vornherein einen Bewerber aus, der dann auch nicht mehr zur persönlichen Vorstellung geladen wird, ist dessen Marktzutritt bei dieser Stellenbesetzung ausgeschlossen.

[33] Zum Begriff vergleiche oben S. 52 f.

[34] Auch die Parteien gewinnen als „Quasi-Vermittler" zunehmend an Bedeutung. So berichtet die Allgemeine Zeitung, Mainz, von einer parlamentarischen Anfrage der SPD zu dem Umstand, daß die CDU seit Oktober 1971 eine „Personaldatenbank" aufbaue, um „Bedarfsträgern qualifizierte Bewerber aus unserem Kreis — also der CDU — anzubieten" (Nr. 215, 22. Jahrgang, S. 5). Der Präsident der Bundesanstalt hat in diesem Zusammenhang die CDU vor einer Verletzung des Arbeitsvermittlungsmonopols der Bundesanstalt gewarnt und die engen Grenzen, innerhalb derer sie ihre Personaldatenbank einsetzen könne, aufgezeigt. Vergleiche Frankfurter Allgemeine Zeitung vom 4. November 1972, Nr. 257, S. 1, „Stingl warnt CDU vor Stellenvermittlung".

[35] In diesem Sinne äußert sich auch die Frankfurter Allgemeine Zeitung, Blick durch die Wirtschaft, Nr. 242 vom 18. 10. 1972, „Zwischen Markt und Monopol, Personalwerber, Personalbeschaffer, Personalberater und Kopfjäger", S. 1, o. V.

dem der Bewerber meist nur selten erfährt und das er infolgedessen auch kaum korrigieren kann, ist häufig entscheidend für seine berufliche Laufbahn.

Gerade dann, wenn dem Stellenbewerber das Bedürfnis nach einer Beurteilung seiner Person bekannt ist, kann er in persönliche Abhängigkeit von seinem (Quasi-)Vermittler geraten, da er danach trachten muß, daß der Vermittler ihm wohlgesonnen ist und ihn empfiehlt. So soll es beispielsweise bei der Künstlervermittlung vorgekommen sein, daß Künstler „ihren" Agenten auch in solchen Fällen Provisionen — auch unverlangt — gezahlt haben, in denen sich die erstgenannten ihre Engagements alleine verschafft haben. Hier sollen Agenten von Künstlern und Intendanten, die zu den in ihren Karteien erfaßten Kunden gehören, Provisionen verlangt und auch erhalten haben für Arbeitsverhältnisse, deren Abschluß sie nicht getätigt haben, ihnen aber bekannt wurde. Die Künstler bezahlen aus Angst um ihre Karriere und in Kenntnis der Machtstellung des betreffenden Vermittlers, die er bei einer neuerlichen Stellensuche, wenn er „verärgert" ist, als Marktsperre mißbrauchen könnte[36].

Die mögliche Abhängigkeit der Theaterberufe vom Vermittler wird allerdings auch durch Besonderheiten der relevanten Teilarbeitsmärkte begünstigt, vor allem von der sehr ausgeprägten Differenziertheit der individuellen Arbeitsleistung, die kleine und kleinste, räumlich entfernte Teilarbeitsmärkte mit sehr geringer Markttransparenz zur Folge hat. Hinzu kommt die auch bei höchster beruflicher Qualifikation mitunter kaum entwickelte Geschäftstüchtigkeit der Angehörigen künstlerischer Berufe. Aus diesen Gründen ist der Arbeitsuchende oft nicht in der Lage, seinen Marktwert zu beurteilen und zu erzielen, zumal er wegen der räumlichen Entfernung der Theater und der häufig zeitlich auf eine Spielzeit begrenzten Arbeitsverträge auch keinen Überblick

[36] Die Vermittlungsmacht der Agenten scheint im übrigen in den Vereinigten Staaten noch stärker zu sein als in der Bundesrepublik. Dort gilt der Satz: „Wer vom Agenten ‚gefeuert' wird, ist erledigt." Nicht zuletzt deshalb wird der Agent zu einer stehenden Figur amerikanischer Theaterliteratur geworden sein.

über vorhandene oder latente Arbeitsmöglichkeiten hat. Er ist daher ständig auf einen fähigen Vermittler angewiesen.

Für das Entstehen von Vermittler-Machtstellungen gegenüber den Arbeitsuchenden ist allerdings auch die Angebotssituation auf dem Basismarkt von Bedeutung. Machtpositionen sind dann besonders ausgeprägt, wenn ein Angebotsüberhang von Stellensuchenden auf einzelnen Teilarbeitsmärkten besteht.

Denkbar ist allerdings auch der umgekehrte Fall, daß bei starkem Arbeitskräftebedarf und Vollbeschäftigung die Geschäftsmöglichkeiten des Vermittlers allein durch das Vorhandensein von Arbeitsuchenden bestimmt sind, sofern er über entsprechende Vermittlungsaufträge der Arbeitgeber verfügt. (Hier besteht eine Abhängigkeit des Vermittlers vom Arbeitsuchenden insofern, als der letztgenannte ihn in Anspruch nehmen muß.) Eine solche Sachlage kann auch einem Vermittler die Möglichkeit geben, im Falle dringend benötigter Arbeitskräfte die Arbeitgeber zur Annahme seiner Vermittlungsbedingungen zu „zwingen", die im Grunde allerdings Bedingungen der Arbeitsuchenden sind. So berichtet Bethge[37] von illegalen Vermittlern für Aushilfskellner, daß die erstgenannten nur an solche Wirte Kellner vermittelten, die zur alleinigen Übernahme der Vermittlungskosten, zur Zahlung von übertariflichem Lohn und zum Verzicht auf die vorgeschriebene zweite Lohnsteuerkarte der Aushilfskellner, das heißt zur Beihilfe zur Steuerhinterziehung, bereit waren.

Es ist allerdings zu bedenken, daß die geschilderten Abhängigkeiten und Übervorteilungen durch private (Künstler-) Vermittler als Folge der mangelnden Marktübersicht der Arbeitsuchenden nicht zwangsläufig bei allen privaten Vermittlern auftreten. Auch Bethge berichtet (a. a. O., S. 122) ebenso wie von der Verfasserin befragte Fachleute, daß es sehr wohl vertrauenswürdige Vermittlungsagenturen gibt, die den Vorschriften entsprechend tätig sind. Umgekehrt ist aber nicht zu verkennen, daß Künstlervermittler tätig sind, die einerseits ihr „Karrieremonopol", dem bei ökonomischer

---

[37] Bethge, S. 124, Anmerkung 1.

Betrachtung meist ein Teilmonopol des betreffenden Vermittlers auf einem Teilarbeitsmarkt entspricht, und andererseits die Angst ihrer „Vermittlungskunden" vor einem Boykott zu deren finanziellem Nachteil ausnützen. Dieser Umstand läßt ein begründetes Bedürfnis der Arbeitsuchenden nach sozialem Schutz entstehen.

e) Das Vermittlungsmonopol als Ausweg?

Zur Verwirklichung des sozialen Schutzes und zur Verhinderung der beschriebenen Nachteile für Arbeitsuchende ist das staatliche Vermittlungsmonopol eingeführt und das grundsätzliche Verbot der privaten Stellenvermittlung ausgesprochen worden.

Allerdings zeigt die bemerkenswert starke und mit Kosten verbundene Inanspruchnahme der noch vorhandenen privaten Künstlervermittler und der übrigen „Vermittler" auf dem Markt für Stellenvermittlung durch die Marktparteien, daß auch die unentgeltliche staatliche Vermittlung keine „Ideallösung" sein dürfte. So ist zu bedenken, daß persönliche Abhängigkeiten der Arbeitsuchenden noch nicht automatisch dadurch auszuschließen sind, daß eine zu Objektivität verpflichtete Monopolvermittlungsstelle tätig wird. Bei einigen Berufen, so den künstlerischen und bei den Führungskräften ist der Arbeitsuchende auf nur ganz wenige oder gar nur einen Vermittler der Bundesanstalt angewiesen. Daß deren Tätigkeit, auch unbewußt, zum Nachteil der „Vermittlungskunden" von subjektiven Momenten beeinflußt sein könnte, ist nicht auszuschließen, auch wenn das finanzielle Interesse entfällt. Das kann vor allem dann der Fall sein, wenn Aktualität der Information und Beratung für eine konkrete Vermittlung von besonderer Bedeutung sind. Mangelnde Qualifikation des Vermittlers, fehlende Schnelligkeit oder begrenzter Überblick über die Marktverhältnisse können sich auch hier zum Nachteil des Arbeitsuchenden auswirken.

Die Überlegungen führen zu der grundsätzlichen Frage nach den Wirkungen der Monopolisierung eines Gewerbezweiges oder eines Berufs überhaupt, auf die im nächsten Abschnitt eingegangen werden soll.

Hinsichtlich der Notwendigkeit des sozialen Schutzes der Arbeitsuchenden bleibt als vorläufiges Ergebnis festzuhalten, daß auch heute noch, wenn auch nur auf wenigen spezifischen Teilvermittlungsmärkten, Abhängigkeitsverhältnisse und finanzielle Übervorteilungen der Arbeitsuchenden durch private Vermittler auftreten und sozialer Schutz daher als dringend notwendig anzusehen ist. Infolgedessen muß der Gesichtspunkt des sozialen Schutzes nach Prüfung des zweiten Hauptarguments zugunsten des Monopols, der vermuteten größeren Effizienz, weiter verfolgt werden.

Siebtes Kapitel: Arbeitsvermittlungsmonopol und wirtschaftliche Leistung

1. Staatliches Monopol und Wettbewerb: Die Wirkungen der Monopolisierung

Das staatliche Arbeitsvermittlungsmonopol wird, wie schon dargelegt, in Literatur und Rechtsprechung als geeignetes Mittel dafür angesehen, die bei der privaten Stellenvermittlung aufgetretenen Mißstände zu beseitigen sowie die Vermittlung von Arbeitskräften und Arbeitsplätzen zweckmäßig durchzuführen. Wie schon erwähnt, wurde seine Einführung zunächst überwiegend mit der mangelnden Eignung der privaten Stellenvermittlung und weniger mit den möglichen Vorzügen einer solchen Regelung begründet. Allerdings haben die letztgenannten in den vergangenen Jahrzehnten in der Argumentation an Bedeutung gewonnen. So führen Befürworter des Monopols zu dessen Rechtfertigung an, daß die Monopolisierung — neben dem sozialen Schutz — auch wirtschaftlich relevante Vorteile mit sich bringe. Insbesondere ermögliche eine Großorganisation wie die öffentliche Arbeitsvermittlung einen Gesamtüberblick über alle Teilmärkte; dieser Umstand führe zu Informationsvorteilen der Benutzer. Desgleichen ermögliche eine so große Institution wie die Bundesanstalt Kostenvorteile ebenso wie

Rationalisierungsmaßnahmen, die sich zugunsten der Vermittlungskosten niederschlügen. Darüber hinaus führe — neben der kontinuierlichen Weiterbildung der Vermittler — die öffentliche Vermittlung zu externen Vorteilen der Benutzer der Anstalt durch die Koppelung von Berufsberatung, Umschulungsmaßnahmen und -beihilfen mit der Stellenvermittlung. Allein schon diese — nicht vollständigen — Vorzüge eines Arbeitsvermittlungsmonopols, auf die wiederholt einzugehen sein wird, seien geeignet, seine möglichen Nachteile zu kompensieren. Dabei wird aber häufig außer acht gelassen, daß die Monopolisierung eines Gewerbezweiges ganz erhebliche wirtschaftspolitische Konsequenzen hat, die bei der Beurteilung eines konkreten Monopols nicht vernachlässigt werden sollten. Hierbei geht es insbesondere um die Nachteile, die ein staatliches Monopol gegenüber einem privaten Unternehmen aufweist beziehungsweise aufweisen kann. Sie betreffen in erster Linie die wirtschaftliche Leistung, vor allem die — durch die Monopolisierung ausgeschlossenen — Wirkungen des Wettbewerbs als Leistungsansporn.

Um die wirtschaftspolitischen Konsequenzen einer dem Staat vorbehaltenen Betätigung in einem Wirtschaftszweig deutlich zu machen, sei deshalb gezeigt, was einerseits die Einführung, andererseits die Aufhebung eines staatlichen Produktionsmonopols konkret und praktisch bedeutet[38].

Ein Monopol in rechtlichem wie in volkswirtschaftlichem Sinne schließt den an sich möglichen oligopolistischen oder polypolistischen Wettbewerb mit Konkurrenten aus. Ein staatliches Monopol wie das Arbeitsvermittlungsmonopol hat damit zugleich den Charakter eines wettbewerbsbeschränkenden Instruments[39]. Die Anwendung dieses Instruments beispielsweise in Form eines staatlichen Produktionsmonopols[40] ist eine Maßnahme, die im Monopolbereich die aktuelle und die potentielle Konkurrenz beseitigt. Die Ein-

---

[38] Vergleiche Gandenberger, S. 189 ff. und 200 ff.

[39] Vergleiche Gandenberger, S. 68 ff.

[40] In Anlehnung an Gandenberger kann das Arbeitsvermittlungsmonopol der Bundesanstalt als Produktionsmonopol eingeordnet werden*. Dieser Monopoltyp ist durch zwei Merkmale gekennzeichnet: erstens trägt es zur

führung eines Monopols ist daher gleichbedeutend mit einem Verbot unternehmerischer Betätigung beziehungsweise mit einem Berufsverbot.

Die Aufhebung eines staatlichen Monopols ist dagegen nicht das Spiegelbild seiner Einführung. Seine Aufhebung bedeutet nur, daß der Wettbewerbsschutz, also das Ausschließlichkeitsrecht, eine bestimmte Tätigkeit allein auszuüben, entfällt. Ob das bisherige Monopol als Unternehmen oder juristische Person über diesen Eingriff hinaus weiter verändert, beispielsweise ganz beseitigt, oder in seiner bis-

---

Wertschöpfung bei, das heißt es „produziert“ etwas, und zweitens ist es „Monopol“**. Die Produktion eines Monopols kann in der Herstellung von Gütern oder in der Bereitstellung und Erbringung von Dienstleistungen bestehen. Die „Produktion“ der Bundesanstalt für Arbeit umfaßt unter anderem die Dienstleistung „Arbeitsvermittlung“.

Ein Produktionsmonopol kann eine oder auch mehrere Wirtschaftsstufen ganz umfassen. Bei der Produktionsstufe, die durch die Gewährung des Ausschließlichkeitsrechts an die Bundesanstalt aus dem marktwirtschaftlichen Geschehen herausgenommen ist, handelt es sich um die Stufe, die zwischen das einzelwirtschaftliche Arbeitsangebot beziehungsweise die einzelwirtschaftliche Arbeitsnachfrage und die effektive Leistungserbringung des Arbeitnehmers in Gewerbe, Handel oder Industrie eingeschoben ist.

Die folgende Abbildung zeigt dies schematisch:

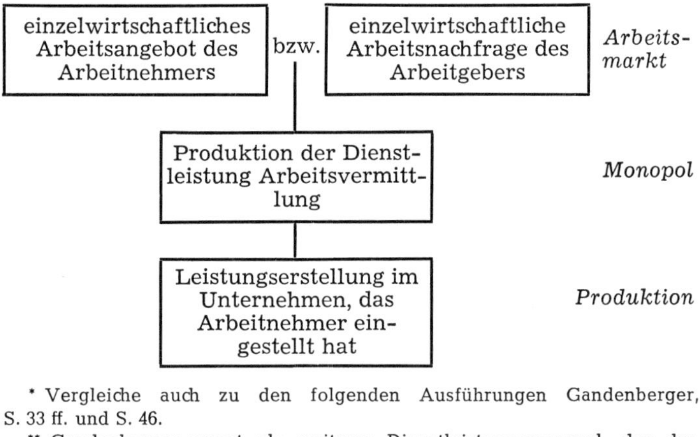

* Vergleiche auch zu den folgenden Ausführungen Gandenberger, S. 33 ff. und S. 46.

** Gandenberger nennt als weiteres Dienstleistungsmonopol, das den Charakter eines Produktionsmonopols habe, das Monopol der Spielbanken, S. 40.

herigen Form beibehalten werden soll, ist eine zweite Frage, die mit der Aufhebung des Monopolschutzes als solchem nichts zu tun hat und auch sachlich getrennt davon entschieden werden kann. So ist es durchaus denkbar, die staatliche Vermittlungspflicht beizubehalten und sogar zu verstärken, gleichzeitig aber das Monopolrecht der Bundesanstalt aufzuheben und privaten Wettbewerbern den Marktzugang zu ermöglichen.

Fälschlicherweise wird oft die Zerschlagung der Monopolorganisation, hier die Auflösung der Bundesanstalt, als einzige Alternative zu ihrer Beibehaltung angesehen. In den folgenden Überlegungen steht aber nur die Aufhebung des Monopolschutzes, des Schutzes vor aktuellem und potentiellem Wettbewerb, die „Privatisierung der Chancen"[41], zur Diskussion, nicht aber die Beseitigung der Bundesanstalt.

Die Abschaffung des Monopolschutzes ist gleichbedeutend mit der Einführung freien Wettbewerbs in dem vorher monopolisierten Bereich: sie hebt also die Marktzutrittsbeschränkungen für Mitbewerber auf.

Die Frage der Zweckmäßigkeit eines staatlichen Monopols, das ein ökonomisches Gut in Form einer Dienstleistung anbietet, ist, sofern man zunächst von sozialen Erwägungen absieht, zumeist im wesentlichen gleichbedeutend mit der Frage nach seiner wirtschaftlichen Leistung. Welchen Einfluß hat es nun auf die Leistung des betreffenden Dienstleistungszweiges, wenn er aus dem marktwirtschaftlichen Prozeß herausgenommen und einem staatlichen Monopol übertragen worden ist? Dies ist die Frage nach der wirtschaftlichen Wirkung des Wettbewerbs schlechthin[42]. Die Monopolisierung hat unter anderem zur Folge, daß das durch das Exklusivrecht gesicherte Unternehmen nicht in gleichem Maße der wettbewerblichen Ansporn- und Auslesewirkung unterworfen ist wie ein nicht geschütztes. Das bedeutet allerdings nicht zwangsläufig, daß seine Leistung weniger gut als bei Konkurrenz sein müßte. Ist sie jedoch schlechter, so sind

---

41 Gandenberger, S. 191.

42 Vergleiche Gandenberger, S. 203.

die Folgen für das staatliche Monopol weniger schwerwiegend als bei privaten Unternehmen, da der Staat das unwirtschaftliche Verhalten wegen seiner größeren finanziellen Mittel länger abdecken kann, als dies Privaten normalerweise möglich ist. Der Leistungsansporn für das monopolisierte Unternehmen ist infolgedessen tendenziell schwächer als bei Privatunternehmen; jedenfalls fehlt der wettbewerbliche und finanzielle Leistungsansporn ganz.

„Der Monopolschutz kann sich auch darin auswirken, daß einerseits die Bereitschaft, andererseits die Fähigkeit des Staatsmonopols zu flexiblem Verhalten herabgesetzt ist, daß das Monopolunternehmen schwerfälliger und weniger beweglich ist[43]." Infolgedessen kann das Ausschließlichkeitsrecht die Fähigkeit des staatlichen Monopols, sich an Änderungen der einzelwirtschaftlichen Daten ebenso rasch und genau wie ein privates Unternehmen anzupassen, einschränken[43]. Schließlich sind staatliche Produktionsmonopole im allgemeinen in geringerem Maße zu Strukturwandlungen fähig und bereit als private Unternehmen, die dem freien Wettbewerb unterliegen[44]. Wie stark sich die genannten möglichen Nachteile für die Nachfrager des Monopols auswirken, hängt unter anderem davon ab, wieviel Anpassungsfähigkeit dem Monopol abverlangt wird, das heißt, wie rasch sich die Nachfragebedingungen und -wünsche ändern[44].

Desgleichen ist auch nicht ohne nähere Untersuchung der schon erwähnte Hinweis auf mögliche Kostenersparnisse durch die Monopolisierung eines Dienstleistungszweiges zu akzeptieren oder zu widerlegen. Als Argument zugunsten des Arbeitsvermittlungsmonopols ist bei Bundesanstalt und Rechtsprechung immer wieder die Auffassung anzutreffen, die Bundesanstalt „sei billiger", das heißt produziere die Dienstleistung Arbeitsvermittlung kostengünstiger als mögliche private Mitbewerber. Für dieses Argument spricht die Überlegung, daß die große Anzahl von Vermittlungen der Bundesanstalt durch ihre Großorganisation Rationalisierungs-

[43] Vergleiche Gandenberger, S. 205 ff.
[44] Ebenda.

maßnahmen — wie beispielsweise in Form der geplanten Computervermittlungshilfe — und damit Kostenvorteile, also „economies of scale", gegenüber den kleineren privaten Vermittlern ermöglichen könnte. Diese denkbaren Kostenersparnisse könnten aber andererseits durch die beschriebene Schwerfälligkeit und durch die als Folge der Unternehmensgröße verlängerten Entscheidungsprozesse und andere, für öffentliche Unternehmen „typische Hemmungen der Wirtschaftlichkeit" ausgeglichen, wenn nicht sogar überkompensiert werden. Ein Urteil darüber, ob die Bundesanstalt „billiger" oder „teurer" vermittelt, bedarf daher einer genauen Kostenanalyse. Die Bundesanstalt kann aber keine genauen Angaben darüber machen, welche Kosten im betriebswirtschaftlichen Sinne der Bereich Arbeitsvermittlung insgesamt verursacht.

Die Wirkungen des Wettbewerbs sind denen der Monopolisierung entgegengesetzt[45]. Seine Funktionen lassen sich unter zwei Aspekten einordnen, zum einen unter dem wirtschaftlichen Aspekt der „ökonomischen Vorteilhaftigkeit" des Wettbewerbs und zum anderen unter dem außerwirtschaftlichen der Wettbewerbsfreiheit[46]: Der Wettbewerb soll als ein für alle Marktteilnehmer nützliches Instrument dazu dienen, ökonomisch vorteilhafte Wirkungen zu erreichen. „Wettbewerb soll die Leistungen steigern, die Kosten senken, technische Fortschritte bewirken, (er soll) die Produktion in Richtung auf die Wünsche der Nachfrager lenken ...[47]"

Die Wettbewerbsfreiheit läßt sich unter verschiedenen Aspekten betrachten. Sie bedeutet zum einen Möglichkeit zum Wettbewerb unter Konkurrenten[48], zum anderen ver-

---

45 Röpke bezeichnet Wettbewerb und Monopol als Korrelativbegriffe, deren Definition sich daher auch wechselseitig bedinge. — Vergleiche „Wettbewerb II", Handwörterbuch der Sozialwissenschaften, Band 12, S. 31.

46 Vergleiche Hoppmann, Erich, Zum Problem einer wirtschaftspolitisch praktikablen Definition des Wettbewerbs, in: Schriften des Vereins für Socialpolitik, Gesellschaft für Wirtschafts- und Sozialwissenschaften, Neue Folge, Band 48, Berlin 1968, S. 15 ff.

47 Vergleiche Hoppmann, S. 19.

48 Vergleiche Hoppmann, S. 19 f. Die Möglichkeit zum Wettbewerb gewährt „Freiheit zu Initiative, Freiheit zum Vorstoß in technisches, organi-

schafft der Wettbewerb der Marktgegenseite die Möglichkeit, aus mehreren Alternativen auszuwählen und sich für die günstigste zu entscheiden.

Die genannten Möglichkeiten werden aber durch das Monopol und insbesondere durch das staatliche Monopol wegen seiner hoheitlichen Befugnisse ex definitione ausgeschlossen. Das Arbeitsvermittlungsmonopol beispielsweise schließt den Wettbewerb mit möglichen Konkurrenten der Bundesanstalt aus. Es schafft für einen Großteil der Nachfrager nach Vermittlungsleistungen in gewissem Sinne eine „Unentrinnbarkeitssituation"; sie sind insofern einer „sie beschränkenden Unentrinnbarkeit" ausgesetzt[49], als sie fast ausschließlich nur diesen Anbieter in Anspruch nehmen können, sofern sie nicht die Selbstsuche vorziehen.

Die hervorstechende Besonderheit des staatlichen Monopols besteht darin, daß es den „Wettbewerb als Entdeckungsverfahren"[50] beeinträchtigt. Eine wesentliche — nach Hayek die einzige[51] — Rechtfertigung des Wettbewerbs besteht nämlich darin, daß er als Verfahren zur Entdeckung von Tatsachen, also auch von Bedürfnissen der Nachfrager geeignet ist, „die ohne sein Bestehen entweder unbekannt bleiben oder doch zumindest nicht genutzt werden würden"[52]. Ein hervorstechendes Kennzeichen der Marktprozesse ist es nämlich, „daß wir die wesentlichen Umstände *nicht* kennen, die das Handeln der im Wettbewerb Stehenden bestimmen"[52]. Wären irgend jemand dagegen alle wesentlichen „Daten" bekannt, „so wäre Wettbewerb gewiß eine höchst verschwenderische Methode zur Herbeiführung einer Anpassung an diese Tatsachen"[52]. Daraus folgt, daß Wettbewerb auch „deshalb und insoweit wichtig ist, als seine Ergebnisse unvoraussagbar und im ganzen verschieden von jenen sind, die irgend jemand

---

satorisches und ökonomisches Neuland, aber auch Freiheit zur Nachfolge und Imitation".

49 Vergleiche Badura, S. 260 f. und S. 268.

50 Vergleiche Friedrich August von Hayek, Der Wettbewerb als Entdeckungsverfahren, Vortrag vom 5. Juli 1968, abgedruckt in: Freiburger Studien, Gesammelte Aufsätze von Friedrich August von Hayek, Tübingen 1969, S. 249.

51 Ebenda.

52 Vergleiche Hayek, S. 249.

bewußt hätte anstreben können"[53]. Diese Möglichkeit des Entdeckungsverfahrens — durch andere Anbieter im Falle der Konkurrenz — von „Daten", die zur Ausgestaltung einer zweckmäßigen, das heißt den Bedürfnissen der Nachfrage gerecht werdenden Arbeitsvermittlung bekannt sein müßten, schließt aber das staatliche Arbeitsvermittlungsmonopol weitgehend aus. Welche Art von Marktprozessen der freie Wettbewerb allerdings hervorbringen würde, läßt sich nicht voraussagen. Es wäre beispielsweise denkbar, daß intensiver Wettbewerb zwischen den Anbietern diese veranlassen könnte, durch Rationalisierungsanstrengungen ihre Kosten und ihre Preise zu senken und die Qualität ihrer Leistungen zu steigern. Ob und in welcher Weise davon wiederum das Nachfrageverhalten beeinflußt würde und ob davon gegebenenfalls wieder neue Impulse auf die Anbieter ausgelöst würden, ist nicht vorauszusagen. Das Monopol der Bundesanstalt hat demgegenüber in der Vergangenheit gezeigt, daß es nicht in ausreichendem Maße in der Lage war, die Bedürfnisse der Nachfrage zu befriedigen: Das Eindringen der Personalberater in den „Vermittlungs"-Markt für Führungskräfte hat einen Teilbereich des Marktes für Arbeitsvermittlung aufgezeigt, den die Bundesanstalt nicht entdeckt oder nicht aufgegriffen hat. Der Wettbewerb, das heißt die Initiative der Privaten, hat hier Vermittlungsalternativen geschaffen, auf die man nicht ohne weiteres gekommen wäre.

Als weiteres Beispiel sei erwähnt, daß die Bundesanstalt in der Vergangenheit auch das latente Bedürfnis der Nachfrage für Zeitpersonal und die damit verbundene spezifische, komplementäre Dienstleistung vermutlich nicht nur nicht erkannt hat, sondern versuchte, die Unternehmen für Zeitarbeit, die diesen neuen Dienstleistungs- und in unserem Sinne Vermittlungstyp geschaffen haben, durch Prozesse zu verdrängen.

Es ist deshalb denkbar, daß weitere Marktlücken oder latente Vermittlungsbedürfnisse vorhanden sind, die die Bundesanstalt nicht erkennt oder nicht erfüllen will oder

---

[53] Vergleiche Hayck, S. 250.

kann und deren Befriedigung möglicherweise Spezialkenntnisse und -fähigkeiten erfordert.

Es ist zu vermuten, ja wahrscheinlich, daß der Wettbewerb weitere solcher Marktlücken und Bedürfnisse aufdecken und ausfüllen würde. Dazu müßte aber „Wettbewerb als Entdeckungsverfahren" zugelassen sein, den das Vermittlungsmonopol ausschließt.

2. Vorbemerkung: Kriterien einer zweckmäßigen Stellenvermittlung

Zur Beurteilung der Zweckmäßigkeit des Arbeitsvermittlungsmonopols, insbesondere seiner wirtschaftlichen Leistung, bietet die Literatur wenig Hilfe. Zwar gibt Hennig[54] bei der Darstellung der Aufgaben der Bundesanstalt einen Hinweis darauf, „welche Effekte der Gesetzgeber in erster Linie aus dem Tätigwerden der Bundesanstalt erwartet: arbeitsmarktgerechte Arbeitsvermittlung, ... berufliche Eingliederung als gesellschaftliche Schutzfunktion für konkurrenzbenachteiligte Personen, wirtschaftspolitisch vernünftige Verbesserung der Beschäftigungsstrukturen ..." Was aber ist beispielsweise „arbeitsmarktgerechte Arbeitsvermittlung"?

Als ein Indiz dafür, was Nachfrager nach Vermittlungsdiensten als „arbeitsmarktgerechte" Vermittlung ansehen, kann unter anderem die quantitative Inanspruchnahme der staatlichen Arbeitsvermittlung oder der alternativen angebotsverwandten privaten „Vermittler" beziehungsweise das Ausmaß der Selbstsuche dienen. Desgleichen kommen für die Beurteilung der Zweckmäßigkeit qualitative Gesichtspunkte insbesondere der Nachfrager bei der Wahl zwischen alternativen Vermittlungsmöglichkeiten in Frage. Daneben erscheinen ohne Anspruch auf Vollständigkeit weitere auf die Leistung der Vermittlung bezogene, allgemeinere Kriterien geeignet, den Begriff „zweckmäßiger Arbeitsvermittlung" zu beschreiben, auf die zunächst eingegangen werden soll.

---

[54] Kommentar AFG, Vorbemerkung, S. 1.

a) Die Anforderung der Schnelligkeit und der „optimalen" Zuordnung

Eine erste Anforderung an eine zweckmäßige Arbeitsvermittlung ist die möglichst *schnelle* Zusammenführung „dekkungsgleicher" Vertragspartner, damit einzel- und gesamtwirtschaftliche Produktions- und Einkommensverluste als Folge brachliegender Produktionsfaktoren vermieden werden.

Bei der Beurteilung schnellstmöglicher Erledigung von Vermittlungsangeboten und -gesuchen ist eine differenzierte Betrachtung des Zeitbedarfs insofern unerläßlich, als das Auffinden und Zusammenführen möglicher Vertragspartner eine gewisse Zeitdauer beansprucht, was zwangsläufig zu einem Bestand unerledigter Vermittlungsaufträge führt. Hinzu kommt, daß der Zeitbedarf für die Vermittlung ausschlaggebend vom Beruf des zu Vermittelnden mitbestimmt wird.

Allgemein läßt sich dazu feststellen, daß die benötigte Zeitdauer für die Vermittlung ebenso wie der geographische Raum und die Intensität der Vermittlungsbemühungen mit wachsender Qualifikation der gesuchten oder der stellensuchenden Arbeitskraft zunehmen und umgekehrt. Dieser Umstand findet, wie schon dargelegt, seine Erklärung darin, daß einerseits der Bedarf und das Angebot beispielsweise von Führungskräften geringer ist als das an Facharbeitern, andererseits mit wachsender Qualifikation die Differenziertheit und die Zahl der beiderseitigen Anforderungen größer werden. Das hat zur Folge, daß wegen der zunehmenden Heterogenität die Wahrscheinlichkeit, innerhalb kurzer Zeit zwei passende Vertragspartner zu finden, abnimmt, zumal bei qualifizierteren Berufen größere Teilarbeitsmärkte in Anspruch genommen werden müssen; im Extremfall gibt es für einen hochspezialisierten Bewerber nur eine mögliche Stelle (oder gar keine), die seinem beruflichen Potential entspricht. Solange diese Stelle oder der Bewerber nicht frei ist, kann die Stellenvermittlung in einem derartig gelagerten Fall trotz äußerster Bemühungen nicht erfolgreich sein.

Desgleichen können „erschwerende" Nebenbedingungen, die die Auftraggeber der Vermittlung stellen, wie Gehaltshöhe, (kein) Ortswechsel nach ..., ebenso wie das Alter[55] Vermittlungserfolge bei sonst zueinander passenden Partnern zunichte machen. Derartige zusätzlich vorhandene beziehungsweise verlangte (Tätigkeits-)Merkmale bringen oft unvermeidbare Verlängerungen der Vermittlungsdauer mit sich. Ist zum Beispiel nur ein Tätigkeitsmerkmal (Fabrikhilfsarbeiter) gefordert, so ist bei entsprechendem quantitativen Arbeitsangebot die Stellenbesetzung auf einem lokalen Arbeitsmarkt innerhalb eines Tages denkbar. Umgekehrt ist eine Zeitspanne von bis zu anderthalb Jahren für den Stellenwechsel einer Führungskraft[56] nichts Außergewöhnliches.

Die im Einzelfall benötigte Zeitspanne vom Auftrag bis zum erfolgreichen Abschluß der Vermittlung ist daher eine individuelle, nicht genau bestimmbare Größe. Sie hängt neben den geschilderten Faktoren auch von der konjunkturellen Lage und der Initiative des Vermittlers ab. Gleichwohl gibt aber die Erfahrung Maßstäbe dafür, wie schnell die Vermittlung bestimmter Berufe oder Berufsgruppen durchschnittlich zu verwirklichen ist. — Ein wichtiges Indiz für die Beurteilung der Schnelligkeit eines Vermittlers ist es, wie schnell er erstmals auf eine Anfrage oder einen Auftrag „reagiert". Ein (amtlicher) Vermittler, der beispielsweise auf eine genaue schriftliche Anfrage hin erst nach zwei Wochen einen allgemeinen Fragebogen mit vervielfältigtem Anschreiben übersendet, arbeitet langsam und unwirtschaftlich[57, 58]. Der Grund

---

[55] Zum Problem der Schwervermittelbarkeit älterer Arbeitnehmer vergleiche Menninger, Dieter, und Gülicher, Gottfried, Wechseljahre im Beruf / Chancen ohne Altersgrenzen?, Düsseldorf 1972.

[56] Der Zeitbedarf hängt hier auch mit Bindungen an Verträge, insbesondere mit längeren Kündigungsfristen und Konkurrenzklauseln, zusammen.

[57] Solche Fälle sind der Verfasserin persönlich bekannt geworden.

[58] Das Ausbildungsniveau des Vermittlers muß der Qualifikation seiner „Kunden" angemessen sein, damit ihm eine „optimale" Zuordnung möglicher Partner gelingt. Persönliche Qualitäten des Vermittlers, wie Zuverlässigkeit, Verschwiegenheit, Neutralität, Einfühlungsvermögen und Beweglichkeit, sollte man als unerläßliche Eigenschaften voraussetzen können, da sie für den bleibenden Erfolg eines Vermittlungsfalles wesentlich sein können: Die Mißachtung oder Nichtberücksichtigung der individuellen

dafür muß keineswegs in der Person des Vermittlers liegen, sondern kann eine Folge der schon angedeuteten strukturellen Schwerfälligkeit der Behörde sein; auch fehlendes Schreibpersonal (keine Planstelle), unzulänglicher Telefonetat und so weiter können dafür verantwortlich sein; die Tatsache, daß zwei Wochen verstrichen sind, ohne daß es zu gezielten Vermittlungsbemühungen kam, bleibt bestehen.

Die beiden genannten Kriterien einer zweckmäßigen Arbeitsvermittlung, Schnelligkeit und bestmögliche Zuordnung von Arbeitsangebot und -nachfrage, sind wichtige Voraussetzungen dafür, daß unnötige „Warteschlangen" von Arbeitgebern und Arbeitsuchenden, das heißt Arbeitslosigkeit und Arbeitskräftemangel als Folge unzureichender Arbeitsvermittlung, vermieden werden.

b) Die Anpassungsfähigkeit des Leistungsangebotes an die Bedürfnisse der Nachfrager nach Vermittlungsleistungen

Ein weiteres wichtiges Kennzeichen zweckmäßiger Arbeitsvermittlung ist es, daß das Angebot an Vermittlungsleistungen auf bestehende und veränderte Bedürfnisse der Nachfrager reagiert und reagieren kann.

Die Wünsche der Nachfrager können sich zum einen auf die Vermittlungstechnik beziehen, beispielsweise Sprechstunden des Vermittlers für Arbeitsuchende außerhalb der üblichen Dienstzeit oder besonders sorgfältige Berücksichtigung der individuellen Vermittlungswünsche als Auswirkung wachsender Spezialisierung. Zum anderen könnte bei bestimmten Nachfragergruppen ein Bedürfnis nach zusätzlichen Nebenleistungen bestehen, dessen Abdeckung mit außerökonomischen und ökonomischen Vorteilen für diese verbunden wäre.

Wünsche oder Bedürfnisse möglicher Vertragspartner können zu Fehlvermittlungen und damit zu einzel- und volkswirtschaftlich unerwünschter Fluktuation führen.

Ein dritter Aspekt flexibler Arbeitsvermittlung neben der Verbesserung der bestehenden Dienstleistung wäre es, Marktlücken, die sich möglicherweise als Folge von Strukturwandlungen oder gestiegenen Ansprüchen bestimmter Nachfrager entwickeln, aufzuspüren und gegebenenfalls durch neuartige Leistungen zu befriedigen.

Da die Nachfrage, wie dargelegt, nicht ein einheitliches Ganzes, sondern eine Vielzahl unterschiedlich strukturierter Gruppen mit höchstwahrscheinlich abweichenden Bedürfnissen darstellt, kann sich die geforderte Anpassungsfähigkeit des Vermittlungsangebotes aber nicht nur auf eine einzige „Dienstleistung Vermittlung" beziehen. Das Gesamtangebot an Vermittlung muß statt dessen den Nachfragern Wahlmöglichkeiten zwischen mehreren Vermittlungsarten unterschiedlichen Umfangs und verschiedener Qualität einräumen, zwischen denen diese, ihren Bedürfnissen und ihrer Zahlungsfähigkeit entsprechend, entscheiden können.

Das Vorhandensein von Vermittlungsalternativen ist zugleich eine Verwirklichung des „Prinzips der freien Konsumwahl".

3. Die Marktergebnisse — Vermittlungszahlen und Urteile der Nachfrager

a) Vorüberlegung

Nach diesen allgemeinen Überlegungen soll nun zur Beurteilung des konkreten Arbeitsvermittlungsmonopols auf die schon genannten, spezifischen Indizien für eine zweckmäßige Vermittlung, das heißt zum einen auf die quantitative Inanspruchnahme der Bundesanstalt und ihrer „Konkurrenten" und zum anderen auf die qualitative Beurteilung beider durch die Nachfrager eingegangen werden.

Die Überlegungen zu Anfang des Kapitels hatten ergeben, daß die Existenz eines Monopolrechts mit erheblichen Nachteilen verbunden ist: Es schließt im Monopolbereich die aktuelle und die potentielle Konkurrenz ebenso wie den

Wettbewerb als Entdeckungsverfahren aus. Dieser schärfste Eingriff in ein marktwirtschaftliches System ist infolgedessen mit Effizienzgesichtspunkten kaum zu begründen, wohl aber mit dem vorrangigen Aspekt des sozialen Schutzes, sofern der Schutz der Arbeitsuchenden vor Übervorteilung, ja Ausbeutung durch Vermittler nicht mit anderen, weniger einschneidenden Mitteln zu erreichen ist.

Anhänger des Arbeitsvermittlungsmonopols könnten einwenden, daß es nicht sicher sei, daß bei einem konkreten Monopol die theoretisch möglichen Nachteile auch wirklich einträten. Es sei doch durchaus denkbar, daß sich dieses Monopol so verhielte, als ob es sich im Wettbewerb befinde. Das bedeutete dann allerdings im Falle des Arbeitsvermittlungsmonopols insbesondere, daß sich das Leistungsangebot ausreichend schnell und genau an die „Daten" des Stellenvermittlungsmarktes anpassen und den Bedürfnissen der Nachfrager entsprechen müßte. Die Anpassung an „bekannte" Wünsche der Nachfrage jedoch schlösse noch immer, selbst wenn sie „optimal" wäre, den entdeckenden Wettbewerb aus.

Die Frage, ob sich das staatliche Arbeitsvermittlungsmonopol in der Bundesrepublik bezüglich seines Leistungsangebots „wie im Wettbewerb" oder „wie ein Monopolist" verhält, soll in den folgenden Abschnitten geprüft werden. Der Sachverhalt soll einerseits durch das Urteil der Nachfrager über die Qualität der Leistung der Bundesanstalt und andererseits durch den Umfang ihrer Inanspruchnahme im Bereich der Arbeitsvermittlung deutlich gemacht werden.

b) Die Marktergebnisse als Indiz für die Zweckmäßigkeit des Vermittlungsmonopols

aa) Die Vermittlungsleistungen der Bundesanstalt insgesamt

Die bisherigen Darlegungen haben gezeigt, daß die Bundesanstalt für Arbeit aufgrund ihres gesetzlichen Alleinvermittlungsrechts der größte Anbieter von Vermittlungsleistungen ist. Dies gilt sowohl hinsichtlich der Zahl der Vermittlungen als auch der Nachfragergruppen, die die Anstalt für die Vermittlung in grundsätzlich alle Berufe in Anspruch nehmen können und schließlich auch hinsichtlich ihrer finanziellen und personellen Ausstattung.

Die Bundesanstalt hat 1971 das bemerkenswerte Ergebnis von insgesamt

rund 2,7 Millionen Vermittlungen

aufzuweisen, davon jedoch 1,055 Millionen oder 39 Prozent in kurzfristige Arbeitsverhältnisse (das heißt unter acht Tagen Dauer)[59]. Diese Gesamtzahl umfaßt Inlands- und Auslandsvermittlung, insbesondere auch die Vermittlung von ausländischen Arbeitnehmern (1971: rund 506 000).

Rund 1,651 Millionen Vermittlungen oder 61 Prozent des Gesamtvermittlungsergebnisses entfielen auf Beschäftigungsverhältnisse von mehr als einer Woche Dauer.

Vergleichsweise betrugen die entsprechenden Vermittlungszahlen in den davor liegenden zehn Jahren[60]:

Jahr	Vermittlungen insgesamt 1	davon: in Beschäftigen von mehr als einer Woche Dauer 2	davon: in kurzfristige Beschäftigung 3
1970	2 988 032	1 769 709	1 218 323
1969	2 981 709	1 773 210	1 208 589
1968	2 910 539	1 791 229	1 119 310
1967	2 694 022	1 724 437	969 585
1966	2 652 851	1 726 929	925 922
1965	2 751 610	1 739 076	1 012 534
1964	2 948 847	1 810 441	1 138 406
1963	2 940 230	1 806 911	1 133 319
1962	2 955 404	1 928 301	1 027 103
1961	3 338 017	2 150 139	1 187 878

[59] Diese und alle folgenden Zahlenangaben sind, soweit nicht anders gekennzeichnet, dem Geschäftsbericht 1971 der Bundesanstalt für Arbeit, ohne Verfasser, Ort und Jahr (erschienen im September 1972 — Verfasserin) entnommen. Vergleiche dort S. 17 f.

[60] Vergleiche Amtliche Nachrichten der Bundesanstalt für Arbeit, Nürnberg, Arbeitsstatistik 1970 — Jahreszahlen, Sondernummer vom 12. 7. 1971, 19. Jahrgang, S. 124.

Aus dieser Tabelle läßt sich entnehmen, daß die Zahl der Vermittlungen von 1960 bis 1970 relativ konstant geblieben ist, jedenfalls keinem eindeutigen Trend unterliegt. 1971 haben die Vermittlungen der Bundesanstalt um 282 300 gegenüber dem Vorjahr — wohl noch als Auswirkung der 1970 erkennbaren konjunkturellen Abschwächung — abgenommen. Die Zusammenstellung zeigt ferner, daß die Bundesanstalt im Jahre 1961 mit rund 3,34 Millionen ihre höchsten Vermittlungszahlen, dagegen in den Jahren 1966, 1967 und 1965, wohl als Folge der Rezession, niedrigere Ergebnisse ausweist. Von 1967 auf 1968 sind die Vermittlungen um rund 0,215 Millionen gestiegen, wahrscheinlich als Auswirkung der Konjunkturbelebung; 1969 weist demgegenüber noch einen weiteren Zuwachs um rund 70 000 Vermittlungen auf. Die Zahl der Vermittlungen in kurzfristige Beschäftigungen (Spalte 3) hat in den Jahren 1965 bis 1970 kontinuierlich zugenommen, war dagegen 1971 rückläufig. Bei den Vermittlungen in Beschäftigungen von mehr als einer Woche Dauer (Spalte 2) folgt in diesem Zeitraum nahezu konstanten Zahlen in 1966 und 1967 ein merklicher Zuwachs im Jahre 1968, der von Rückgängen in den Jahren 1969 und 1970 abgelöst wird und sich auch 1971 fortsetzt.

bb) Der Einschaltungsgrad der Bundesanstalt

Als weitere Kennzahl für die Vermittlungstätigkeit der Bundesanstalt kann der sogenannte „Einschaltungsgrad", wie noch darzulegen ist, angesehen werden. Diese Größe ist geeignet, Hinweise auf die Inanspruchnahme der öffentlichen Vermittlung und auch auf den Marktanteil der Bundesanstalt auf dem Markt für Stellenvermittlung zu geben. Sie kann daher auch als Indiz zur Beurteilung der Zweckmäßigkeit des Monopols der Bundesanstalt mit herangezogen werden.

Der „Einschaltungsgrad" dient, wie erwähnt, als Maßgröße für die Einschaltung der Bundesanstalt bei der Vermittlung. Man versteht darunter den Grad der Mitwirkung der Vermittlungsstellen der Bundesanstalt für Arbeit beim Zustandekommen neuer Arbeitsverhältnisse[61]. Der Einschaltungsgrad gibt demgemäß an, bei wieviel neu abgeschlossenen Arbeitsverhältnissen, bezogen auf alle neu abgeschlossenen Arbeitsverträge eines Jahres in der Bundesrepublik (Gesamtfluktuation), die Vermittlungsstellen der Bundesanstalt mitgewirkt haben:

$$\text{Einschaltungsgrad in Prozent} = \frac{\text{Zahl der Stellenwechsel unter Inanspruchnahme der Vermittlung der Bundesanstalt in einem Jahr}}{\text{Zahl aller Stellenwechsel (Gesamtfluktuation) eines Jahres in der Bundesrepublik}} \cdot 100$$

Der Einschaltungsgrad kann daher als gleichbedeutend mit dem „Marktanteil" der Bundesanstalt an der Gesamtzahl aller Vermittlungen (= neue Arbeitsverhältnisse) eines Jahres angesehen werden, sofern man hierbei die Vermittlungen der berufsmäßigen Vermittler insgesamt (Bundesanstalt plus private Vermittler) und die Fälle der Eigenvermittlung (= Selbstsuche) zugrunde legt. Diese Verhältniszahl zeigt, wieviel „Stellenwechsler" eines Jahres die Bundesanstalt in Anspruch genommen beziehungsweise „umgangen" haben.

Leider ermöglicht das verfügbare statistische Instrumentarium nach eigenen Angaben der Bundesanstalt[62] und nach Auskunft des Statistischen Bundesamtes keine gültige Aussage über den „Einschaltungsgrad" der Bundesanstalt[63].

Will man indessen wegen der Bedeutung dieser Maßzahl für die Fragestellung dieser Studie wenigstens zu annäherungsweisen Aussagen über den wie oben definierten Marktanteil der Bundesanstalt kommen, ist man darauf angewiesen, Hilfsgrößen zu finden. Als solche erscheinen — mit Einschränkungen — „die eingegangenen Einstellungs- und Entlassungsanzeigen" geeignet[64].

---

[61] Vergleiche Geschäftsbericht 1970 der Bundesanstalt, S. 8, Anmerkung 1.

[62] Vergleiche Geschäftsbericht 1970, S. 8, Anmerkung 1.

[63] Entsprechendes gilt nach Angaben der EWG-Kommission (vergleiche Untersuchung, S. 172 f.) auch für die übrigen Mitgliedstaaten der EWG: Genaue Angaben über den Einschaltungsgrad der öffentlichen Arbeitsverwaltungen sind nicht verfügbar.

[64] Wie erwähnt, sind nach Paragraph 10 Arbeitsförderungsgesetz die Arbeitgeber verpflichtet, die Einstellung und Entlassung von Arbeitneh-

Die Bundesanstalt beziehungsweise ihre Dienststellen erhielten aufgerundet

1971 6,5 Millionen Einstellungs- und
6,4 Millionen Entlassungsanzeigen[65].

Das bedeutet, daß 1971 mindestens 6,5 Millionen Einstellungen von Arbeitnehmern, die den genannten Kassen gemeldet werden mußten, stattgefunden haben, das heißt, daß 1971 mindestens ebenso viele neue Arbeitsverhältnisse eingegangen worden sind.

Berücksichtigt man, daß diejenigen Krankenkassen, bei denen versicherungs- und nichtversicherungspflichtige *Angestellte,* häufig auch als Selbstzahler (wodurch kein Stellenwechsel bei der Kasse berücksichtigt wird), versichert sind, nach Auskunft zuständiger Stellen die geforderte Mitteilung nur unvollständig machen, so kann man annehmen, daß die tatsächliche Summe neu eingegangener Arbeitsverhältnisse nicht unwesentlich höher als 6,5 Millionen liegen wird.

Die „Einstellungs- und Entlassungsanzeigen" lassen folgende Überlegungen hinsichtlich der Inanspruchnahme der Bundesanstalt zu: Selbst wenn man nur die Zahl der erfaßten Einstellungsmeldungen von knapp 6,5 Millionen als Hilfsgröße der Zahl der Vermittlungen durch die Bundesanstalt im Jahr 1971 von rund 2,7 Millionen (2 705 700) gegenüberstellt, so legt dies den Schluß nahe, daß nur beim Zustandekommen von 2,7 Millionen Beschäftigungsverhältnissen von mindestens 6,5 Millionen, also höchstens bei rund 42 Prozent der Fälle die Vermittlungsdienste der Bundesanstalt in Anspruch genommen worden sind. Das bedeutet, daß 1971 (wahr-

mern einschließlich der zu ihrer Berufsausbildung Beschäftigten binnen drei Tagen dem zuständigen Arbeitsamt anzuzeigen. Für Krankenversicherungspflichtige, also den größten Teil der Arbeitnehmer, die einer Orts-, Land- oder Innungskrankenkasse angehören müssen, oder für nichtkrankenversicherungspflichtige, aber zu Beiträgen an die Bundesanstalt verpflichtete Arbeitnehmer muß die Meldung den Krankenkassen zugehen, die diese Anzeigen an die Arbeitsämter weiterleiten müssen. Die Summe dieser „Einstellungs- und Entlassungsanzeigen" bildet die oben genannte Größe.

65 Vergleiche Amtliche Nachrichten der Bundesanstalt für Arbeit, Nürnberg, Arbeitsstatistik 1971, Jahreszahlen, Sondernummer vom 10. August 1972, 20. Jahrgang, S. 219.

scheinlich mehr als) 58 Prozent aller „Stellenwechsler" sich anderer Vermittlungswege, vermutlich in erster Linie der Selbstsuche, bedient haben[66]. Die „Untersuchung ..." der EWG-Kommission rechnet mit einer noch geringeren Inanspruchnahme der Bundesanstalt: Sie schätzt deren Einschaltungsgrad auf 35 bis 40 Prozent[67]. Bedenkt man, daß die Leistungen der Bundesanstalt kostenlos, andere Vermittlungswege aber meist mit Kosten verbunden sind, so überrascht der vergleichsweise niedrige „Einschaltungsgrad" der Bundesanstalt.

cc) Die Insprucnahme der Bundesanstalt in den „Konkurrenzbereichen"

α) Zur Frage der Vergleichbarkeit

Trotz des Leistungsvermögens und der Unentgeltlichkeit der Bundesanstalt konnten sich private „Vermittler" in den wenigen „monopolfreien" Bereichen, in denen sie gegen Entgelt im Wettbewerb mit der Bundesanstalt tätig werden dürfen, behaupten. Ein Vergleich der jeweiligen „Vermittlungs"-Zahlen auf diesen Teilmärkten erscheint besonders geeignet, zusätzliche Hinweise auf die Zweckmäßigkeit des Arbeitsvermittlungsmonopols zu geben.

Für eine Gegenüberstellung der jeweiligen Vermittlungsleistungen der Bundesanstalt und ihrer privaten Mitbewerber bieten sich als „Konkurrenzbereiche" die folgenden Teilvermittlungsmärkte an:

(1) Der Teilvermittlungsmarkt für künstlerische Berufe, auf dem die Bundesanstalt und die privaten „beauftragten" Künstleragenten in formaljuristischer, nicht aber in ökonomischer Hinsicht die gleiche Dienstleistung anbieten;

---

[66] Hierbei ist noch hervorzuheben, daß die ausländischen Arbeitnehmer, die in der Bundesrepublik tätig werden (1971: rund 0,5 Millionen), aufgrund der Anwerbevereinbarungen verpflichtet sind, die Vermittlung der Bundesanstalt in Anspruch zu nehmen.

[67] Vergleiche EWG-Kommission, Untersuchung, S. 173.

(2) der Teilvermittlungsmarkt für Führungskräfte, auf dem Arbeitgeber zwischen zwei „Vermittlungs"möglichkeiten wählen können, und zwar zwischen der Beauftragung des „Büros Führungskräfte der Wirtschaft" der staatlichen Zentralstelle für Arbeitsvermittlung und der „Beratung" durch einen Personalberater bei der „Selbstsuche";

(3) der Teilvermittlungsmarkt für Zeitpersonal, auf dem die „Job-Vermittlung" der Bundesanstalt mit angebotsverwandten Dienstleistungen der Unternehmen für Zeitarbeit konkurriert.

Die hervorstechende Gemeinsamkeit der zu vergleichenden Anbietertypen ist, daß sie Stellenvermittlung im Sinne der in dieser Studie verwendeten Abgrenzung erbringen. Bei der Gegenüberstellung der Vermittlungserfolge der beiden Anbietertypen auf dem jeweiligen Teilvermittlungsmarkt ist allerdings zu bedenken, daß die Vergleichbarkeit der Zahlen durch den Umstand eingeschränkt ist, daß es sich bei den jeweils angebotenen Leistungen um heterogene Güter handelt.

Vergleichsweise am stärksten angebotsverwandt sind die Leistungen der zwei Vermittlertypen auf dem Teilvermittlungsmarkt für Künstler, bei dem die „Grundleistung" Vermittlung von beiden erbracht, bei den privaten Vermittlern unter Umständen aber noch durch zusätzliche Nebenleistungen ergänzt wird.

Für den „Führungskräfte"-Markt gilt ähnliches. Auch hier wird, wie oben dargelegt, die in juristischer Sicht nicht vergleichbare Grundleistung Vermittlung von den Personalberatern um die Leistung „Beratung", auf der das Hauptgewicht liegt, erweitert.

Der Teilvermittlungsmarkt für Zeitpersonal ist der Markt mit dem vergleichsweise größten Heterogenitätsgrad der beiden Dienstleistungstypen, da bei den Unternehmen für Zeitarbeit die zusätzlichen Nebenleistungen von erheblicher Bedeutung sind. Die inzwischen (vor allem wegen rechtlicher Bedenken)[68] verworfene Erwägung der Bundesanstalt, die gleichen Zusatzleistungen wie die Zeitarbeitunternehmen zu erbringen, ist aber andererseits ein bedeutsamer Hinweis auf die grundsätzliche Vergleichbarkeit beider Anbietertypen.

Das gilt im übrigen auch für die beiden anderen zum Vergleich herangezogenen Teilmärkte: Der in den oben erwähnten Prozessen dargelegte Verdacht der Bundesanstalt als der vermutlich besten Sachkennerin der Arbeitsvermittlung, die privaten „Vermittler" betrieben Arbeitsvermittlung in diesen Teilbereichen, darf als Indiz für die Vergleichbarkeit herangezogen werden.

β) Die Marktanteile in den „Konkurrenzbereichen"

Von den durch die Bundesanstalt im Jahre 1971 insgesamt Vermittelten entfallen auf diejenigen Gruppen, bei denen die Bundesanstalt in Konkurrenzbeziehungen zu privaten „Vermittlern" steht:

αα) „Job-Zeitpersonal"-Vermittlung (privater Konkurrent: die Unternehmen für Zeitarbeit)

1971 43 500 Vermittlungen[69].

Nach der Statistik der Bundesanstalt umfaßt der Bereich „Job-Zeitpersonal" Aushilfstätigkeiten mit einer Dauer bis zu maximal drei Monaten. Dagegen werden in der Kategorie „Teilzeitarbeit" *Dauer*arbeitsverhältnisse mit geringerer Stundenzahl als eine Ganztagstätigkeit erfaßt. Da nach dem „Gesetz zur Regelung der gewerbsmäßigen Arbeitnehmerüberlassung" Zeitarbeitunternehmen ihre Arbeitnehmer nur bis maximal drei Monate „ausleihen" dürfen und diese Unternehmen — wenigstens bisher — nur Arbeitnehmer hatten, die eine befristete oder unregelmäßige (Aushilfs-) Tätigkeit suchten, können für einen Vergleich der Tätigkeit

---

[68] Um Steuern und Sozialversicherungsbeiträge für das Zeitpersonal abführen zu können, müßte die Bundesanstalt Arbeitgeber des Zeitpersonals und nicht nur dessen Vermittler sein.

[69] Vergleiche Geschäftsbericht der Bundesanstalt für Arbeit 1971, S. 18. Das sind nach Angaben der Bundesanstalt 10 000 oder 23,1 Prozent mehr als 1970.

der Bundesanstalt mit den Unternehmen für Zeitarbeit nur die Zahlenangaben über die „Job-Zeitpersonal"-Vermittlung, nicht aber zusätzlich die Zahlen für „Teilzeitarbeit"-Vermittlungen herangezogen werden[70, 71].

Für die Tätigkeit der Unternehmen für Zeitarbeit als Gesamtheit gibt es keine Zahlenangaben[72]; es gibt nur Einzelangaben und Schätzungen. So hatte die drittgrößte Zeitarbeit-Firma in der Bundesrepublik Deutschland im zweiten Quartal 1971 rund 11 000 „Vermittlungs"-Fälle[73]. Betrachtet man vereinfachend diese Vierteljahresangabe als Durchschnitt[74], so ergäben sich für das ganze Jahr 44 000 Überlassungsfälle allein für dieses (drittgrößte) Unternehmen[75].

---

[70] Vergleiche dazu auch Literaturdokumentation zur Arbeitsmarkt- und Berufsforschung, Sonderheft 2: Teilzeitarbeit, Zeitarbeit, Leiharbeit, zusammengestellt von Hürner, Peter, Institut für Arbeitsmarkt- und Berufsforschung der Bundesanstalt für Arbeit, Nürnberg 1972, S. 5 ff. (im weiteren als „Literaturdokumentation Zeitarbeit" zitiert).

[71] Desgleichen kann auch nicht die Gesamtzahl der von der Bundesanstalt in kurzfristige Beschäftigungsverhältnisse Vermittelten (vergleiche S. 146) beim Vergleich der Zeitpersonal„vermittlung" der öffentlichen Vermittlung mit der der privaten Unternehmen für Zeitarbeit herangezogen werden, da es sich um unterschiedliche Arbeitnehmergruppen, das heißt verschiedene Teilmärkte handelt. So liegt nach Auskunft der Bundesanstalt das Schwergewicht ihrer Vermittlung in kurzfristige Tätigkeiten bei den gewerblichen Berufen (Hilfsarbeiter usw.), während ihre „Job-Zeitpersonal-Vermittlung" sich auf die Vermittlung von Bürotätigkeiten konzentriert, also des Bereichs, in dem auch das Schwergewicht der Unternehmen für Zeitarbeit liegt.

[72] Der Anteil des Zeitpersonals in der Bundesrepublik beträgt nach Schätzung von Branchenkennern heute nur circa 1 Prozent der Beschäftigten, wobei aber die Zeitarbeitunternehmen jährlich ihre Umsätze bis zu 100 Prozent vergrößern konnten, so daß sie annehmen, daß 1980 etwa 8 bis 10 Prozent der Arbeitnehmer der Bundesrepublik in Zeitarbeit stehen werden. Genaue Zahlenangaben sind nicht zu erhalten, da alle führenden Unternehmen für Zeitarbeit wegen ihrer Rechtsform nicht der Publizitätspflicht unterliegen. Hinzu kommt, daß dem „Unternehmensverband für Zeitarbeit" und dem „Bundesverband Personal-Leasing" von den circa 1000 Arbeitnehmerüberlassungsfirmen nur ein Bruchteil angehört. Vergleiche auch „Literaturdokumentation Zeitarbeit", S. 12.

[73] Vergleiche Handelsblatt Nr. 149, „Auch die Arbeitsämter haben Erfolge mit ‚Zeitarbeit'", vom 6./7. August 1971, S. 3.

[74] Diese Annahme läßt sich insofern rechtfertigen, als erfahrungsgemäß die Unternehmen für Zeitarbeit im dritten Quartal (Urlaubszeit) und im vierten (Weihnachtsgeschäft) ihre „Spitzen" haben.

[75] Erwähnenswert ist, daß die (vermutlich) zweitgrößte Zeitarbeitfirma für 1970 bei einem Zuwachs von 90 Prozent gegenüber 1969 von einem Umsatz von 17,8 Millionen berichtet. Vergleiche Frankfurter Allgemeine Zeitung, Nr. 26 vom 1. 2. 1971, S. 26, „Mehr Zeitarbeit".

Eine der größten Zeitarbeitfirmen schätzte auf Anfrage, daß 1971 der Zeitarbeitbranche eine Gesamtzahl von 200 000 Zeitarbeitnehmern für wiederholte Arbeitnehmerüberlassungen, die man der Zeitpersonal-Vermittlung der Bundesanstalt materiell (im Sinne unserer Abgrenzung), wenn auch nicht juristisch, gegenüberstellen kann, zur Verfügung gestanden hätten.

Aus beidem läßt sich die Vermutung herleiten, daß die Zeitarbeitunternehmen, und zwar nur bezogen auf die seriösen Firmen dieses Wirtschaftszweiges, ein Mehrfaches an Arbeitnehmer-Überlassungen aufzuweisen hatten als die Bundesanstalt Vermittlungen von Job-Zeitpersonal.

ββ) Vermittlung für künstlerische Berufe

Im Bereich Künstlervermittlung (privater Konkurrent: Künstleragenten) vermittelte die Bundesanstalt über die Fachvermittlungsstellen für künstlerische Berufe[76]:

	1969	1970	1971
1. über die Zentrale Fachvermittlungsstelle für Bühne, Fernsehen und Film in Frankfurt	1 275	1 849	1 959
2. über die „Künstlerdienste"	68 917	72 568	78 654
Das ergibt für die Künstlervermittlung der Bundesanstalt insgesamt	70 192	74 417	80 613[a)]
Davon in kurzfristige Beschäftigung:	(1970)	63 193	
	(1971)	69 156	

[a)] Die Einzelstatistik „Die Arbeitsvermittlungen im Bundesgebiet nach Berufsabschnitten 1971" weist demgegenüber für die Berufsgruppe (83) „Künstler und zugeordnete Berufe" die Gesamtvermittlungszahl von 83 182 (= Summe der Monatszahlen) aus. Die größere Zahl der Vermittlungen dürfte sich a) durch Vermittlungen von Künstlern durch Arbeitsämter, die keine Fachvermittlungsstellen haben, und b) möglicherweise durch eine abweichende Berufsklassifikation, die aber nicht zu klären war, ergeben. Vergleiche Amtliche Nachrichten der Bundesanstalt für Arbeit, Arbeitsstatistik 1971, S. 182 f.

[76] Vergleiche Amtliche Nachrichten der Bundesanstalt für Arbeit, Arbeitsstatistik 1970 — Jahreszahlen, S. 166 f., und dortselbst, Arbeitsstatistik 1971, S. 216 f.

In der Vermittlungszahl der Bundesanstalt von 80 613 für 1971 sind allerdings Berufsgruppen enthalten, für die es keine „Beauftragung" privater Vermittler gibt, da die Rechtslage strittig ist, die also bei den Vermittlungszahlen der letztgenannten fehlen[77]:

a) Mannequin/Dressmen	4 752	Vermittlungen
b) Fotomodelle	4 161	Vermittlungen
	8 913	

Um diese Zahl von insgesamt 8 913 müßte man bei genauer Betrachtung die Vermittlungszahlen der Bundesanstalt von 80 613 verringern. Es ergeben sich dann 71 700 Vermittlungen als Vergleichsbasis.

Demgegenüber tätigten die gemäß Paragraph 23 AFG beauftragten privaten Künstleragenten

				gegenüber Vorjahr
insgesamt	1971	rund 76 000	Vermittlungen	− 240 (1970)[78]
	1970	75 989	Vermittlungen	+ 882 (1969)[79]

davon 1970 in kurzfristige Beschäftigungsverhältnisse: 34 471 Vermittlungen. (Für das Jahr 1971 macht die Bundesanstalt für die privaten Vermittler keine detaillierten Angaben mehr über die Beschäftigungsdauer.)

Vergleicht man[80] die Vermittlungszahlen im Bereich Künstlervermittlung für 1971 mit

71 700 (oder ohne die oben gemachte Einschränkung: 80 613 für die Bundesanstalt) und
rund 76 000 für private Agenten,

so ergibt sich, daß die privaten Künstleragenturen, bezogen auf die Gesamtzahl der Vermittlungen von 156 613, einen Marktanteil von knapp 49 Prozent und bei Beschränkung auf die vergleichbaren Tätigkeitsbereiche sogar einen Anteil von rund 52 Prozent an den (71 700 + 76 000 =) 147 700 Gesamtfällen haben.

---

77 Vergleiche Amtliche Nachrichten der Bundesanstalt für Arbeit, S. 166 f., und Geschäftsbericht, S. 29.

78 Vergleiche Geschäftsbericht der Bundesanstalt 1971, S. 20.

79 Dortselbst, 1970, S. 29.

80 Wobei hinsichtlich der Qualität der Vermittlungsfälle Unterschiede zu machen sind, auf die noch einzugehen ist.

Hierbei ist noch zu bedenken, daß die Bundesanstalt 1970 von 74 417 (1971: 80 613) ihrer Vermittlungsfälle 63 193 (1971: 69 156), das heißt rund 85 (86) Prozent, in nur kurzfristige Beschäftigungen (also unter acht Tagen), die privaten Agenten dagegen 1970 von 75 989 nur 34 471[81], also nur rund 45 Prozent, in kurzfristige Tätigkeiten vermittelt haben. Bezieht man schließlich ein, daß längerfristige Engagements in der Regel einen höheren „Umsatz" als kurzfristige Tätigkeiten repräsentieren, so ist der Marktanteil der privaten Vermittler noch entsprechend höher zu veranschlagen: Dem Anteil von 55 Prozent (absolut: 41 518) Künstlervermittlungen der Privaten in nicht kurzfristige Engagements dürfte ein wesentlich höherer Gagenumsatz als den 15 Prozent (absolut: 11 224) nicht kurzfristiger Vermittlungen der Bundesanstalt entsprechen.

γγ) Führungskräfte-Vermittlung

Für den Teilmarkt der „Führungskräfte" fehlen Zahlenangaben sowohl bei der Bundesanstalt im Jahresbericht 1971 als auch bei ihren „Konkurrenten" auf diesem Gebiet, den Personalberatern, die keine Zahlen veröffentlichen.

In der Statistik der Bundesanstalt sind die Führungskräfte in der Kategorie „Fachvermittlung für Angehörige besonders qualifizierter Berufe" (1969: 9 561, 1970: 11 222, 1971: 12 640 Vermittlungen) mitenthalten, aber nicht gesondert herausgestellt. Da in dieser Zahl aber auch alle anderen Angehörigen qualifizierter Berufe, mit denen sich Personalberater nicht beschäftigen dürfen, enthalten sind, ist sie für einen Vergleich wenig geeignet.

Allerdings macht die Bundesanstalt in einer ihrer Schriften[82] die Angabe, daß jährlich (vermutlich 1968) etwa 50 Arbeitsverträge für Führungskräfte durch die Mitwirkung der ZAV zustande gekommen seien. Sie schätzt, daß jährlich

[81] Für 1971 gibt die Bundesanstalt keine Vergleichszahlen an; der prozentuale Anteil der Vermittlungen in kurzfristige Tätigkeiten durch private Vermittler wird jedoch ähnlich hoch zu veranschlagen sein.

[82] Vergleiche „Aus der Arbeit der Zentralstelle für Arbeitsvermittlung (ZAV)", ohne Verfasser, Ort und Jahr, S. 2.

weniger als 1 000 Führungspositionen in der gesamten Wirtschaft zu besetzen seien, von denen aber auf dem freien Markt schätzungsweise kaum mehr als 200 angeboten würden. Das würde für die Bundesanstalt bei 50 Vermittlungen einen Marktanteil in diesem Bereich von 25 Prozent bedeuten[83].

Befragungen von Fachleuten beider Seiten, Personalberatern und Bundesanstalt, ergaben übereinstimmend, daß der geschätzte Marktanteil der Personalberater mit Sicherheit — wahrscheinlich um ein Mehrfaches — größer sei als der der Bundesanstalt.

Der zusammenfassende Vergleich der Inanspruchnahme der Bundesanstalt mit derjenigen der privaten „Konkurrenz" zeigt, daß in den Bereichen, in denen private „Vermittler" tätig werden konnten, deren Marktanteile trotz der Entgeltlichkeit ihrer „Vermittlung" höher sind als die der unentgeltlichen „Konkurrenz" Bundesanstalt:

Übersicht über die Marktanteile in den 3 Konkurrenzbereichen

Konkurrenzbereich	Marktanteil[a)]	
	Bundesanstalt	Private
1. Zeitpersonal (1971)	43 500 Vermittlungen	mit Sicherheit größer (wahrscheinlich ein Mehrfaches als Bundesanstalt)
2. Künstlervermittlung (1971)	71 700 Vermittlungen (48 %)	76 000 Vermittlungen (52 %)
3. Führungskräfte (1968?)	nach Angaben der Bundesanstalt ca. 50 Vermittlungsfälle = 25 Prozent Marktanteil	nach Schätzungen beider „Konkurrenten" mit Sicherheit größer (wahrscheinlich ein Mehrfaches als Bundesanstalt).

a) Bezogen auf die Gesamtzahl der jeweiligen Vermittlungsfälle.

83 Dieser Marktanteil wird auch von Rosemarie Winter in dem Aufsatz „Das Vertrauen soll erhalten bleiben. BfA-Präsident Stingl kündigt Aktivierung des Büros für Führungskräfte an", in: Frankfurter Allgemeine Zeitung, Blick durch die Wirtschaft vom 30. 9. 1972, Nr. 227, S. 1, genannt.

Für die größte Gruppe der durch die Bundesanstalt Vermittelten, die „Normalberufe“, gibt es außer der Selbstsuche keine Vermittlungsalternative und daher auch keine Vergleichsfälle.

dd) Die Überlegungen der Nachfrager bei der Wahl zwischen öffentlicher und privater Vermittlung in den „monopolfreien“ Bereichen

Die vorausgegangenen Darlegungen zeigen, daß die privaten „Vermittler“ in den „Konkurrenzbereichen“ häufiger eingeschaltet wurden als die Bundesanstalt, obwohl sie gegen Entgelt arbeiten. Es stellt sich deshalb die Frage, über welche Gründe der Bevorzugung, über welche spezifischen Wettbewerbsvorteile die „Privaten“ gegenüber der Bundesanstalt verfügen, die die Nachfrager nach Vermittlungsdiensten veranlassen, diese „Vermittler“ trotz der entstehenden Kosten anstelle der Bundesanstalt in Anspruch zu nehmen. Eigene Befragungen der Verfasserin von Fachleuten der verschiedenen Marktparteien zeigten eine Vielzahl von — teilweise nur subjektiven Maßstäben zugänglichen — Wettbewerbsvor- und -nachteilen der einzelnen Anbietertypen auf:

(1) Hinsichtlich der Leistungen der beiden „Vermittler“typen für Zeitpersonal, Bundesanstalt und Unternehmen für Zeitarbeit, wurden von den Nachfragern die folgenden Beurteilungen abgegeben. Die Unternehmen für Zeitarbeit arbeiteten schneller, flexibler, individueller, aber auch teurer als die Bundesanstalt, die ja unentgeltlich vermittelt. Sie suchten intensiver und gezielt und mit erheblichem Aufwand neue Arbeitskräfte für Zeitarbeit, um speziellen Bedürfnissen der Nachfrager ein entsprechendes Angebot gegenüberstellen zu können. Sie „beschafften“ Arbeitskräfte auch und besonders in Zeiten der Hochkonjunktur, in denen die Bundesanstalt niemand anzubieten habe. Sie lieferten günstigenfalls auf Telefonanruf „the right man for the right place“, den sie oft durch Vorauswahl, Tests, Schulung, häufig auch durch Vorbesichtigung der zukünftigen Arbeitsplätze zu einem „best-

möglich passenden" Angebot gemacht hätten. Das entleihende Unternehmen habe — außer eventueller Einarbeitung und der Bezahlung der Rechnung — keinen weiteren Verwaltungsaufwand.

Die Konstellation für die „Job"-Vermittlung der Bundesanstalt ist anders: Bei ihr meldet sich arbeitsuchendes Zeitpersonal, für das das Arbeitsamt einen entsprechenden Arbeitgeber finden muß, beziehungsweise ein Arbeitgeber, der Zeitpersonal sucht. Die Bundesanstalt gibt einer Zeitarbeitskraft, die Arbeit sucht, eine oder mehrere Vermittlungskarten. Diese muß sich dann unter Umständen bei mehreren Firmen vorstellen. Das bedeutet für die Beteiligten Zeit- und Kostenverlust.

Der unentgeltlichen Vermittlungsleistung der Bundesanstalt steht außerdem der vergleichsweise zusätzliche Verwaltungsaufwand für Lohnabrechnung und so weiter beim Arbeitgeber gegenüber.

Im Gegensatz dazu übernimmt das Unternehmen für Zeitarbeit als zusätzliche Dienstleistung, wie schon erwähnt, Lohnabrechnung, Abführung von Steuern und Sozialversicherung für das Zeitpersonal.

Die Kritik an den seriösen Zeitarbeit-Unternehmen[84], die geäußert wurde, richtete sich überwiegend nicht gegen deren Leistungen, sondern stellt Einwände gegen die Zeitarbeit schlechthin dar. Sie sei aber der Vollständigkeit wegen wiedergegeben:

Die geforderten Preise seien im Verhältnis zu den gezahlten Löhnen zu hoch; das Zeitpersonal brächte Unruhe unter das Dauerpersonal, da es frischer sei wegen der

---

[84] Wie aus Presse und Rundfunk bekannt, schaden dem Ansehen der seriösen Zeitarbeit-Unternehmen viele unseriöse „Verleiher", vor allem von (gewerblichen) Gastarbeitern, die zum Teil Steuern und Sozialabgaben nicht abführen, Gastarbeiter ohne Aufenthaltsgenehmigung beschäftigen und diese durch Mietwucher, untertarifliche Bezahlung, Einbehaltung der Pässe in kaum vorstellbarer Weise schädigen. Der Verband der Unternehmen für Zeitarbeit hat nach eigenen Angaben gegen diese Firmen keine Handhabe; hier können nur Gesetzgeber und Strafverfolgungsbehörden Abhilfe schaffen.

kürzeren Arbeitszeit; die Einarbeitung dauere zu lang. Die Arbeitsplätze des Dauerpersonals würden gefährdet. Die Unternehmen für Zeitarbeit würden Dauerpersonal abwerben[85].

Vergleicht man die „Zielrichtung" der Unternehmen für Zeitarbeit mit der der Bundesanstalt, so kann man vereinfachend sagen, daß die Zeitarbeitunternehmen abnehmer- oder unternehmensorientiert sind: sie produzieren für ihre Kunden, die sie dafür bezahlen, möglichst maßgeschneiderte Dienstleistungen[86]. Die Vermittlungsbemühungen der Bundesanstalt sind vergleichsweise arbeitnehmerorientiert. Es bleibt festzuhalten, daß der ausgedehntere, wenn auch vielleicht „teurere" Service der Unternehmen für Zeitarbeit als ihr hervorstechender Wettbewerbsvorteil gegenüber der Bundesanstalt angesehen wird.

Außer den genannten Aspekten zeigt der Vergleich zwischen Bundesanstalt und Unternehmen für Zeitarbeit noch einen weiteren Gesichtspunkt auf, der für die Studie von ganz grundsätzlicher Bedeutung ist. Am Beispiel der Unternehmen für Zeitarbeit läßt sich deutlich machen, welche Möglichkeiten zur Erkundung vorhandener Bedürfnisse der „Wettbewerb als Entdeckungsverfahren" eröffnet:

Der Arbeitsmarkt ist durch das Vorherrschen von Dauerbeschäftigungsverhältnissen gekennzeichnet. Vor ihrem Markteintritt vermuteten die Unternehmen für Zeitarbeit[87] jedoch, daß in bestimmten Situationen ein Bedürfnis für zeitlich begrenzte Arbeitsleistungen bestehen müsse, und zwar bei möglichen Anbietern und Nachfragern. Eine wichtige Voraussetzung für diese Art der Be-

---

85 In diesem Sinne auch: Literaturdokumentation Zeitarbeit, S. 13.

86 Sie schaffen aber gleichzeitig damit für ihre Arbeitnehmer sonst vielleicht nicht vorhandene Arbeitsmöglichkeiten.

87 Die Idee der Zeitarbeit nahm ihren Ausgang von den USA und den Niederlanden. Tochtergesellschaften schweizerischer, amerikanischer und holländischer Zeitarbeitunternehmen gelang als ersten der Markteintritt in der Bundesrepublik.

schäftigung werde wegen deren zeitlicher Begrenztheit der Umstand sein, daß das Zusammenführen von Angebot und Nachfrage möglichst schnell und ohne große Reibungsverluste erfolgen müsse, damit der Zeitaufwand für die Erlangung eines solchen Arbeitsplatzes bis zur Erbringung der gesuchten Arbeitsleistung in angemessenem Verhältnis zur Dauer der Tätigkeit stünde. Dieser Umstand bedinge ein Mehr an Dienstleistung als die bloße „Vermittlung", nämlich ein möglichst schnelles und „dekkungsgleiches Anpassen" des Angebots an die Bedürfnisse der Nachfrage, die andernfalls kein Interesse an einer solchen Dienstleistung habe. Aus diesen Überlegungen ergab sich die „Unternehmensidee" der Zeitarbeit. Der wirtschaftliche Erfolg hat die Auffassung der Initiatoren, die ein Bedürfnis für zeitlich begrenzte Arbeitsleistungen zu entdecken glaubten, als richtig bestätigt.

Im Hinblick auf die Beurteilung der Zweckmäßigkeit des Arbeitsvermittlungsmonopols muß festgestellt werden, daß die Unternehmen für Zeitarbeit eine neuartige, auch volkswirtschaftlich beachtliche Art der Dienstleistung, nämlich „Vermittlung" plus Service, überhaupt und früher als die Bundesanstalt angeboten haben und damit zwei bislang von der Bundesanstalt nicht oder nicht ausreichend wahrgenommene Aufgaben erfüllten:

(a) Erstens stellen sie als Ergänzungsfunktion zum „normalen" Arbeitsmarkt für Dauerpersonal Kräfte für solche Beschäftigungen zur Verfügung, die für Dauerpersonal nicht geeignet (Ausgleich von Saisonspitzen, Urlaubs- und Krankheitszeiten) beziehungsweise zu teuer sind (wegen mangelnder Auslastung). Dazu haben sie — häufig nur latent vorhandene — für Zeitpersonal geeignete Arbeitsplätze gesucht.

(b) Zweitens haben sie Arbeitsmarktreserven erschlossen, die die Bundesanstalt vor der Initiative dieser Firmen nicht *aktiv* mobilisiert hat[88]. Sie haben nicht offen sicht-

[88] Über den quantitativen Umfang des Mobilisierungseffektes gibt es keine verläßlichen Zahlenangaben.

bare Bedürfnisse der Wirtschaft und der Arbeitnehmer „entdeckt" und befriedigt. Diese Unternehmen haben auch tendenziell zur Vergrößerung des Volkseinkommens beigetragen, also damit ganz im Sinne der im AFG formulierten Aufgaben der Bundesanstalt, unter anderem das Wachstum der Wirtschaft zu fördern, gehandelt. Sie haben für Arbeitsuchende, die aus vielerlei Gründen keiner Dauertätigkeit nachgehen können oder wollen, einen Markt erschlossen, den die Bundesanstalt in dieser Weise zunächst nicht gesehen oder nicht versorgt hat.

(2) Der Vergleich der „Vermittlungsleistungen" der Personalberater mit denjenigen des „Büros Führungskräfte ..." der Bundesanstalt (BFW) ergab ein ähnliches Bild wie der Vergleich Bundesanstalt/Zeitarbeitunternehmen: Die Personalberater arbeiteten zwar gegen Entgelt, seien aber schneller, flexibler, individueller; sie erbrächten zusätzliche, komplementäre Leistungen, die vor allem in der eingehenden Beurteilung der Qualifikation von Bewerbern bestünden. Sie lieferten dem Auftraggeber „fertige Arbeit", da sie ihm die Vorarbeit der Auswahl, die sie nach unterschiedlichen Methoden (beispielsweise Analyse des Lebenslaufs zur Aufdeckung von „Lücken" und graphologische Untersuchungen) durchführen, abnähmen und ihm dann nur wenige, optimal geeignete Bewerber vorschlügen.

Das BFW kann nicht in diesem Umfang „vorsortieren"; es hat — aufgrund der völlig verschiedenen Ausgangslage — vielleicht auch nicht das breite Angebot. Die Beurteilung der Bewerber obliegt ebenso wie die persönliche Vorstellung weitgehend den Firmen. Das BFW kann auf ein Stellenangebot hin von den vorhandenen Arbeitsuchenden nur diejenigen vorschlagen, die für eine ausgeschriebene Position geeignet erscheinen. Beim Personalberater meldet sich dagegen auf eine Stellenanzeige schon ein speziell auf die angebotene Stellung ausgerichteter Bewerberkreis, aus dem dann die vergleichsweise am besten Geeigneten ausgewählt werden. Infolgedessen sind die Personalberater viel mehr in der Lage, „Maßarbeit" zu liefern[89].

Der Unentgeltlichkeit der öffentlichen Vermittlungsleistung steht der Personalmehraufwand der Arbeitgeber für die Auswahl und Beurteilung der Bewerber um Führungspositionen gegenüber, der nach der eigentlichen Vermittlung durch die Bundesanstalt noch anfällt. Daher erscheint die immer wieder, auch bei der Bundesanstalt und vom Bundesverfassungsgericht geäußerte Meinung, die Vermittlungsleistung der Bundesanstalt sei volkswirtschaftlich „billiger" und daher vorzuziehen, nicht ohne weiteres überzeugend.

Ein Argument gegen Personalberater kann — vom Standpunkt des Stellensuchenden — der Umstand sein, daß manche Personalberater sehr individuelle, subjektive Beurteilungskriterien haben, die einen objektiv gut geeigneten Mann als Bewerber ausschließen, weil er diese nicht kennt. So sehen manche Personalberater die Benutzung von Personenwagen bestimmter Fabrikate als „empfehlend" oder „negativ" zu beurteilen an, oder der Stellensuchende darf die Bewerbung nicht an Chiffre, sondern nur direkt an ihn richten.

Eine solche Gefahr besteht bei der Bundesanstalt kaum, da sie jeden einigermaßen geeigneten Bewerber anzubieten verpflichtet ist, also insofern zwangsläufig „gerechter" ist.

Auch die mangelnde fachliche Qualifikation vieler Personalberater wird — auch von Kollegen — beanstandet. Die von führenden Personalberatern erwogene „Beauftragung" durch die Bundesanstalt für die Vermittlung von Führungskräften sollte deshalb nach Auffassung der Berater zugleich mit Vorschriften über eine berufliche Mindestqualifikation verbunden sein. Auch der Umstand, daß

---

[89] Erwähnenswert ist in diesem Zusammenhang, daß der derzeitige, als sehr aktiv beurteilte Leiter des BFW als Partner bei einer amerikanischen Personalberatungsgesellschaft eingetreten ist. Vergleiche R. Winter, „Das Vertrauen soll erhalten bleiben".

Personalberater Bewerbungsunterlagen von Bewerbern, die für eine ausgeschriebene Stelle nicht in Frage kommen, trotz wiederholter Mahnung nach Monaten nicht zurückgeben und direkt nach Eingang der Bewerbung keine Zwischenbescheide erteilen, wurde kritisch angemerkt.

Trotz der Kritik ergab sich in den Befragungen immer wieder, daß ein Bedürfnis nach der Dienstleistung qualifizierter Personalberater besteht. Auch viele Führungskräfte ziehen die privaten „Vermittler" wegen des immer noch als gering veranschlagten sozialen Status der Arbeitsverwaltung vor. Das BFW hat dies erkannt. Es hat daraus die Konsequenz gezogen und seine Büros räumlich von der Zentralstelle getrennt in einem benachbarten Bürohaus untergebracht. Damit soll der stellensuchenden Führungskraft das „Gesehen-Werden beim Arbeitsamt" erspart werden.

Das Verhältnis zwischen Bundesanstalt und Personalberater ist relativ harmonisch[90]. Dies hat einen objektiven Grund. Da sich bei den Personalberatern (zunächst) die Nachfrage nach Führungskräften, beim „Büro Führungskräfte" dagegen das Angebot von Führungskräften konzentriert, ist die Anstalt zum Teil auf die Zusammenarbeit mit den Personalberatern angewiesen, wenn sie ihre Arbeitsuchenden „unterbringen" will.

(3) Beim Vergleich der Zentralen Bühnen-, Fernsehen- und Filmvermittlung der Bundesanstalt mit den privaten Künstleragenten wurden von den Nachfragern die folgenden Urteile geäußert:

Die privaten Agenten seien zunächst teurer, schneller, flexibler, häufig bessere Sachkenner, reisten mehr zu den einzelnen Bühnen und böten die besseren Künstler an, da Leute eines bestimmten Leistungsstandes „nicht mehr zum Arbeitsamt gehen könnten". Sie erbrächten vielfach für die Künstler, die sie zum Teil auch heute noch im echten

---

[90] In diesem Sinne auch R. Winter, „Das Vertrauen soll erhalten bleiben".

Sinne betreuten, die wie oben[91] beschriebenen zusätzlichen Dienstleistungen. Sie ersparten den Intendanten und Künstlern Arbeit insofern, als sie wegen ihres — wie häufig erwähnt — besseren Überblicks in der Regel wieder „the right man for the right place" finden könnten, wodurch zeitraubende Reisen, Vorsingen und so weiter entfielen.

Diesen positiven Gesichtspunkten wurden schwerwiegende Argumente gegen die Agenten entgegengestellt:

Sie forderten und erhielten aus Angst vor dem Einfluß des Agenten Provisionen auch in Fällen, in denen sich der Künstler das Engagement selbst verschafft habe. Der Künstler hielte es für gefährlich, die Zahlung zu verweigern, da der Agent „eine Karriere verhindern könne". Die Agenten bevorzugten Arrivierte (hohe Gagen) und ausländische Künstler wegen der höheren Provision. Sie seien an ständiger, auch für Künstler und Theater schädlicher Fluktuation wegen der Provision interessiert. Die Agenten vernachlässigten den ohnehin knappen Nachwuchs[92]. Sie hätten in manchen Theatern eine Monopolstellung, die der Intendant dadurch ermögliche, daß er, vermutlich aus falsch verstandener Vereinfachung, nur mit einem einzigen Agenten zusammenarbeite und auch Künstler, die sich allein ihr Engagement an diesem Haus verschafft hätten, zur Zahlung der Provision an diesen Vermittler veranlasse mit der Begründung, daß dieser Agent „alles für unser Haus tue". Manche Intendanten lieferten den Agenten auch Informationen darüber, ob sich ein beim letztgenannten geführter Künstler direkt beworben und welche Gagenforderung er gestellt habe. Diese Informationen versetzten den Agenten in die Lage, „seine" Künstler zu „überwachen" und diesen als Folge seiner Machtstellung faktisch einen (verbotenen) Exklusivvertrag aufzudrängen. Der Agent verlange ganz ungeniert — auch schriftlich — bei allen Engagementwechseln des

---

[91] Vergleiche S. 104 ff.

[92] Die gegenteilige Meinung wurde schon weiter oben erwähnt.

betreffenden Künstlers als Vermittler eingeschaltet zu werden. Andernfalls habe er kein Interesse mehr an seiner Person; die Folgen habe sich der Künstler dann selbst zuzuschreiben.

Dieses Zusammenwirken von Intendant und Agent habe dazu geführt, daß manche Theater als „closed shops"[93] anzusehen seien, die nur durch Inanspruchnahme und Bezahlung eines Agenten zugänglich würden.

Die ZBF der Bundesanstalt dagegen sei qualitativ und quantitativ noch nicht ausreichend besetzt, vergrößere aber ihre Vermittlerzahl ständig. Sie berate und unterstütze Nachwuchskräfte neutral und ohne Gewinnabsichten. Sie „beute" Künstler nicht aus. Sie nehme sich auch der Wettbewerbsbenachteiligten an. Ihre Arbeitsleistung werde zunehmend besser. Im Bereich der Künstlervermittlung bemühe sich die Bundesanstalt um unbürokratische Vermittlungsmethoden: Sie veranstalte in großen Städten „Vorsingen" junger, vorausgewählter Nachwuchskünstler, zu denen die Theaterintendanten eingeladen würden. Hierdurch würde die Möglichkeit zu neutraler Information über die Marktlage auf diesem besonders heterogenen Teilarbeitsmarkt für beide Marktseiten vergrößert. Ob diese Bemühungen allerdings zu langfristigen, bleibenden Verbesserungen der Vermittlungsleistung führe, hänge von der Nachhaltigkeit der Anstrengungen der Bundesanstalt einerseits und den abzuwartenden Reaktionen der Nachfrage andererseits entscheidend ab. Auch die Künstlervermittler der ZBF reisten zu den einzelnen Theatern, um ihre Marktübersicht und die Vermittlungsleistungen zu verbessern. Desgleichen habe die ZFB Vorsorge dafür getroffen, daß ihre Künstlervermittler auch außerhalb der „normalen" Dienstzeit telefonisch erreichbar seien, ein Umstand, der für Eilvermittlungsfälle (plötzliche Krankheit eines Theaterdarstellers) von großer Bedeutung ist.

---

93 Zum Begriff des „closed shop" vergleiche Kaufmann, S. 143.

Achtes Kapitel: Zusammenfassende Beurteilung der Zweckmäßigkeit des Arbeitsvermittlungsmonopols der Bundesanstalt für Arbeit

1. Vorzüge und Nachteile der öffentlichen Arbeitsvermittlung in der Meinung der Nachfrager

a) Die Vorzüge der öffentlichen Arbeitsvermittlung

Als wichtigstes positives Argument für die Tätigkeit der Bundesanstalt wurde von den Nachfragern genannt, daß die Arbeitsuchenden vor jeder Übervorteilung geschützt seien. Die Vermittlung durch die Bundesanstalt sei unparteiisch. Den Vermittelten entstünden keine Nachteile wegen bewußter Nichteinhaltung gesetzlicher Vorschriften.

Die Ratschläge der Vermittler der Bundesanstalt seien — wegen der Unentgeltlichkeit — im Gegensatz zu denjenigen der privaten Vermittler frei von Gewinnstreben und daher als objektiv und neutral anzusehen.

Eine Mindestqualifikation der beamteten Vermittler und ihre dauernde Fortbildung könne vorausgesetzt werden, was ihren Ratschlägen Gewicht verleihe.

Wegen der beamtenrechtlichen Konsequenzen (Disziplinarverfahren, Amtshaftung) könne man Zuverlässigkeit und Unbestechlichkeit der Vermittler erwarten.

Im Gegensatz zu privaten (insbesondere Künstler-)Vermittlern nähme sich die Vermittlung der Bundesanstalt auch „wettbewerbsbenachteiligter" Arbeitsuchender gleichermaßen an, also älterer, schwer vermittelbarer Arbeitnehmer, körperlich Behinderter, Frauen, die wieder in das Berufsleben eingegliedert werden sollten, Berufsanfängern (die im künstlerischen Beruf wegen niedriger Gagen und damit niedriger Vermittlungs-Provisionen nicht „rentieren")[94].

---

[94] Hierzu war allerdings, wie erwähnt, auch die gegenteilige Meinung zu hören: Viele private Künstlervermittler bemühten sich sehr um talentierte Nachwuchskräfte und würden diese mit großem persönlichen Einsatz fördern. Dabei dürfte allerdings auch der Gesichtspunkt langfristiger Ge-

Die öffentliche Vermittlung gäbe wegen der entsprechenden Vorschriften (Gleichheitsgrundsatz, Unparteilichkeit) jedem die gleiche Chance der Vermittlung, da die Bundesanstalt jeden, der als vermittelbar gelten könne, vermitteln müsse.

Der Grundsatz der Chancengleichheit werde noch verstärkt verwirklicht durch die Unentgeltlichkeit der Vermittlung, die sicherstelle, daß jeder, der Vermittlung und Beratung benötige, sie sich „leisten könne".

Es entstünden keine nachteiligen Abhängigkeiten des Arbeitsuchenden zum Vermittler.

Darüber hinaus könne die Bundesanstalt bei entsprechendem Bedarf dem Arbeitsuchenden Umschulungshilfen und Beihilfen zur Arbeitsaufnahme, zum Beispiel für Umzug und Vorstellungskosten, gewähren.

Positiv zu bewerten sei weiterhin, daß die Vermittlung der Bundesanstalt an sehr vielen Orten der Bundesrepublik zu erreichen sei, was für Arbeitsuchende und Arbeitgeber gleichbedeutend mit Zeit- und Geldgewinn (kein Lohnausfall), häufig sogar mit der Chance der Vermittlung überhaupt sei.

Auch der Gesichtspunkt, die Bundesanstalt habe als zentrale Stelle, bei der Angebot und Nachfrage aller Teilarbeitsmärkte zusammenlaufe, eine bessere Marktübersicht, wurde — vor allem von Arbeitnehmerseite — hervorgehoben. Dies sei gleichbedeutend mit einem relativ großen Angebot offener Stellen.

Auch die Bemühungen der Bundesanstalt, ihre Leistungen den Bedürfnissen der Nachfrager anzupassen, wurden lobend hervorgehoben. So wurde die verbesserte Öffentlichkeitsarbeit erwähnt, die durch Informationen in Zeitung, Fernsehen und Rundfunk sowie durch besondere Druckschriften die Marktübersicht der Arbeitsuchenden sowohl auf dem Arbeits- als auch auf dem Vermittlungsmarkt vergrößere. Als

winnmaximierung von Bedeutung sein. Der Agent geht dabei von der Annahme aus, daß seine intensiven Bemühungen zu einer langfristigen Bindung des später erfolgreichen Künstlers an ihn führen würden.

Hinweis auf die vergrößerte Flexibilität der Bundesanstalt wurde gewertet, daß zusätzliche Beratungs- und Vermittlungsstellen für Zeitpersonal an den Orten potentiellen Arbeitsangebots errichtet worden seien: In Kaufhäusern klärten „Job"-Vermittlungsstellen Hausfrauen über ihre Chancen der zeitweiligen Rückkehr in den Beruf auf.

b) Die Kritik der Nachfrager an der Vermittlung der Bundesanstalt

Der außerordentlich positiven Beurteilung besonders des sozialen Schutzeffektes der Vermittlung der Bundesanstalt steht eine teilweise sehr kritische ihrer Dienstleistungen und ihrer Zweckmäßigkeit gegenüber. Eine Anzahl von Einzelargumenten läßt sich unter dem Stichwort „Einwände gegen eine Monopolbehörde" subsumieren:

Die Vermittlung der Bundesanstalt sei zu bürokratisch, das heißt nicht schnell genug und zu schwerfällig; sie sei häufig nicht individuell und flexibel genug hinsichtlich der Vermittlungsmethoden; die Vermittlungsleistung sei zu genormt und schematisiert, komplementäre Leistungen fehlten. Wegen des mangelnden finanziellen Interesses lasse der persönliche Einsatz der Vermittler mitunter sehr zu wünschen übrig. Manche Vermittler seien über die verbesserten Vermittlungsmöglichkeiten der Bundesanstalt nicht orientiert[95].

Die Bundesanstalt habe zu wenig Stellenangebote. Sie biete nur weniger qualifizierte Arbeitsuchende an („hat nicht die richtigen Leute"). Sie habe zu wenig und nicht genug qualifizierte Vermittler.

Der — historisch erklärbare — geringe Sozialstatus einer „Arme-Leute"-Behörde, der aus der Verbindung Armenpflege—Arbeitsvermittlung herrührt, haftet ihr erstaunlicherweise noch immer an. Statusbewußte Arbeitnehmer „können sich nicht vom Arbeitsamt vermitteln lassen" und wählten daher häufig den Weg der Selbstsuche.

---

[95] Nach eigener Erfahrung der Verfasserin war einem Fachvermittler für gehobene Berufe bei einem großen Arbeitsamt die Existenz der ZAV 1972 noch nicht bekannt.

2. Zusammenfassende Überlegungen zu den Auswirkungen des fehlenden Wettbewerbs auf die Vermittlungsleistung der Bundesanstalt

Zur Beantwortung der zentralen Frage der Untersuchung nach der Zweckmäßigkeit des staatlichen Arbeitsvermittlungsmonopols erscheint es nun angebracht — nach der Darstellung der Vielzahl der Argumente der Nachfrage, die sich sowohl auf die soziale Schutzfunktion als auch auf die wirtschaftliche Leistung der öffentlichen Vermittlung beziehen —, erneut unter grundsätzlicheren Aspekten auf die Verwirklichung der beiden Teilziele einer zweckmäßigen Arbeitsvermittlung einzugehen, und zwar zunächst auf den Effizienzgesichtspunkt, danach auf die Verwirklichung des sozialen Schutzes.

Hinsichtlich der wirtschaftlichen Leistung der Bundesanstalt hat die Untersuchung ergeben, daß das hervorstechende Kennzeichen des Arbeitsvermittlungsmonopols der Ausschluß des „Wettbewerbs als Entdeckungsverfahren" ist. Dieser Nachteil des Monopols findet unter anderem seinen Ausdruck in seiner mangelnden Fähigkeit, die Bedürfnisse der Nachfrage (frühzeitig) zu erkennen und sich ihnen anzupassen: Das Eindringen der Personalberater in den „Vermittlungs"-Markt für Führungskräfte hat einen Teilbereich des Marktes für Arbeitsvermittlung aufgezeigt, auf dem sich die Vermittlung der Bundesanstalt als nicht ausreichend erwiesen hat. Auf diesem Teilvermittlungsmarkt wurde in den fünfziger Jahren die Vermittlungsleistung der Bundesanstalt von den Nachfragern offenbar nicht als marktgerecht angesehen; dafür kann als Indiz die wachsende Inanspruchnahme der Personalberater bei der Suche von Führungskräften gelten. Erst nachdem es der Bundesanstalt trotz des Hanten-Urteils nicht gelang, die Personalberater als angebotsverwandte Konkurrenz aus diesem Markt hinauszudrängen, paßte sie sich den Bedürfnissen der Nachfrage an, indem sie a) mit dem ersten Erlaß der „Grundsätze zur Abgrenzung von Arbeitsvermittlung und Personalberatung" von 1957 der Tätigkeit der Personalberater einen rechtlichen Rahmen gab und b) ihre eigene

Vermittlung von Führungskräften durch die Gründung des „Büros Führungskräfte der Wirtschaft" bei der Zentralstelle (ZAV) intensivierte. Dieses Beispiel zeigt zugleich, daß der Wettbewerb, das heißt die Initiative der Privaten, „Vermittlungs"alternativen geschaffen hat, auf die man nicht ohne weiteres gekommen wäre.

Es ist deshalb zumindest denkbar, daß weitere Marktlücken, deren Befriedigung vielleicht Spezialkenntnisse erfordert, oder unerkannte Vermittlungsbedürfnisse ganz spezifischer Art vorhanden sind, die die Bundesanstalt nicht erkennt oder nicht erkennen kann oder nicht zu erfüllen in der Lage ist und daher nicht abdeckt. Solche „Vermittlungslücken" könnten privaten Vermittlern etwa wegen größerer Praxisnähe oder spezifischer Kenntnis von Teilmärkten durchaus zugänglich sein und von ihnen geschlossen werden[96].

So hat die Bundesanstalt in der Vergangenheit auch das latente Bedürfnis der Wirtschaft für Zeitpersonal und für die damit verbundene spezifische, komplementäre Dienstleistungen nicht nur nicht in ausreichendem Maße erkannt, sondern die Unternehmen für Zeitarbeit, die bei diesem neuen Dienstleistungs- und in unserem Sinne Vermittlungstyp Schrittmacherdienste geleistet haben, durch Prozesse aus dem Markt drängen wollen. Es wäre denkbar, daß der Wettbewerb weitere solcher Marktlücken aufdecken und ausfüllen würde. Dazu müßte aber „Wettbewerb als Entdeckungsverfahren" möglich sein, den das Vermittlungsmonopol ex definitione ausschließt. Es liegt in der Natur des Entdeckungsverfahrens, daß sich nicht voraussagen läßt, welche Art von Marktpro-

---

96 Zur Veranschaulichung möge ein Beispiel aus dem Immobilienmarkt, einem „monopolfreien" Markt, dienen: Auf diesem Markt hat sich in der Bundesrepublik ein Hotelier, der ursprünglich kein Immobilienmakler war, aber über besonders fundierte Kenntnis der baulichen und organisatorisch-technischen Probleme von Hotels verfügt, mit großem Erfolg als Spezialvermittler von Hotels niedergelassen. Das spezielle Marktbedürfnis, das er abdecken konnte, bestand weniger im Nachweis von Hotels zum Kauf, als vor allem in der Notwendigkeit, deren baulich-technische Verwendbarkeit und ihre wirtschaftlichen Auswirkungen zu beurteilen. — Dieses Beispiel verdankt die Verfasserin Dr. Günter Bonnet, „Staatliche Regelungen für Immobilienmakler — Wettbewerbsförderung und Kundenschutz", Veröffentlichung des Forschungsinstituts für Wirtschaftspolitik an der Universität Mainz, Band 31, Berlin 1973.

zessen und Alternativen der schöpferische Wettbewerb bei vorhandener Wettbewerbsfreiheit hervorbringen würde. „Wettbewerb ist ein Prozeß, der Möglichkeiten bietet und Chancen eröffnet. Er ist ein Such-, Lern- und Informationsprozeß[97].“ Es ist daher nicht möglich, die Marktprozesse, „in denen sich Wettbewerbsfreiheit und ökonomische Vorteilhaftigkeit manifestieren“[97], positiv vorauszusagen; aber die Chancen und Möglichkeiten zum Wettbewerb als Entdeckungsverfahren müßten offengehalten werden. Wäre der Wettbewerb von Privaten zugelassen, so könnte sich das oft erwähnte Wechselspiel von „vorstoßendem“ und „nachfolgendem Wettbewerb“ entwickeln. Ein solcher Wettbewerbsprozeß könnte etwa folgendermaßen[98] ablaufen (und hat sich auch in den „monopolfreien“ Bereichen des Stellenvermittlungsmarktes in der Vergangenheit so entwickelt). Zunächst erfolgt als auslösender Impuls der „Vorstoß eines Wettbewerbers“ in der ersten Phase (Personalberater und Zeitarbeitunternehmen kamen als Anbieter auf den Vermittlungsmarkt). Als zweite Phase folgt die „Nachahmung“: Die Bundesanstalt sah sich durch die Reaktionen der Nachfrager veranlaßt, die Leistungen ihrer Konkurrenten zunächst annäherungsweise „zu imitieren“, also „imitatorischen Wettbewerb“[99] auszuüben (Gründung des „Büros Führungskräfte“ und der „Job“-Vermittlungen für Zeitpersonal). Die dritte mögliche Phase, in der „aus der Nachahmung (durch die Bundesanstalt) eine Überflügelung“, also eine neue Vorstoßphase wird, fand auf diesen Teilvermittlungsmärkten anscheinend nicht statt. Es ist dies ein typisches Kennzeichen öffentlicher Unternehmen, daß sie in der Regel auf Anregungen der Wirtschaft nur „reagieren“, aber selten „agieren“. Daran wird auch die negative Kehrseite des fehlenden Gewinninteresses beim öffentlichen Vermittlungsmonopol deutlich: Der Wettbewerbsansporn fehlt, der Wunsch, durch eigene Leistung ökonomische Vorteile zu erzielen, die, wie ausgeführt, auch für die Marktgegenseite vorteilhaft sein können.

---

[97] Hoppmann, S. 29 ff.

[98] Vergleiche ebenda, S. 39. ff.

[99] Vergleiche Hoppmann, S. 42.

Zweifellos kann der oben gezeigte komplizierte Verwaltungsaufbau und der dadurch bedingte verlängerte Entscheidungsweg einer Behörde die Fähigkeit zu Strukturwandlungen der Bundesanstalt vermindern. Dieser Umstand kann zwar die geringere Flexibilität des Arbeitsvermittlungsmonopols bei notwendig werdenden Anpassungen an Veränderungen der Nachfrage erklären, er beseitigt sie jedoch und ihre Folgen nicht.

Wie erwähnt, wird häufig zugunsten des Monopols damit argumentiert, daß private Vermittlung „zu teuer", die Bundesanstalt dagegen unentgeltlich und deshalb vorzuziehen sei. Abgesehen davon, daß die der Bundesanstalt entstehenden Vermittlungskosten, wie schon dargelegt, in volkswirtschaftlicher Betrachtung zu berücksichtigen und im übrigen nicht genau zu ermitteln sind, verstößt dieses Argument gegen das „Prinzip der freien Konsumwahl", das sich aus der Wettbewerbsfreiheit, wie oben gezeigt, ergibt. Im übrigen sollte man die Entscheidung darüber, ob die Vergütung für eine Leistung angemessen oder überteuert ist, der Selbstverantwortung und der Nutzenabwägung dessen, der sie in Anspruch nehmen möchte, überlassen. Das gilt entsprechend für die Auffassung des zitierten Bundesverfassungsgerichtsurteils, „daß man aus der Vermittlung menschlicher Arbeitskraft kein Geschäft machen dürfe"[100]. Diese Betrachtungsweise vernachlässigt, daß Arbeitsvermittlung eine Dienstleistung und damit ein Gut im wirtschaftlichen Sinne ist, das Kosten verursacht und bei entsprechender Nachfrage einen Preis erzielen kann. Das schließt allerdings nicht die wichtige Überlegung aus, daß aus sozialen Erwägungen Gebührenfreiheit für eine öffentliche Vermittlung, die neben kommerziellen Vermittlungsmöglichkeiten bestehen soll, gefordert wird.

Die Teilmärkte, auf denen private Substitutionsalternativen vorhanden sind, haben gezeigt, daß die Nachfrage bereit ist, Vermittlungsleistungen zu bezahlen, wenn sie das für ange-

[100] Vergleiche Bull, Hans Peter, Arbeitsvermittlung — Staatsmonopol für alle Zeiten?, Juristenzeitung, München 1967, S. 565.

messen hält. Das kann als ein Zeichen dafür angesehen werden, daß die Vermittlungsleistungen der Privaten in diesen Teilbereichen für effizienter als die der Bundesanstalt angesehen werden[101]. Für diese Überlegungen kann auch der Umstand, daß die privaten „Vermittler" trotz der Kostenlosigkeit der Bundesanstalt nicht vom Markt verschwinden, herangezogen werden.

Die Bundesanstalt hat bei der Abdeckung der allerdings quantitativ bedeutenden Grundbedürfnisse der Vermittlung, insbesondere bei den sogenannten „blue-collar"-Berufen, bei denen es als Auswirkung der Monopolisierung keine vergleichbaren privaten Vermittlungsmöglichkeiten gibt, eindeutige und zum Teil sehr gute Vermittlungsergebnisse. Demgegenüber besteht jedoch die Vermutung, daß sie für die Vermittlung anderer — qualifizierter — Berufe nicht so sehr geeignet oder nicht ausreichend personell ausgestattet ist.

Es besteht die Gefahr, daß sich bei ihr „Halden" nicht vermittelter Arbeitsuchender, also gerade des Nachfragerkreises, dessen Interessen sie besonders schützen soll, bilden. Das sei an folgenden Zahlen verdeutlicht:

1971 hatte die Bundesanstalt[102]

	1971	1970
Zugänge an Arbeitsuchenden insgesamt ...	3 445 000	3 249 000
an offenen Stellen	2 775 000	3 038 000
Vermittelt wurden	2 706 000	2 988 000

Personen, das sind, bezogen auf die Arbeitsuchenden insgesamt, rund 79 Prozent (1970: rund 92 Prozent)[103].

---

101 Allerdings sind in diesem Zusammenhang auch die — nicht zu verallgemeinernden — Fälle wirtschaftlicher Abhängigkeit von Künstlervermittlern zu bedenken.

102 Vergleiche Arbeitsstatistik 1970, Amtliche Nachrichten der Bundesanstalt für Arbeit, S. 8 f., und dortselbst 1971, S. 10 f.

103 Zugunsten der Bundesanstalt ist der 1971 erheblich geringere Zugang an Stellenangeboten zu berücksichtigen, der naturgemäß die Vermittlungsmöglichkeiten verringert.

Diese zunächst sehr hoch erscheinende Vermittlungsquote verringert sich erheblich, wenn man spezielle Berufsgruppen herausgreift[104]:

„Besonders qualifizierte Berufe", vermittelt durch die ZAV

	1971	1970
Zugang Arbeitsgesuche	9 994	8 203
Zugang Stellenangebote	13 514	13 730
Zahl der Vermittlungen	3 695	3 112

Die Zahl der Vermittlungen, bezogen auf die Arbeitsgesuche, ergibt hier eine Vermittlungsquote von nur rund 37 Prozent (1970: 35), bezogen auf die Stellenangebote weniger als 28 Prozent (1970: 25).

Alle „besonders qualifizierten Berufe"[a]

	1971	1970
Zugang Arbeitsgesuche	36 079	30 256
Zugang Stellenangebote	42 436	45 713
Zahl der Vermittlungen	12 640	11 222

a) Vergleiche Arbeitsstatistik 1970, Amtliche Nachrichten der Bundesanstalt für Arbeit, S. 8 f., und dortselbst 1971, S. 10 f.

Diese Rubrik ergibt eine noch geringere Vermittlungsquote, nämlich: Vermittlungen, bezogen auf Arbeitsgesuche, unter 29 (1970: unter 30) Prozent, Vermittlungen, bezogen auf Stellenangebote, unter 33 Prozent (1970: unter 25 Prozent).

Für private Vermittler, beispielsweise für die Künstleragenturen, stehen keine Vergleichszahlen zur Verfügung. Die Tatsache aber, daß bei der Bundesanstalt bei den herausgegriffenen Berufsgruppen nur rund ein Drittel oder weniger der eingegangenen Arbeitsgesuche erfolgreich bearbeitet wurden, gibt zu denken.

Desgleichen ist der Umstand, daß der Einschaltungsgrad der Bundesanstalt unter den gemachten Annahmen im Ver-

104 Vergleiche Arbeitsstatistik 1970, S. 160 f., und 1971, S. 210 f.

gleichsjahr bei höchstens 43 Prozent aller Stellenwechsel in der Bundesrepublik, vermutlich aber noch darunter, lag, im Hinblick auf die Zweckmäßigkeit des Arbeitsvermittlungsmonopols hervorzuheben. Besonders bei höher qualifizierten Berufen ist die noch geringere Mitwirkung der Bundesanstalt auffallend. Diese Feststellung zeigt auch, wie richtig die Entscheidung der Bundesanstalt war, ihr Arbeitsvermittlungsmonopol nicht als vollkommenes Monopol in wirtschaftlichem Sinne auszugestalten, sondern Ausnahmebereiche zuzulassen.

Das Monopol erbringt, seiner gesetzlichen Aufgabe entsprechend, nur eine, allerdings in Grenzen variierte, Normleistung. Die privaten Vermittlungsbereiche haben dem a) die eigentliche „Entdeckung", b) Spezialkenntnisse und -fähigkeiten in bestimmten Teilvermittlungsmärkten und c) die komplementären Dienstleistungen entgegenzusetzen. Dabei ist zu berücksichtigen, daß es der Bundesanstalt aus rechtlichen und strukturellen Gründen, wie dargelegt, auch kaum möglich ist, Komplementärleistungen zur eigentlichen Stellenvermittlung zu erbringen, selbst wenn die Nachfrager bereit wären, diese zu honorieren. Andererseits ist es gerade ein Kennzeichen der privaten Konkurrenten der Bundesanstalt, daß sie mit über die bloße Stellenvermittlung hinausgehenden Leistungskombinationen, wie sie von der Bundesanstalt nicht erbracht werden können, aufwarten und damit die Bedürfnisse der Nachfrager befriedigen können.

Die vorstehenden Feststellungen legen es nahe, die wirtschaftspolitische Zweckmäßigkeit des öffentlichen Arbeitsvermittlungsmonopols jedenfalls aus Effizienzgründen anzuzweifeln und deshalb eine Aufhebung des Monopolrechts der Bundesanstalt als empfehlenswert erscheinen zu lassen, da es unter Effizienzgesichtspunkten kaum als wirtschaftspolitisch rationales Instrument anzusehen ist. Dieses Urteil ist allerdings nicht, so sei betont, gleichbedeutend mit der Abschaffung der Bundesanstalt, sondern nimmt nur zur Frage der Beibehaltung oder Beseitigung ihres Alleinvermittlungsrechts Stellung.

3. Die Verwirklichung des sozialen Schutzes

Hinsichtlich des zweiten Gesichtspunktes für die Einführung des Arbeitsvermittlungsmonopols, des Schutzes der Arbeitsuchenden, hat die Untersuchung dagegen ergeben, daß auch heute noch, wenn auch nur auf wenigen spezifischen Teilvermittlungsmärkten, finanzielle Übervorteilungen und Abhängigkeitsverhältnisse auftreten und sozialer Schutz daher als absolut notwendig anzusehen ist. Hier hat sich gezeigt, daß die alternative öffentliche und kostenlose Vermittlung notwendig ist, und zwar aus mehreren Gründen:

Die öffentliche Arbeitsvermittlung ist unparteiisch; sie ist von den Marktparteien, zwischen denen sie vermittelt, auch wirtschaftlich[105], unabhängig. Es entstehen keine persönlichen Abhängigkeiten der Arbeitsuchenden vom Vermittler. Ihre Beratung ist frei von eigenen Interessen und daher als weitgehend objektiv anzusehen. Die öffentliche Vermittlung nimmt sich — ein besonders wichtiger sozialer Aspekt — derjenigen Gruppen von Arbeitnehmern an, die aus persönlichen Gründen oder als Berufsanfänger wettbewerbsbenachteiligt sind. Das heißt, sie bietet Vermittlungsleistungen ohne Entgelt auf solchen speziellen Teilvermittlungsmärkten an, bei denen mangels Verdienstchance die Privatinitiative fehlt und die sonst trotz vorhandenen, besonders dringenden Bedarfs danach vermutlich in der Skala der angebotenen Vermittlungsleistungen völlig fehlen würden. Sie gibt wegen ihrer Unentgeltlichkeit jedem die Chance der Hilfe bei der Suche eines Arbeitsplatzes oder einer Arbeitskraft, auch besonders dem wirtschaftlich Schwachen; den wirtschaftlich Unerfahrenen bewahrt sie damit vor der möglichen Gefahr der Übervorteilung durch überhöhte Vermittlungsgebühren.

Als hervorstechender und schwerwiegender Vorzug der öffentlichen Arbeitsvermittlung bleibt daher ihre soziale

---

105 Zumindest direkt und einzelwirtschaftlich; indirekt ist sie auf das Beitragsaufkommen angewiesen.

Schutzfunktion bestehen, die zugleich eine Erfüllung eines Teiles der zu Beginn der Untersuchung gestellten Anforderungen an die Arbeitsvermittlung bedeutet.

4. Ergebnisse und Folgerungen

a) Ergebnisse

Die Untersuchung hat zu folgenden Ergebnissen geführt:

(1) Die Arbeitsvermittlung der Bundesanstalt weist eindeutige *außerwirtschaftliche Vorzüge* von besonderem Gewicht auf:

(a) Ihre Existenz und die Unentgeltlichkeit ihrer Vermittlung ermöglichen allen Nachfragern, vor allem den sozial schwächeren und wettbewerbsbenachteiligten, bei Bedarf Vermittlungsdienste in Anspruch zu nehmen.

(b) Die institutionell gesicherte, damit also nahezu über jeden Zweifel erhabene Neutralität der Vermittlung schaltet den Verdacht, in beruflichen Fragen parteiisch beraten zu werden, von vornherein aus.

(c) Die Bundesanstalt bietet Schutz vor Vermittlungs-Marktmacht: Die Gefahr der Übervorteilung und des Entstehens persönlicher Abhängigkeiten von öffentlichen Vermittlern ist ausgeschaltet.

(2) Die öffentliche Arbeitsvermittlung weist bestimmte *wirtschaftliche* Vorzüge auf: Bedingt durch ihre Großorganisation, läuft zwangsläufig eine Vielzahl von Stelleninformationen über Teilmärkte bei ihren zentralen Stellen zusammen. Dieser Umstand vergrößert die Markttransparenz und damit die Vermittlungsmöglichkeiten. Desgleichen können sich externe Vorteile für die Arbeitsuchenden durch die Kopplung von Förderungs- und Umschulungsbeihilfen sowie der Berufsberatung mit der Arbeitsvermittlung ergeben. Diese Vorteile wären allerdings organisatorisch auch mit weniger einschneidenden Mitteln als der Monopolisierung zu erreichen, wie noch auszuführen ist.

(3) Daneben konnten keine schwerwiegenden *wirtschaftlichen* Vorzüge einer mit einem Ausschließlichkeitsrecht ausgestatteten Bundesanstalt für Arbeit gefunden werden, die dieses Monopol als einziges wirtschaftspolitisch rationales Instrument für das Ziel einer arbeitsmarktgerechten Arbeitsvermittlung ausgewiesen hätten. Das eingangs genannte Hauptargument zugunsten des Arbeitsvermittlungsmonopols, die Annahme der „besseren" Vermittlung, war nicht zu beweisen; vielmehr sprechen die Feststellungen und Überlegungen eher für das Gegenteil.

(4) Das Ausschließlichkeitsrecht bringt *wirtschaftliche Nachteile* mit sich: Die Monopolisierung reduziert den aktuellen und beseitigt fast vollständig den potentiellen Wettbewerb auf diesem Markt oder schließt ihn ganz aus. Das hat zur Folge, daß mit Gewißheit in Teilbereichen — für die Beurteilung der Grundleistung gibt es wenig Vergleichsmaßstäbe — das Vermittlungsangebot zu wünschen übrig läßt und daß Marktlücken unerkannt oder unversorgt bleiben. Die Fähigkeit und Bereitschaft einer mit Monopolrecht ausgestatteten Behörde zur Anpassung an Strukturwandlungen ist geringer als bei privaten, in freier Konkurrenz stehenden Mitbewerbern. Der Verwaltungsaufbau der öffentlichen Vermittlung ist kompliziert, Entscheidungsprozesse können deshalb langwieriger sein.

(5) Der oft genannte wirtschaftliche Vorzug, daß die öffentliche Arbeitsvermittlung kostengünstiger als die private sei, läßt sich mit dem vorhandenen Zahlenmaterial weder beweisen noch widerlegen.

(6) Das Arbeitsvermittlungsmonopol ist in einer wettbewerblich organisierten Wirtschaft als ein nicht systemkonformes wirtschaftspolitisches Instrument anzusehen.

b) Die Folgerungen

Wägt man ab, ob trotz der oben genannten Nachteile das Arbeitsvermittlungsmonopol der Bundesanstalt in seiner jetzigen Form beibehalten oder das Monopolrecht aufgehoben werden sollte — worunter, so sei betont, nicht die Abschaffung der Bundesanstalt, sondern ihre Beibehaltung in der jetzigen Form, jedoch unter Aufhebung des Alleinvermittlungsrechts verstanden wird —, so gilt es, sowohl die erkannten Nachteile als auch seine Vorteile zu gewichten.

Die Untersuchungsergebnisse hinsichtlich der wirtschaftlichen Leistung der Bundesanstalt legen es nahe, als erstes von einer „Vervollkommnung" des Monopols im Sinne einer Verstärkung des Ausschließlichkeitsrechts und des Monopolschutzes der Bundesanstalt auf dem Gebiet der Arbeitsvermittlung abzuraten. Darüber hinaus ist unter Effizienzgesichtspunkten die Ausschaltung insbesondere des potentiellen Wettbewerbs weder zu rechtfertigen noch wünschenswert.

Vielmehr sollte im Hinblick auf die mögliche Effizienzförderung durch privaten Wettbewerb der Monopolschutz für die Arbeitsvermittlung aufgehoben und die öffentliche Arbeitsvermittlung der Ansporn- und Auslesewirkung des Wettbewerbs durch — rechtlich zumindest annähernd — gleichgestellte Konkurrenten ausgesetzt werden, wie noch im einzelnen darzulegen ist.

Das bedeutet nicht, wie bereits betont, daß die Bundesanstalt damit unmittelbar in ihrem Bestand angetastet werden soll. Sie würde lediglich ihren Wettbewerbsschutz, das heißt ihr Ausschließlichkeitsrecht, als einzige im rechtlichen Sinne die Dienstleistung Arbeitsvermittlung anbieten zu dürfen, verlieren.

Eine andere Frage ist es allerdings, ob das zweite Teilziel, der Schutz der Arbeitsuchenden, nur durch das Monopol erreicht werden kann und das Monopolrecht daher aus diesem Grunde beibehalten werden müßte. Das Bundesverfassungsgericht hat dies bejaht[106, 107, 108]. Es hat ausgeführt, daß

---

[106] Als Verwaltungsmonopol, das im Widerspruch zu Artikel 12 Grundgesetz (Berufsfreiheit) andere von der Ausübung der monopolisierten Tätigkeit Arbeitsvermittlung ausschließt, bedurfte das Arbeitsvermittlungsmonopol der Bundesanstalt der Prüfung seiner verfassungsrechtlichen Zulässigkeit, zu der es 1967 im Rahmen des sogenannten Hanten-Prozesses kam. Der Personalberater Hanten war wegen unerlaubter Arbeitsvermittlung von Führungskräften verurteilt worden. Seine Verfassungsbeschwerde, die sich auf Artikel 12 Grundgesetz stützte, wurde abgewiesen.

das Arbeitsvermittlungsmonopol für den Regelfall unerläßlich sei, um das bezeichnete „Gemeinschaftsgut", die Verhütung von Arbeitslosigkeit und Arbeitskräftemangel, vor schweren oder höchstwahrscheinlichen Gefahren zu schützen. Das Monopol halte deshalb — jedenfalls für den Regelfall, das heißt für die Vermittlung der üblichen und durchschnittlichen Arbeitnehmer — strengen Erfordernissen stand. Die Notwendigkeit, die Arbeitsvermittlung als ausschließlich hoheitliche Aufgabe wahrnehmen zu lassen, begründete das Gericht mit der geschichtlichen Entwicklung hinsichtlich der privaten Arbeitsvermittler.

Zu diesem Urteil ist allerdings kritisch anzumerken, daß es wesentliche Gesichtspunkte, die für die Beurteilung des Monopols hätten wichtig sein müssen, wie die Bedürfnisse der Nachfrager, die Effizienz der öffentlichen Arbeitsvermittlung, die quantitative Eingrenzung der Begriffe „Arbeitslosigkeit" und „Arbeitskräftemangel", nicht oder nicht ausreichend berücksichtigt hat[109].

Insbesondere trennen die Ausführungen des Gerichts nicht klar zwischen den einzelnen arbeitsmarktpolitischen Aufgaben der Bundesanstalt, also Verhütung von Arbeitslosigkeit und Arbeitskräftemangel einerseits und der Stellenvermittlung andererseits. Statt dessen rechnen sie die Arbeitsvermittlung diesen ohne weiteres zu[110]. Das hat zur Folge, daß die Feststellung des Gerichts, die Verhütung von Arbeits-

---

[107] Vergleiche Urteil vom 4. April 1967, Juristenzeitung, München 1967, S. 309 ff.

[108] Im einzelnen bezeichnete das Gericht das staatliche Arbeitsvermittlungsmonopol als verfassungskonform, obwohl es eine Einschränkung der Berufsfreiheit und -wahl als selbständiger Arbeitsvermittler nach Artikel 12 Grundgesetz darstelle und „ein gewisser Fremdkörper" im System unserer Wettbewerbswirtschaft sei, da es nicht nur diejenigen, die die monopolisierte Tätigkeit ... ausüben möchten, davon ausschließe, sondern auch die freie wirtschaftliche Entfaltung weiterer Kreise berühre. Das Gericht hat seine Entscheidung damit begründet, daß die „Verhütung von Arbeitslosigkeit einerseits und des Mangels an Arbeitskräften der Wirtschaft und Verwaltung andererseits" ein „Gemeinschaftswert" sei, „der den Vorrang vor dem Freiheitsanspruch des privaten Vermittlers verdiene". — Vergleiche Bull, S. 564 ff.

[109] Vergleiche Bull, S. 565.

[110] Ebenda.

losigkeit und Arbeitskräftemangel sei Aufgabe des Staates, automatisch die Stellenvermittlung miteinbezieht. Zu undeutlich ist auch die Begründung der Unerläßlichkeit des staatlichen Monopols[111]. Sie führt nicht unausweichlich zu dem Schluß, „daß Vermittlung und ... Arbeitsmarktpolitik in einer Hand liegen müssen"[111]. Ausschlaggebend für die Rechtfertigung des Monopols erscheint bei dem beschriebenen Ausgangspunkt der Überlegungen des Gerichts doch allein die Frage, „ob die staatliche Arbeitsvermittlung bei einer künftigen Massenarbeitslosigkeit auch dann noch funktionsfähig wäre, wenn ihr in normalen Zeiten eine erhebliche Konkurrenz gemacht würde"[111]. Gerade das kann aber doch im Hinblick auf die finanzielle und personelle Ausstattung der Bundesanstalt angenommen werden. Nur wenn das nicht der Fall wäre, könnte das Monopol als unabwendbares Mittel zur Abwehr einer Gefährdung des beschriebenen Gemeinschaftsgutes angesehen werden.

Dem Prinzip der Proportionalität gesetzlicher Maßnahmen entsprechend wäre das Monopol als schärfster Eingriff, das heißt als Ausschluß jeder privaten gewerblichen Betätigung auf dem Gebiet der Arbeitsvermittlung nur dann zu rechtfertigen, wenn die vom Stellenvermittlungsgewerbe ausgehende Gefährdung der Arbeitsuchenden nicht durch weniger starke Eingriffe, also Zugangsregelungen für private Stellenvermittler, beseitigt werden könnte[112]. Das aber wird nach den vorangegangenen Untersuchungen für möglich gehalten, und zwar aus folgenden Gründen:

Erstens haben sich die sozial- und wirtschaftspolitischen Rahmenbedingungen erheblich zugunsten der Arbeitsuchenden verbessert und damit deren Gefährdung tendenziell verringert, wie noch im einzelnen darzulegen ist;

zweitens ist die mangelnde Marktübersicht als wichtige Voraussetzung für die Entstehung von Machtstellungen der Vermittler verbesserungsfähig, also kein unveränderliches „Datum", und schließlich ist im Gegensatz zu früher eine

[111] Vergleiche Bull, S. 565.
[112] Vergleiche Bethge, S. 221 ff.

öffentliche und kostenlose Arbeitsvermittlung als Alternative vorhanden. Aus diesen Gründen erscheint das Monopolrecht zur Sicherstellung des sozialen Schutzes nicht zwingend erforderlich. Unzweifelhaft nimmt die öffentliche Vermittlung, die aber nicht zwangsläufig ein Alleinvermittlungsrecht voraussetzt, eine unerläßliche soziale Schutzfunktion wahr. Sie soll deshalb beibehalten werden.

Andererseits ist zu bedenken, daß das Monopolrecht, wie gezeigt, bemerkenswerte Nachteile für die Nachfrager nach Vermittlungsdiensten mit sich bringt. Erstrebenswert wäre daher im Interesse der Nachfrager eine Lösung, die einerseits den sozialen Schutz der Arbeitsuchenden durch eine öffentliche, kostenlose Vermittlung auch ohne Monopolrecht gewährleisten kann, andererseits aber die Nachteile des Arbeitsvermittlungsmonopols nicht mehr in sich birgt. Dabei muß der Schutz der Arbeitsuchenden als unabdingbares Erfordernis durch entsprechende Maßnahmen gewährleistet bleiben. Innerhalb dieser Grenzen werden die folgenden Vorschläge zur Verbesserung der Marktverhältnisse auf dem Stellenvermittlungsmarkt gemacht.

DRITTER TEIL

Vorschläge zur Verbesserung der Marktverhältnisse auf dem Markt für Stellenvermittlung

Neuntes Kapitel: Das Konzept

Die Ergebnisse dieser Studie legen es nahe, für eine bessere Versorgung des Marktes für Stellenvermittlung folgendes vorzuschlagen: Das Alleinvermittlungsrecht der Bundesanstalt sollte aufgehoben werden. Dagegen sollte die staatliche Vermittlungspflicht, und zwar die Pflicht zur grundsätzlich kostenlosen staatlichen Vermittlung für ausnahmslos alle Berufe beibehalten werden.

Es sollte ein gesetzlich geregeltes Nebeneinander von öffentlicher und privater Vermittlung geben. Hierbei müßte dem aus der historischen Erfahrung heraus als gewichtig einzustufenden Schutzbedürfnis der Nachfrager nach Vermittlungsdiensten, insbesondere der Arbeitsuchenden, unbedingt Rechnung getragen werden. Die privaten Stellenvermittler wären einer noch im einzelnen zu beschreibenden Überwachung zu unterwerfen.

Die vorgeschlagene Lösung des Nebeneinander von privater und öffentlicher Vermittlung erscheint insofern erstrebenswert, als sie die gekoppelten Vorteile einer zentralen, übergreifenden, staatlich geförderten Aufgabenerfüllung mit sozialer Schutzfunktion durch die Bundesanstalt für Arbeit mit der Initiative, der Flexibilität, dem Einfallsreichtum und der größeren Effizienz der Privaten verbinden würde. Sie würde als Mittelweg zwischen vollkommenem staatlichen Monopol und ausschließlich privater Vermittlung zugleich die Nachteile beider Anbietertypen — Schwerfälligkeit und mangelnde Impulse bei der Bundesanstalt und mögliche Gefahr der Unzuverlässigkeit, der unzureichenden Qualifikation, der „Ausbeutung" bei privaten Vermittlern — abschwächen. Außerdem würde diese Konstellation mit ziemlicher Gewißheit einen Ansporn für beide Anbietertypen bedeuten. Die beschriebene Lösung erscheint deswegen naheliegend, weil, vereinfacht gesagt, die Vorteile des einen Anbietertyps zugleich die Nachteile des anderen und umgekehrt sind.

Bei dem beschriebenen Konzept sind hinsichtlich des Schutzbedürfnisses der Arbeitsuchenden die folgenden Überlegungen miteinzubeziehen: Es ist zu vermuten, daß die in der Vergangenheit beobachteten Übervorteilungen der Arbeitsuchenden durch private Vermittler aus vielen Gründen im allgemeinen nicht mehr in gleichem Maße drohen dürften wie damals. Vor allem wirkt die heute vorhandene, kostenlose Vermittlungsalternative durch die Bundesanstalt als „Gefahr", daß im Falle unseriösen Verhaltens der privaten Vermittler deren Nachfrager zur öffentlichen Vermittlung abwandern. Dafür ist allerdings Voraussetzung, daß die Bundesanstalt Dienstleistungen in entsprechender Qualität anbieten kann. Ein weiterer wichtiger Gesichtspunkt ist in diesem Zusammenhang das Vorhandensein der Sozialversicherung: Die Leistungen aus der Arbeitslosenversicherung, die der größte Teil der Arbeitnehmer in Anspruch nehmen kann, verhindern jedenfalls, daß im Falle von Arbeitslosigkeit eine Existenzbedrohung der Arbeitsuchenden auftritt. Vor der Einführung der Sozialversicherung dagegen waren die arbeitslosen Arbeitnehmer aus Existenzgründen unbedingt darauf angewiesen, entweder durch Selbstsuche oder mit Hilfe der Vermittler unverzüglich eine Stelle zu finden. Dieser vergleichsweise sehr starke „Angebotsdruck" der Arbeitsuchenden war, verstärkt durch die schlechte Marktübersicht, eine der wichtigsten Voraussetzungen dafür, daß Arbeitsuchende in außerordentlich nachteilige Abhängigkeitsverhältnisse von privaten Stellenvermittlern geraten konnten. Heute dagegen verschafft neben der öffentlichen Vermittlung das im Vergleich zum vergangenen Jahrhundert wesentlich verbesserte Informationswesen dem Arbeitsuchenden einen besseren Marktüberblick und unterrichtet ihn über seine Rechte. Das ausgebaute Verkehrswesen mildert sein Angewiesensein auf lokale Arbeitsmärkte; es erschließt ihm bei gegebenem Wohnort mehr Arbeitsmöglichkeiten in einem regionalen Arbeitsmarkt. Die Einkommen der Arbeitnehmer haben sich im Vergleich zu den Löhnen des vergangenen Jahrhunderts, die häufig nur in der Nähe des Existenzminimums lagen, erheblich erhöht. Dieser Umstand verleiht, verstärkt durch den verbesserten physischen Zustand (geringere Arbeitszeit, bessere medizinische Versorgung), den Arbeitsuchenden größere psychische „Widerstandskraft" und schwächt mögliche Abhängigkeiten. Darüber hinaus unterstützen die Gewerkschaften ihre Mitglieder bei der Wahrnehmung ihrer Rechte. Die Möglichkeit der Selbstsuche wirkt als Regulativ gegen Mißbräuche[1]. Hinzu kommt die vergleichsweise wesentlich günstigere und auch langfristig kontinuierlichere Beschäftigungslage, die mit Hilfe des verbesserten konjunkturpolitischen Instrumentariums erhalten werden kann.

Trotzdem ist zu berücksichtigen, daß im Bereich einiger beruflicher Teilmärkte, insbesondere bei den künstlerischen Berufen, Übervorteilung und Abhängigkeiten von privaten Vermittlern nach wie vor zu beobachten sind. Diese Mißstände werden aber in erster Linie durch die Besonderheiten der betreffenden Teilarbeitsmärkte (schlechte Marktübersicht, Heterogenität der Arbeitsleistungen) und durch das Verhalten der Arbeitgeber, also der Theaterintendanten, ermöglicht. Eine Verhinderung von Mißständen auf diesen Teilmärkten setzt daher nicht notwendigerweise die Abschaffung der gewerblichen Stellenvermittler, sondern neben einer ausreichenden Kontrolle die Beseitigung der geschilderten Ursachen voraus. Das bedeutet, daß einerseits die Marktübersicht dieser Berufsgruppen erhöht, andererseits die faktische Bindung von Intendanten an Künstlervermittler verhindert werden müßte, wie noch auszuführen ist. Ohne die Unterstützung und Mitwirkung der Theaterleiter wäre der Aufbau

---

[1] Erwähnenswert ist in diesem Zusammenhang, wie einzelne Arbeitnehmer mit eigenen Vermittlungsorganisationen zur Selbsthilfe, das heißt zum „Eigen-Management" greifen, wenn sie weder die private noch die öffentliche Vermittlung zufriedenstellt. So haben Schauspieler in München legal ein eigenes Sekretariat in Form einer Gesellschaft bürgerlichen Rechts gegründet, das die 15 Mitglieder unterhalten und das sie exklusiv vermittelt. — Vergleiche Weidner, Wulf, Eigenmanagement, in: Die Deutsche Bühne, Theatermagazin, Köln 1971, Heft 5.

von Machtstellungen einzelner Künstlervermittler nahezu unmöglich gewesen, da die erstgenannten als Arbeitgeber, wie beschrieben[2], die wichtigste Voraussetzung für die Entstehung eines „closed shop" darstellen.

Es läßt sich nicht voraussagen, ob und in welcher Form die bei den künstlerischen Berufen beobachteten Gefahren der Abhängigkeit auch in den neu zuzulassenden Vermittlungsgebieten auftreten werden. Grundsätzlich ist es allerdings durchaus denkbar, daß sich in Spezialbereichen durch die Kennerschaft besonders gut informierter privater Vermittler neue Abhängigkeiten herausbilden könnten. Allerdings ist zu bedenken, daß ein „offener" Markt erfahrungsgemäß weniger Umgehungen herausfordert und auch offiziell zugelassene private Vermittler besser überwachbar macht[3].

Zum anderen läge es an der Bundesanstalt, im Sinne ihres sozialen Schutzauftrages — und nicht nur der Effizienz — durch eigene Leistung zu verhindern, daß private Leistungsmonopole hochqualifizierter Spezialvermittler entstehen könnten.

Den bekannten und möglichen Gefahren für die Nachfrager nach Vermittlungsdiensten, insbesondere für die Arbeitsuchenden, soll mit den im folgenden Kapitel zusammengestellten Maßnahmen begegnet werden.

Zehntes Kapitel: Die Vorschläge

1. Vorschläge zur Ausgestaltung des Nebeneinander staatlicher und privater Arbeitsvermittlung

a) Die Arbeitsvermittlung der Bundesanstalt

Die Bundesanstalt sollte, grundsätzlich betrachtet, die Arbeitsvermittlung im gleichen Umfang wie bisher, wenn auch

---

2 Vergleiche dazu S. 166.

3 So vertreten Sachkenner der Industrie- und Handelskammern die Auffassung, daß Mißstände in Bereichen, die Marktzugangsbeschränkungen unterlagen, in der Vergangenheit auffällig abgenommen haben, sobald diese Marktsperren aufgehoben wurden.

ohne Monopolschutz, weiterführen. Sie sollte die Unentgeltlichkeit ihrer Leistungen im Hinblick auf den sozialen Aspekt ihrer Aufgabe beibehalten. Sie sollte die wichtige Rolle der staatlichen „Zwangsalternative" zur privaten Vermittlung übernehmen, die aber nicht mit der Unterdrückung der privaten Alternative, der materiellen Diskriminierung der neuen Konkurrenz, gekoppelt sein darf. Sie sollte nach wie vor verpflichtet sein, für jeden, der sie als Arbeitsvermittler in Anspruch nimmt, tätig zu werden.

Daraus ergeben sich folgende Forderungen an die Bundesanstalt:

(1) Die Bundesanstalt müßte danach trachten, in *allen* Teilbereichen der Vermittlung als leistungsfähiger Anbieter aufzutreten. Sie muß auch solche Bereiche, die ihr vielleicht im Augenblick noch nicht bekannt oder wichtig sind, unter Umständen in Form des „nachstoßenden Wettbewerbs", versorgen. Gleichwohl sollte sie aber nach wie vor die Grundbedürfnisse der Vermittlung der „Normalberufe" abdecken, die von der Zahl her die größte Bedeutung haben.

Die Forderung nach verbesserter Ausstattung und nach Vermittlungsleistungen der Bundesanstalt auf allen Teilvermittlungsmärkten ist zweifach zu begründen:

(a) Eine voll konkurrenzfähige Bundesanstalt verhindert das mögliche Entstehen privater wirtschaftlicher Teilmonopole, und

(b) sie trägt der Verwirklichung des Gleichheitsgrundsatzes, der ein Tätigwerden der Bundesanstalt in allen Bereichen der Arbeitsvermittlung fordert, Rechnung.

(2) Die Vermittlung ist in personeller und qualitativer Hinsicht zu verbessern. Dazu gehörte zunächst, worum die Bundesanstalt sich bereits bemüht, eine Vergrößerung des Personalbestandes an Vermittlern, die dann für den einzelnen Vermittlungsfall mehr Zeit aufwenden könnten. Die Vermittlungsleistung würde dadurch individueller, weniger genormt und erfolgreicher sein können.

Erwägenswert wäre in diesem Zusammenhang, ob man den Vermittlern der Bundesanstalt, die in bestimmten Bereichen tätig sind, einen finanziellen Leistungsanreiz in Form von Prämien für eine besonders erfolgreiche Vermittlungstätigkeit geben sollte. Es kämen dafür solche Bereiche in Frage, in denen die „normalen" Vermittlungsanstrengungen nicht zum Erfolg führen und in denen deshalb besonders intensive Bemühungen, beispielsweise ohne Rücksicht auf die Arbeitszeit, nötig sind, etwa im Bereich der Blinden oder sonstiger schwervermittelbarer Arbeitsuchender oder auch der Künstler- und Führungskräftevermittlung. Haushaltsrechtlich dürften in diesem Zusammenhang keine Schwierigkeiten bestehen. Die Regelung hätte allerdings den Nachteil, daß man damit bestimmte Vermittler bevorzugen würde; mit Sicherheit ergäbe sich aber eine positive Anspornwirkung.

In qualitativer Hinsicht müßte durch Schulungen, Organisationsmaßnahmen und so weiter erreicht werden, daß die öffentliche Vermittlung noch weniger bürokratisch und schneller würde. Die Entwicklung ist in der Bundesanstalt in dieser Richtung bereits im Gange. Die geplante „Computerhilfe" bei der öffentlichen Vermittlung könnte, entsprechend eingesetzt, auch dahin wirken, die Vermittlungsleistungen zu beschleunigen und zu steigern.

(3) Hinsichtlich ihrer „Dienstleistung" Arbeitsvermittlung müßte die Bundesanstalt den Akzent von der hoheitlichen Leistungsgewährung auf das absatzorientierte Denken verlagern. Sie müßte dazu ähnliche Überlegungen anstellen wie die Privatindustrie: „Growth in the employment agency field depends on much the same factors as apply to other industries, namely, the creation of a good product ... and the development of the most effective approach to the market[4]."

(4) Die Gesamtkosten ihrer Vermittlung sollten nach streng betriebswirtschaftlichen Gesichtspunkten ermittelt werden.

---

[4] Hurst, Eric, A growing economic need, in: Employment Agencies, A Special Report, The Times, London, October 2, 1970, S. II.

Möglicherweise ließen sich von hier aus weitere Ansatzpunkte zur Rationalisierung ihrer Tätigkeit gewinnen.

(5) Als weitestgehender Eingriff wäre schließlich die Herauslösung der Arbeitsvermittlung aus der Bundesanstalt und ihre Verselbständigung, etwa in Form einer privatrechtlichen Gesellschaft, zu erwägen. Ein Vorbild dafür könnte beispielsweise der Deutsche Entwicklungsdienst e. V. sein, der mit dem Ziel größerer Flexibilität und Praxisnähe aus dem Entwicklungshilfe-Ministerium ausgegliedert ist. Auch bei der öffentlichen Arbeitsvermittlung ist es denkbar, daß eine privatrechtliche Organisationsform mit einer leistungsbezogenen Struktur die Voraussetzungen für eine Beschleunigung der Entscheidungsprozesse, eine Erhöhung der Leistungsfähigkeit und Praxisnähe, eine größere Durchsichtigkeit und damit letztlich für eine Verbesserung der Effizienz schafft. Die zivilrechtliche Konstruktion wäre auch deshalb von Vorteil, damit „Management" und Vermittler im Rahmen der geltenden Vorschriften leistungsbezogen besoldet werden könnten.

b) Maßnahmen zum Schutze der Arbeitsuchenden vor Übervorteilung durch private Vermittler

aa) Die Tätigkeit der privaten Vermittler

Die privaten Vermittler sollten grundsätzlich auf allen Teilgebieten des Marktes für Stellenvermittlung ohne Beschränkung auf bestimmte räumliche oder berufliche Teilmärkte als Vermittler im rechtlichen Sinne tätig werden können. Eine Begrenzung auf die Vermittlung bestimmter Berufsgruppen wie bisher bei den Künstleragenten, die nur für einzelne Bereiche wie „Oper", „Schauspiel" oder „Fernsehen" und höchstens durch Anschlußaufträge sehr bedingt für anschließende Teilmärkte tätig werden können, erscheint ebenso wie eine räumliche Abgrenzung eines Vermittlungsbereichs unzweckmäßig. Beides würde den „Wettbewerb als Entdeckungsverfahren" einschränken. So wäre es beispielsweise denkbar, daß sich ein Vermittler darauf spezialisieren könnte, Arbeitsuchende der unterschiedlichen Berufe, die in einem Notstandsgebiet keine Arbeitsplätze finden können, in ein relativ nahe gelegenes Ballungszentrum zu vermitteln. Durch besondere Zusatzleistungen wie Organisation einer Omnibusverbindung für diesen Einpendlerverkehr oder ähnliches könnte er möglicherweise den Arbeitsuchenden die Beibehaltung ihres bisherigen Wohnortes ermöglichen. Wäre dieser Vermittler auf einzelne Berufsgruppen und einen bestimmten Raum beschränkt, die vom Umfang her so begrenzt wären, daß der gedachte Busverkehr unrentabel wäre, würde diese Vermittlungsmöglichkeit für Vermittler und Arbeitsuchende ausscheiden. Viele andere Möglichkeiten, die von einem Vermittler mit Spezialkenntnissen „entdeckt" werden könnten und auf die man gar nicht ohne weiteres käme, sind denkbar.

Diesem Vorschlag könnte entgegengehalten werden, daß man zum Schutze der Arbeitsuchenden von einer Beschränkung der Tätigkeit der Vermittler auf abgegrenzte Bereiche nicht absehen könne, da gute Marktübersicht und Spezialkenntnisse immer nur für Teilmärkte zu erlangen seien.

Bei dieser an sich richtigen Begründung ist allerdings zu bedenken, daß ein privater Vermittler, der sich niederlassen möchte, das unternehmerische Risiko nur dann auf sich nehmen wird, wenn er sich wegen besonderer Kenntnisse beruflichen Erfolg verspricht. Er wird sich daher mit ziemlicher Wahrscheinlichkeit nur dann um eine Zulassung als Vermittler bemühen, wenn und soweit er einen „Leistungsvorsprung" gegenüber anderen Konkurrenten, insbesondere der kostenlosen öffentlichen Vermittlung, zu haben glaubt. Das bedeutet, daß er sich auf wenige Bereiche der Vermittlung konzentrieren muß und wird, auf denen er über besonders gute Marktübersicht und Kennerschaft verfügt. Nur dann hat er Chancen, sich auf dem Markt zu behaupten. Aus diesen Überlegungen läßt sich daher eine Begrenzung der Vermittlertätigkeit im Interesse der Arbeitsuchenden nicht rechtfertigen.

Zum Schutze der Arbeitsuchenden müßte allerdings die Tätigkeit der privaten Vermittler an eine Zulassungsprüfung hinsichtlich ihrer Zuverlässigkeit und Sachkunde gebunden sein. Wäre auf diesem Markt die Marktübersicht der Nachfrager so groß, daß sachunkundige und unzuverlässige Anbieter keine Chancen hätten, könnte von einer solchen behördlichen Überprüfung abgesehen werden. Wegen der geschilderten Besonderheiten des Stellenvermittlungsmarktes erscheint aber trotz der noch zu schildernden Einwände gegen das Instrument „Sachkundenachweis" eine solche Prüfung angebracht. — Eine Bedürfnisprüfung ist wegen ihrer wettbewerbsbeschränkenden Natur abzulehnen.

Der Schutz der Arbeitsuchenden vor Übervorteilung durch private Vermittler und vor Abhängigkeitsverhältnissen müßte nach zwei Richtungen hin ausgestaltet sein: Zum einen müßte er eine Gefährdung der Arbeitsuchenden durch unseriöse Vermittler weitgehend ausschließen; zum anderen müßten die Entstehung und der Mißbrauch von Marktmacht nicht mehr möglich sein. Hierzu werden die folgenden Einzelmaßnahmen vorgeschlagen.

bb) Einzelmaßnahmen zum Schutze der Nachfrager

Zunächst sollen die Maßnahmen dargestellt werden, die unmittelbar den Schutz der Arbeitsuchenden vor Übervorteilung sicherstellen sollen. Hierzu werden die folgenden Vorschriften empfohlen:

(1) Schriftform für den Vermittlungsauftrag, für den gesetzliche Mindestbedingungen (Kündigungsrecht, Gebühren, Verbot einer Einschreibgebühr, Verbot des Exklusivvertrages, Freiheit von der Leistungspflicht bei selbstvermitteltem Arbeitsverhältnis) vorzuschreiben wären.

(2) Bessere Information der Arbeitsuchenden über ihre Rechte, beispielsweise durch obligatorische Überreichung eines Formulars durch den beauftragten Vermittler bei Auftragserteilung, dessen Empfang quittiert und von der Aufsichtsbehörde regelmäßig stichprobenweise kontrolliert werden müßte. Dieses Formular müßte im einzelnen (a) über die Rechte und Pflichten des auftraggebenden

Arbeitsuchenden oder Arbeitgebers, die alternative kostenlose Vermittlungsmöglichkeit bei der Bundesanstalt in leicht verständlicher Form, nicht in juristischer Fachsprache, informieren;

(b) eine abtrennbare „Beschwerde"-Postkarte mit vorgedrucktem Text und Adresse der Aufsichtsbehörde enthalten, auf der der Auftraggeber bei Verdacht unkorrekten Verhaltens des Vermittlers nur die entsprechende Position, zum Beispiel „Ich mußte zu viel Vermittlungsgebühr bezahlen" anzukreuzen hätte und danach die Karte an die Aufsichtsbehörde absenden könnte. Die Aufsichtsbehörde müßte verpflichtet sein, jeden derartigen Beschwerdefall zu prüfen[5].

Zur Vermeidung irgendwelcher zukünftiger Nachteile für den Beschwerdeführer durch den Vermittler müßte die Vertraulichkeit hinsichtlich der Person des Geschädigten absolut gewahrt bleiben. Hierzu wäre es denkbar, daß bei geschädigten Arbeitsuchenden, die einer Gewerkschaft angehören, diese die Beschwerde zunächst ohne Namensnennung des Arbeitsuchenden an die Aufsichtsbehörde weiterleitet.

cc) Zur Frage des Sachkundenachweises

Für die erstmalige Aufnahme der Tätigkeit eines privaten Vermittlers sind drei Aspekte von besonderer Bedeutung: die Frage des Sachkundenachweises, der persönlichen Zuverlässigkeit und der aufsichtführenden Behörde. Diese Gesichtspunkte sollen im folgenden erörtert werden.

Die Forderung nach einem Sachkundenachweis wird nicht ohne Bedenken erhoben, da dieser mit erheblichen Nachteilen verbunden ist. Einerseits stellt er materiell eine Marktzugangsbeschränkung dar, gegen deren Gebrauch in dieser Studie grundsätzliche Einwände erhoben werden. Zum ande-

---

5 Von einer derartigen Regelung könnten ähnliche Schutzwirkungen für die Nachfrager ausgehen wie zum Beispiel von dem vorgeschriebenen Beschwerdebuch in spanischen Hotels. Hier führen Beanstandungen gegebenenfalls zum Entzug der Konzession.

ren bietet er, sobald er erteilt ist, als Einzelmaßnahme nur geringen Schutz vor Mißbräuchen, wie die Erfahrung lehrt.

Aus diesen Überlegungen wäre im Falle von Unregelmäßigkeiten die Gewerbeuntersagung nach Paragraph 35 der Gewerbeordnung vorzuziehen. Sie behindert einerseits nicht den Marktzutritt und ist andererseits als eine gewichtige gesetzliche Drohung, die bei Anwendung im Mißbrauchsfalle gleichbedeutend mit der Existenzvernichtung des Betroffenen ist, anzusehen. Der Haupteinwand gegen die Zweckmäßigkeit dieser Vorschrift besteht nun allerdings nach Ansicht von Sachkennern darin, daß dieser Paragraph „ein stumpfes Schwert" sei. Einerseits träfe die Verwaltungsbehörden die Beweislast, die, wie bekannt, bei den sogenannten „White-collar"-Delikten erhebliche Schwierigkeiten aufwerfe. Andererseits führe das Untersagungsverfahren in der Mehrzahl der Fälle zu Prozessen der Betroffenen gegen die beantragenden Behörden, die dann außer der Beweislast auch die Pflicht zur Rechtfertigung ihrer Entscheidung treffe. Das führe in der Praxis dazu, daß die Möglichkeit der Gewerbeuntersagung bei Unregelmäßigkeiten kaum oder, wenn überhaupt, viel zu schleppend genutzt würde. In der Zwischenzeit könne der unseriöse Gewerbetreibende weiterhin neue Delikte begehen. Solange in der Verwaltungspraxis keine entsprechende Änderung eintritt, erscheint es daher zweckmäßig, den Sachkundenachweis als „das kleinere Übel" zum — wenn auch völlig anders gearteten — Schutz der Arbeitsuchenden vorzuschlagen.

Sein Vorzug besteht unter anderem darin, daß zum Zeitpunkt der Ablegung des Sachkundenachweises der Bewerber ein gewisses Mindestmaß an Kenntnissen vorweisen muß, die sich allerdings bei schneller Entwicklung des betreffenden Marktes innerhalb einiger Zeit entwerten können. In diesem Falle würde der Markt aber eine Anpassung der Kenntnisse erzwingen oder den Anbieter ausschalten. Vorteil des Sachkundenachweises wäre eben, daß der Nachfrager bei einem Anfänger *mit* Sachkundenachweis nicht den Erwerb von dessen allerersten Kenntnissen „bezahlen" muß. Im Einzelfall kann der Sachkundenachweis auch wegen des Zeitaufwandes für den Erwerb der Sachkenntnis als „Filter" solche Bewerber, die schnell und nur vorübergehend in einer Branche Geld verdienen möchten, abschrecken. Der Nachweis stellt also insofern einen gewissen Schutz vor ungeeigneten Anbietern dar.

Der Sachkundenachweis könnte als erbracht angesehen werden, wenn der Bewerber in einer Zulassungsprüfung vor der noch zu schildernden Aufsichtsbehörde die ausreichende Kenntnis der für die Vermittlung relevanten Vorschriften nachweist. Hierbei müßte der zukünftige Vermittler insbesondere mit den folgenden Rechtsvorschriften vertraut sein:

(1) Gesetzliche Bestimmungen im Bereich des Arbeitsvertrags-, Steuer- und Sozialversicherungsrechts, soweit sie für die Vermittlung von Bedeutung sind,

(2) Kenntnis der alternativen kostenlosen Vermittlungsmöglichkeiten der Bundesanstalt und der diesbezüglichen Rechtsvorschriften,

(3) Kenntnis der Gebührenordnung für private Vermittler und der sonstigen, die private Vermittlung betreffenden gesetzlichen Bestimmungen,

(4) Vorschriften über die eventuell notwendige Einholung einer Aufenthalts- und Arbeitserlaubnis.

Hinsichtlich des Umfangs der zum Schutze der Arbeitsuchenden erforderlichen Kenntnis der einschlägigen Vorschriften ist davon auszugehen, daß der zukünftige Vermittler dann als sachkundig anzusehen ist, wenn er Kenntnisse nachweist, die 1. für die „normale" Vermittlung als ausreichend anzusehen sind und die 2. erwarten lassen, daß den Arbeitsuchenden keine Nachteile aus Unkenntnis des Vermittlers hinsichtlich der einschlägigen Vorschriften entstehen.

Die Prüfungsanforderungen dürfen andererseits nicht so hoch sein, daß auf diesem Wege eine materielle Zugangsbeschränkung für private Vermittler errichtet wird.

dd) Aufsichtsbehörde

Mit der Abnahme der Sachkundeprüfung ebenso wie mit der laufenden Dienstaufsicht über die privaten Stellenvermittler müßte eine neu zu schaffende Stelle, etwa bei Bundes- oder Landesarbeitsministerien, beauftragt werden.

Zunächst erscheint es naheliegend, die Bundesanstalt wegen ihrer Sachkenntnis mit der Zulassungs- und Überwachungsaufgabe zu betrauen, die sie auch jetzt hinsichtlich der beauftragten Künstlervermittler ausübt. Dieser Zuordnung steht aber die folgende Überlegung entgegen: Nach der vorgeschlagenen Aufhebung des Monopolschutzes für die Bundesanstalt werden die privaten Vermittler im Gegensatz zu der jetzigen Regelung, bei der sie „der Ergänzung der Vermittlung der Bundesanstalt" dienen, zu mehr oder weniger gleichberechtigten Konkurrenten der öffentlichen Vermittlung. Wegen dieses Konkurrenzverhältnisses erscheint es unzweckmäßig, der Bundesanstalt die Aufsicht über die Mitbewerber zu überantworten. Eine solche Konstellation würde gegebenenfalls die Bundesanstalt nahezu zwangsläufig in einen Interessenkonflikt bringen, der sich sowohl in zu hohen als auch zu niedrig angesetzten Anforderungen an die Konkurrenten bei der Aufsicht und Prüfung niederschlagen könnte. Aus diesem Grunde ist die eingangs vorgeschlagene Beauftragung einer neutralen Stelle mit der Beaufsichtigung vorzuziehen. Sie birgt gleichwohl den Nachteil einer weiteren Vergrößerung der Verwaltung in sich, erscheint aber wegen des Vorzugs der Unparteilichkeit unumgänglich.

Es wäre auch denkbar gewesen, anstelle der neu zu schaffenden Stelle die Sachkundeprüfung beispielsweise einer sogenannten gemischten Kommission bei den Industrie- und Handelskammern zu übertragen. Da diese Kommission aber nicht die laufende Überwachung ausüben könnte, andererseits die Zusammenfassung von Prüfung und Aufsicht bei einer Stelle zweckmäßig erscheint, wurde von dieser Regelung zugunsten des obigen Vorschlags abgesehen.

ee) Aufsicht

Die Dienstaufsicht müßte sich auch auf die persönliche Zuverlässigkeit des Vermittlers, insbesondere auf mögliche

Vorstrafen und anhängige Gerichtsverfahren erstrecken. Hierzu müßte eine Meldepflicht eingeführt werden, die sicherstellt, daß Gerichtsverfahren gegen Vermittler wegen einschlägiger Delikte, wie Betrug, Unterschlagung, Nötigung, Meineid oder ähnliches der Aufsichtsbehörde mitzuteilen sind, sobald solche Gerichtsverfahren anhängig geworden sind. Eine anschließende Bestrafung wegen eines im Hinblick auf den Schutz der Arbeitsuchenden erheblichen Delikts müßte die Entziehung der Zulassung des Vermittlers zur Folge haben.

Der Aufsichtsbehörde müßte auch die Prüfung und Feststellung eventueller Vorstrafen des Vermittlers obliegen. Zum Nachweis der persönlichen Zuverlässigkeit könnte ein Zeugnis darüber verlangt werden, daß der Bewerber, der als Vermittler zugelassen werden möchte, nicht wegen Delikten vorbestraft ist, die in diesem Zusammenhang von Bedeutung sind. Liegen entsprechende Vorstrafen vor, müßte wegen der großen Gefahr erneuter Unzuverlässigkeit die Zulassung versagt werden.

Zum Umfang der laufenden Dienstaufsicht ist folgendes anzumerken: Die Dienstaufsicht der für die privaten Vermittler zuständigen Aufsichtsbehörde müßte intensiviert werden. Das gilt im übrigen bereits für die heutige Situation, wo offenbar nur bei Beschwerden oder begründetem Verdacht die „beauftragten" Vermittler kontrolliert werden, während die „normale" Dienstaufsicht, vermutlich wegen Personalmangels, offensichtlich sehr großzügig gehandhabt wird.

Eine umfassendere, beispielsweise jährliche Routineprüfung der Vermittler (analog der Betriebsprüfung der Finanzämter) erschiene zweckmäßig. Sie sollte die Prüfung der relevanten Geschäftsunterlagen, wie der durchnumerierten Aufträge, die in einem Buch einzutragen wären, und der Belege über die dazugehörigen Einnahmen (wegen der Provisionshöhe) auf ihre Rechtmäßigkeit hin umfassen[6].

---

[6] In Belgien sind die gewerbsmäßigen Stellenvermittler beispielsweise verpflichtet, Arbeitsuchende und Arbeitgeber, die ihre Dienste in Anspruch nehmen, in Karteien zu erfassen, über die Vermittlungen und Entgelte Buch zu führen und diese Unterlagen jeden Monat dem zuständigen Ministerium vorzulegen. Vergleiche EWG-Kommission, Studie, S. 126.

Das würde zweifelsohne einen Personalmehraufwand bei der Aufsichtsbehörde nach sich ziehen, der aber der Preis für den intensiveren Wettbewerb auf diesem Markt wäre. Er wäre zugleich ein erheblicher Eingriff in die geschäftliche Sphäre des Vermittlers, erscheint aber wegen der beschriebenen historischen Erfahrungen auf dem Gebiet der privaten Stellenvermittlung unerläßlich.

ff) Zur Gebührenordnung

Der vorgeschlagene Übergang von der Monopolisierung der Arbeitsvermittlung zum Wettbewerb zwischen öffentlicher und privater Vermittlung würde konsequenterweise auch die Intensivierung des Preiswettbewerbs einschließen. Es stellt sich daher die Frage, ob der Staat die bisherige Gebührenordnung, auch für die neu hinzukommenden Vermittler, beibehalten oder ganz auf sie verzichten sollte.

Ein wirksamer Preiswettbewerb könnte sich preissenkend und damit zum Vorteil der Nachfrager auswirken. Demgegenüber wäre es allerdings auch nicht völlig auszuschließen, daß Preiserhöhungen eintreten könnten. Im letzteren Fall ist jedoch in Betracht zu ziehen, daß bei Preiserhöhungen privater Vermittler noch immer die kostenlose Vermittlungsalternative der Bundesanstalt beziehungsweise die Möglichkeit zur Selbstsuche vorhanden wäre. Die privaten Vermittler müßten daher mit einer Abwanderung der Nachfrage zur öffentlichen Vermittlung zumindest in solchen Bereichen rechnen, in denen die Nachfrager die Vermittlungsleistung der Bundesanstalt als vergleichbar und zweckmäßig ansehen. Diese Voraussetzung ist aber, wie dargelegt, nicht auf allen Teilmärkten gegeben. Auch unter diesem Gesichtspunkt ist infolgedessen die Verbesserung der öffentlichen Vermittlungsleistung von Bedeutung.

Preisvorschriften, das heißt „Gebührenordnungen", werden in der Regel mit zwei Argumenten begründet[7]. Einerseits sollen sie schwächere Nachfrager vor „Ausbeutung" durch

---

[7] Vergleiche Meinhold, Helmut, Preis (III), HdSW, Band 8, S. 500 ff.

die Anbieter schützen; andererseits soll die Gebührenordnung dazu dienen, den Anbietern ein „angemessenes" Einkommen zu gewährleisten. Dabei wird unterstellt, daß das „angemessene" Einkommen die Anbieter in die Lage versetzt, den betreffenden Markt ausreichend und störungsfrei zu versorgen. Beide Argumente haben bei der Festlegung der Gebührenordnung für die gewerblichen Vermittler eine, wenn auch unterschiedliche Rolle gespielt[8]. Der Gedanke, die Arbeitsuchenden zu schützen, stand wegen der historischen Erfahrung eindeutig im Vordergrund.

Bei der Entscheidung für oder gegen die Beibehaltung einer staatlichen Gebührenordnung für private Vermittler sind also zwei Aspekte, die beide zum Vorteil der Nachfrager wirksam werden können, gegeneinander abzuwägen: zum einen eine Gebührenordnung als Schutz vor Preiserhöhung und „Ausbeutung", zum anderen Preiswettbewerb mit der Möglichkeit der Preissenkung.

Berücksichtigt man, daß

(1) der Schutz der Arbeitsuchenden ein Argument mit schwerem Gewicht ist,

(2) einzelne Teilvermittlungsmärkte, wie dargelegt, durch extrem schlechte Marktübersicht gekennzeichnet sind, auf denen durch den ersatzlosen Wegfall einer Gebührenordnung als Orientierungshilfe die Unsicherheit der Nachfrager noch erhöht würde,

(3) vor allem die Gebührenordnung als Höchstpreisvorschrift eine Preissenkung durchaus zuließe[9], insofern einem Preiswettbewerb also nicht entgegenstünde,

so erscheint die Beibehaltung der Gebührenordnung, und zwar für alle Teilmärkte, empfehlenswert.

Es wird deshalb vorgeschlagen, für die *Grundleistung* „Vermittlung" die prozentualen Gebührensätze der 10. Durch-

[8] Vergleiche 10. Verordnung zur Durchführung des AVAVG, insbesondere Paragraph 1 und Paragraph 10.

[9] Paragraph 10 der genannten Verordnung spricht hinsichtlich der einzelnen Gebührensätze jeweils von „b i s z u . . . vom Hundert". Sperrung von der Verfasserin.

führungsverordnung zum AVAVG für alle privaten Vermittler verbindlich als Höchstpreisvorschrift zu übernehmen.

Zusätzliche komplementäre Leistungen müßten frei vereinbart und liquidiert werden können, damit hier der Leistungsansporn erhalten bliebe. Das würde allerdings eine genaue Abgrenzung der Nebenleistungen erforderlich machen. Außerdem müßte die Vorschrift des Paragraphen 2 der genannten Verordnung, daß neben der Vermittlungsgebühr Vergütungen anderer Art nicht angenommen werden dürfen, entsprechend ergänzt werden.

Die Angreifbarkeit der vorgeschlagenen doppelten Gebührenregelung — einerseits Höchstpreisordnung, andererseits freier Preiswettbewerb — liegt auf der Hand. Der oben geforderte freie Marktzutritt für private Vermittler hätte konsequenterweise auch die Freigabe der Preise sowohl für die Grund- als auch für die möglichen Nebenleistungen der Vermittler impliziert. Andererseits wäre unter dem Aspekt des Schutzes der Arbeitsuchenden die Einbeziehung beider Leistungstypen in die Höchstpreisregelung logisch erschienen. Die letztgenannte Lösung hätte allerdings den Nachteil mangelnder Praktikabilität: Zum einen würde die Regelung möglicher Nebenleistungen eine umfangreiche Aufzählung und Abgrenzung der einzelnen Nebenleistungsarten erfordern. Zum anderen wäre diese Aufstellung insoweit unmöglich, als Zusatzleistungen, die der „Wettbewerb als Entdekkungsverfahren" hervorbringen könnte, nicht oder noch nicht bekannt sind. Außerdem würde eine solche Zusammenstellung das „Entdeckungsverfahren" ex definitione ausschließen.

Aus den geschilderten Überlegungen wird nach Abwägung der Vor- und Nachteile die „doppelte" Gebührenregelung vorgeschlagen. Die Teilvorschrift hinsichtlich der Grundleistungspreise erhöht die Durchsichtigkeit für die Nachfrager und die Kontrollierbarkeit der Vermittler. Sie birgt allerdings die Gefahr in sich, daß sich mögliche Abhängigkeiten der Arbeitsuchenden in überhöhten Preisen für die Nebenleistungen niederschlagen können. Um diesem möglichen Nachteil für die Nachfrager begegnen zu können, werden zwei zusätzliche Regelungen empfohlen:

(1) Sogenannte Kopplungsgeschäfte, das heißt die vom Vermittler geforderte gleichzeitige Beauftragung mit Grund- und Nebenleistungen der Vermittlung werden untersagt. Im Falle des Mißbrauchs, den der Nachfrager mit Hilfe der oben beschriebenen „Beschwerdepostkarte" ohne große Umstände der Aufsichtsbehörde mitteilen kann, droht dem privaten Vermittler der Lizenzentzug.

(2) Die vorgeschlagene doppelte Preisregelung wird aus Vorsichtsgründen nur als vorläufig angesehen, da zunächst Erfahrungen in „unbekanntem Gewässer" gesammelt werden müssen. Sollte sich nach einer gewissen Übergangszeit für das Einpendeln der freien Preise für Nebenleistungen herausstellen, daß Mißstände eintreten, insbesondere in Form von „überteuerten" Kopplungsgeschäften bei Abhängigkeitsverhältnissen, müßten auch diese Leistungsarten zum Schutze der Nachfrager in die Höchstpreisregelung miteinbezogen werden. Die Vermutung unerlaubter Kopplungsgeschäfte könnte dann als begründet angesehen werden, wenn die Routineprüfungen der Aufsichtsbehörde ergäben, daß einzelne Vermittler im Vergleich mit Konkurrenten nicht erklärbare, überdurchschnittlich hohe und regelmäßige Nebenleistungen erbringen. Es ist zu vermuten, daß die doppelte „Drohung" des Lizenzentzugs und der möglichen zusätzlichen Höchstpreisvorschrift für Nebenleistungen, die eine Einschränkung der Betätigungsfreiheit der Vermittler bedeutet, als Regulativ gegen diesbezügliche Mißbräuche wirken wird.

Solange allerdings noch keine schlechten Erfahrungen vorliegen, erscheint es im Hinblick auf das angestrebte breite Leistungsangebot auf dem Markt für Stellenvermittlung als zweckmäßig, leistungsfähigen Vermittlern die Möglichkeit zu neuartigen oder zusätzlichen Leistungen unter Preiswettbewerbsbedingungen zu geben.

Bezüglich der Höhe der Vermittlungsprovision sind folgende Gesichtspunkte von Bedeutung: Gegen die bisherige Höhe der Gebührensätze wird von Arbeitnehmerseite eingewandt, daß „eine Vermittlung, die Tausende einbrächte, einen Agenten bisweilen nur einen Telefonanruf koste".

Demgegenüber weisen die Agenten darauf hin, daß es diese Fälle wohl gäbe, man aber bedenken müsse, daß unter Umständen ein Agent einen solch gefragten Künstler oft jahrelang (bei kleinen Gagen und kleinen Provisonen) „aufgebaut" und in dieser Zeit, bezogen auf seinen Zeitaufwand, nicht kostendeckend vermittelt habe. Hier liege dann eben ein Fall langfristiger Gewinnmaximierung vor. Im übrigen sei der Künstler bei seiner Entscheidung, einen Vermittlungsauftrag zu erteilen, oder sich selbst ein Engagement zu suchen, rechtlich frei.

Ein Indiz dafür, daß die bisherigen Provisionssätze nicht so „unangemessen" sein können[10], ist der Umstand, daß sich im Bereich der Fernsehvermittlung, in dem, wie dargelegt, keine Preisvorschrift besteht, die Provisionen an der Höchstgrenze der zulässigen Gebührensätze (10 Prozent) eingespielt haben.

Zu bedenken wäre, ob die bisherige Regelung, daß Arbeitgeber und -nehmer im Normalfall die Vermittlungsgebühr je zur Hälfte tragen, beibehalten werden sollte. Würde man die Gebühr dem Arbeitgeber ganz oder größtenteils auferlegen, würde das eine etwaige Machtstellung des Arbeitgebers gegenüber dem Vermittler und dem Arbeitsuchenden vergrößern; der Vermittler würde „arbeitgeberorientiert". Diese Regelung könnte andererseits auch dahin wirken, daß die Arbeitgeber nur noch die Bundesanstalt beauftragten und die privaten Vermittler ihre wirtschaftliche Existenz einbüßten, wodurch der Wettbewerb geschwächt würde. Andererseits würde sich vermutlich ein Arbeitgeber als der in der Regel wirtschaftlich stärkere und erfahrenere der beiden Vertragspartner bei Unkorrektheiten des Vermittlers besser — und überhaupt — wehren. Grundsätzlich wäre es denkbar, die Aufteilung der Gebühren den jeweiligen Marktverhältnissen zu überlassen. Andererseits wäre es dann möglich, daß die Gebühren in voller Höhe dem in der Regel schwächeren Ar-

---

[10] Es könnte hier allerdings auch ein koordiniertes Verhalten der Vermittler vorliegen. Andererseits ist die kostenlose Vermittlungsalternative der Bundesanstalt, die gerade im Fernsehbereich von den Nachfragern als positiv beurteilt wird, zu berücksichtigen.

beitnehmer aufgebürdet würden. Die derzeitige Regelung der Fernsehvermittlung bietet hierfür ein Beispiel. Aus all diesen Gründen erscheint die Beibehaltung der 50prozentigen Belastung jeweils von Arbeitgeber und Arbeitnehmer empfehlenswert. Dieser Vorschlag könnte allerdings dahingehend modifiziert werden, daß der Arbeitgeber freiwillig bis zu 100 Prozent der Vermittlungsgebühren übernehmen kann, daß aber die Belastung des Arbeitsuchenden 50 Prozent nicht übersteigen darf.

gg) Vorschläge zur Verhinderung von Marktmacht auf Teilvermittlungsmärkten

α) Verhinderung von „Koalitionen" zwischen Arbeitgebern und Vermittlern

Der beobachteten Entstehung von Machtstellungen privater Vermittler im Bereich der Bühnenberufe könnte mit folgenden Maßnahmen zu Lasten der Intendanten entgegengewirkt werden:

(1) Die Intendanten müßten verpflichtet werden, grundsätzlich alle freien oder frei werdenden Stellen auch über die Bundesanstalt auszuschreiben, sobald Vermittlungsdienste in Anspruch genommen würden. Es müßte Intendanten, zumindest der öffentlichen Bühnen, untersagt werden, ausschließlich nur einen einzigen privaten Vermittler mit der Personal-„Beschaffung" zu beauftragen.

(2) Intendanten oder ihren für Personalfragen zuständigen Vertretern müßte die Pflicht auferlegt werden, keinerlei Informationen über eingeleitete Stellenbesetzungsverhandlungen oder Anfragen selbstsuchender Künstler an Vermittler weiterzugeben.

β) Verbesserung der Marktübersicht

Als ein Hauptargument gegen private Vermittler und für das Monopol der Bundesanstalt wird die These angesehen, daß der Vermittlungsmarkt eine Einheit bilden und alle offenen Stellen und Arbeitsgesuche bei *einer zentralen* Stelle, der Bundesanstalt, zusammenlaufen müßten, damit die Nachfrager eine größtmögliche Marktübersicht und Vermittlungschance hätten. Ein privater Vermittler bediene dagegen nur einen Teilvermittlungsmarkt; sein Angebot sei unvollständig und rein zufällig. Diese Feststellung gilt allerdings zum Teil wegen des dezentralisierten Aufbaus der Bundesanstalt auch für die einzelnen Arbeitsämter, solange man vom sogenannten Ausgleich[11] absieht, und auch wegen des begrenzten Einschaltungsgrades[12] der Bundesanstalt. Dem geschilderten Einwand könnte man aber trotzdem dadurch begegnen, daß sich die privaten Vermittler entweder der geplanten Computer-Vermittlung der Bundesanstalt gegen Kostenerstattung, falls möglich, anschlössen, oder eine vermittlereigene Datenverarbeitung, die mit derjenigen der Bundesanstalt in Informationsaustausch stände, schaffen würden. Das würde allerdings eine Anzeigepflicht für alle Aufträge, die privaten Vermittlern erteilt worden waren, gegenüber der Bundesanstalt und umgekehrt, implizieren, wollte man eine vergleichsweise „vollkommene" Marktübersicht erreichen. Zu bedenken wäre allerdings, daß die vermutlich große Zahl der Selbstsucher in dieser Zusammenstellung von Arbeitsangebot und -nachfrage fehlen würde. Mit dieser Regelung würde der oben genannte Einwand gegenstandslos; zugleich wäre sie ein Weg zur Rationalisierung der Tätigkeit des privaten Vermittlers, für den als einzelnen vermutlich ein Computer nicht rentabel wäre[13].

Es ließen sich auf dieser Basis Möglichkeiten fruchtbarer Kooperation zwischen Bundesanstalt und „Privaten" denken, wobei allerdings die Gefahr einer wettbewerbsbeschränkenden Marktteilung zu berücksichtigen ist.

---

[11] Vergleiche S. 68 ff.

[12] Vergleiche S. 147 ff. Hinzu kommt, daß der Anteil der überregionalen Vermittlungen an den Gesamtvermittlungen nach Angaben der Bundesanstalt nur bei etwa 15 Prozent liegt, die meisten Vermittlungen also lokale oder regionale Teilmärkte betreffen.

[13] Entsprechende „Computer-Ringe" haben die Immobilienmakler gebildet.

2. Schlußbemerkung

Ein Nebeneinander sich gegenseitig kontrollierender und anspornender Anbieter in der vorgeschlagenen Form könnte zu einer besseren Versorgung des Marktes für Stellenvermittlung führen. Infolgedessen sollte auch das sogenannte Auslaufprinzip nicht weiter verfolgt werden.

Die vorgeschlagene Regelung hätte den zusätzlichen Vorteil, daß ungleichgewichtige Machtpositionen, vermutlich also *wirtschaftliche* Teilmonopole, in denen der Machtüberlegene dem unterlegenen Marktpartner seinen Willen aufzwingen könnte, verschwinden würden, beziehungsweise nicht neu entstünden.

Die vorgeschlagene Lösung des Nebeneinander von staatlicher und privater Vermittlung könnte allerdings dem juristischen Einwand begegnen, sie sei mit den von der Bundesrepublik ratifizierten Übereinkommen mit der Internationalen Arbeitsorganisation nicht zu vereinbaren. Dem ist entgegenzuhalten, daß dieses Abkommen sehr wohl eine Zusammenarbeit mit privaten Stellen zuläßt.

Nach Artikel 1 Absatz 2 des ratifizierten Übereinkommens der Internationalen Arbeitsorganisation (IAO) Nummer 88 hat „die Arbeitsmarktverwaltung ... zur Hauptaufgabe, nötigenfalls in Zusammenarbeit mit anderen beteiligten öffentlichen und privaten Stellen, die bestmögliche Organisation des Arbeitsmarktes als einen wesentlichen Teil des staatlichen Programms zur Erzielung und Aufrechterhaltung der Vollbeschäftigung sowie zur Steigerung und Ausnutzung der Produktionskräfte zu verwirklichen"[14]. Andererseits stellt der ratifizierte Teil II des Übereinkommens Nummer 96 der IAO auf die „fortschreitende Aufhebung der auf Gewinn gerichteten Büros für entgeltliche Arbeitsvermittlung" ab[15].

Es wäre aber der Bundesanstalt durchaus möglich, was auch Fachleute bestätigen, ohne diese Abkommen zu ver-

---

[14] Zitiert nach Draeger, Kommentar AVAVG, Anmerkung 1 zu Paragraph 35, S. 196.

[15] Dortselbst.

letzen, „private Stellen" mit der Durchführung von Arbeitsvermittlung zu beauftragen, wenn die „Hauptaufgabe (der Bundesanstalt), die bestmögliche Organisation des Arbeitsmarktes ... zu verwirklichen", eine derartige Maßnahme als notwendig erscheinen ließe.

Im übrigen ist zu bedenken[16], daß es für die praktische Realisierung zwar von erheblicher Tragweite ist, ob die vorgeschlagene Zulassung privater Vermittler in allen Bereichen rechtlich möglich ist oder nicht, daß diese Frage aber im Rahmen grundsätzlicher Überlegungen von untergeordneter Bedeutung ist. Krelle schreibt dazu — in ganz anderem Zusammenhang —: „Wenn wir ... der Überzeugung sind, daß ein ... (solcher Vorschlag) vernünftig ... ist, und wenn ... (er) der bisherigen Rechtsordnung widerspricht, dann muß das geschriebene Recht eben geändert oder uminterpretiert werden. Eine Gesellschaft ist ja nicht der Sklave ihrer eigenen früheren Beschlüsse und Festsetzungen, die sie selbst nicht mehr für richtig hält[17]."

Daß das Nebeneinander von öffentlicher und privater Vermittlung wirtschaftlich vernünftig und notwendig ist, zeigen, wie erwähnt, auch die entsprechenden Regelungen im Ausland[18], wo die private Vermittlung neben der öffentlichen eine als nötig anerkannte Rolle spielt[19]. Großbritannien beispielsweise hat nicht die „Vereinbarung über die Arbeitsvermittlung" der Internationalen Arbeitsorganisation, nach der nur öffentliche Arbeitsvermittlung zulässig ist, ratifiziert, hat aber sowohl öffentliche als auch private Vermittlungseinrichtungen.

Die Vorteile des vorgeschlagenen Nebeneinander von zentraler öffentlicher und privater Vermittlung dürften in unserer arbeitsteiligen Wirtschaft bei immer komplizierter werdenden

---

16 Vergleiche Krelle, Wilhelm, Überbetriebliche Ertragsbeteiligung der Arbeitnehmer, Band I, S. 26.

17 Derselbe, ebenda.

18 Vergleiche EWG-Studie, S. 122 ff.

19 So vermittelt beispielsweise eine englische private Agentur im Jahr mindestens zweihundert Lehrer in die Bundesrepublik. Vergleiche Frankfurter Allgemeine Zeitung Nr. 174 vom 31. 7. 1972, S. 6, Britische Arbeitnehmer in Deutschland.

Arbeitsmärkten und rasch wechselndem Bedarf vermutlich zunehmend ins Gewicht fallen und vom Standpunkt der Nachfrage bedeutsam sein. Man sollte deshalb nicht bei dem jetzigen System, bei der strafrechtlichen Verfolgung der „Umgehungen" des öffentlichen Arbeitsvermittlungsmonopols, stehen bleiben, sondern einen zukunftsorientierten Schritt in Richtung zweigleisiger Vermittlung tun.

Literaturverzeichnis

I. Bücher und Beiträge in Zeitschriften und Sammelwerken

Amtliche Nachrichten der Bundesanstalt für Arbeit (ANBA), Nürnberg, ohne Verfasser, 18. Jahrgang, Nr. 12 vom 22. 12. 1970.

Auch die Arbeitsämter haben Erfolge mit ‚Zeitarbeit', ohne Verfasser, Handelsblatt, Düsseldorf, Nr. 149 vom 6./7. August 1971, S. 3.

Aus der Arbeit der Zentralstelle für Arbeitsvermittlung (ZAV), ohne Verfasser, Ort und Jahr, Herausgeber Bundesanstalt für Arbeit.

Badura, Peter, Das Verwaltungsmonopol, Berlin 1963.

Bethge, Dietrich, Die Arbeitsvermittlung im sozialen Rechtsstaat, Dissertation, Köln 1962.

Bonnet, Günter, Staatliche Regelungen für Immobilienmakler — Wettbewerbsförderung und Kundenschutz, Veröffentlichung des Forschungsinstituts für Wirtschaftspolitik an der Universität Mainz, Band 31, Berlin 1973.

Bull, Hans Peter, Arbeitsvermittlung — Staatsmonopol für alle Zeiten?, Juristenzeitung, München 1967, S. 564 ff.

Bundesanstalt für Arbeit, Organisationsschema der Zentralstelle für Arbeitsvermittlung, ohne Verfasser, Titel, Ort und Jahr.

— Amtliche Nachrichten der, Arbeitsstatistik 1970, Jahreszahlen, Sondernummer vom 12. 7. 1971, 19. Jahrgang, Nürnberg.

— Amtliche Nachrichten der, Arbeitsstatistik 1971, Jahreszahlen, Sondernummer vom 10. 8. 1972, 20. Jahrgang, Nürnberg.

— Geschäftsbericht 1970, ohne Verfasser, Ort und Jahr.

— Geschäftsbericht 1971, ohne Verfasser, Nürnberg 1972.

Bundesarbeitsblatt, Herausgeber: Der Bundesminister für Arbeit und Sozialordnung, Bonn, Heft 3/1970.

Carell, E., „Arbeit", Handwörterbuch der Sozialwissenschaften, 1. Band, Stuttgart, Tübingen, Göttingen 1956.

Chaberny, Annelore, Feyer, Herbert, und Kaiser, Manfred, Substitutionshinweise in Stellenangeboten, Mitteilungen aus der Arbeitsmarkt- und Berufsforschung, herausgegeben vom Institut für Arbeitsmarkt- und Berufsforschung der Bundesanstalt für Arbeit, Erlangen, Heft 1, 1. Quartal 1971.

Draeger — Buchwitz — Schönefelder, Gesetz über Arbeitsvermittlung und Arbeitslosenversicherung, Kommentar, Stuttgart 1961.

Entscheidungen: Verfassungsrecht, ohne Verfasser, Juristenzeitung, München 1967, Nummer 10, S. 310.

Europäische Gemeinschaften, Kommission der, ohne Verfasser, Untersuchung über die Verfahren der Arbeitsvermittlung, Brüssel 1970.

— Studien, Die Arbeitsverwaltungen der Mitgliedsstaaten der Gemeinschaft, Reihe Sozialpolitik, Nr. 16, Brüssel 1967.

Fachkunde für den Dienst beim Arbeitsamt, herausgegeben von Fritz Kuster, 4. Auflage, Stuttgart, Köln, Berlin, Mainz, Bücherei für Arbeitsvermittlung und Arbeitslosenversicherung der Bundesanstalt für Arbeitsvermittlung und Arbeitslosenversicherung, Nürnberg, 1968.

Freund, Richard, Der Arbeitsnachweis, eine sozialpolitische Studie, Leipzig 1899.

Gablers Wirtschaftslexikon, ohne Verfasser, „Makler", „Maklerlohn", „Nachweismakler", „Vermittlung", 8. Auflage, Wiesbaden 1971.

Gandenberger, Otto, Das Finanzmonopol, Fiskalische und außerfiskalische Wirkungen im Vergleich zur Verbrauchsteuer. Band 24 der Veröffentlichungsreihe des Forschungsinstituts für Wirtschaftspolitik an der Universität Mainz, Heidelberg 1968.

Gericke, Karlheinz, Haftet das Arbeitsamt bei der Vermittlung als „Makler kraft Amts"?, Soziale Sicherheit, Zeitschrift für Sozialpolitik, 7. Jahrgang, Köln 1958, Heft 4.

— Haftungsfragen zur Vermittlungstätigkeit der Arbeitsämter, Teil II, Soziale Sicherheit, Zeitschrift für Sozialpolitik, 8. Jahrgang, Köln 1959, Heft 5.

Gülicher, Gottfried, Menninger, Dieter, Wechseljahre im Beruf / Chancen ohne Altersgrenzen?, Düsseldorf 1972.

Hayek, Friedrich August von, Der Wettbewerb als Entdeckungsverfahren, Vortrag vom 5. Juli 1968, abgedruckt in: Freiburger Studien, Gesammelte Aufsätze von Friedrich August von Hayek, Tübingen 1969.

Hennig — Kühl — Heuer, Arbeitsförderungsgesetz, Kommentar, Frankfurt 1971.

Henschel, Hans, Geschichte der Arbeitsvermittlung, in: Siebrecht, Handbuch der Arbeitsvermittlung und Berufsberatung, Teil I, Stuttgart 1959.

Hillen, Karl Bernhard, Arbeitnehmer nach einem Arbeitsplatzverlust, Forschungsbericht des Landes Nordrhein-Westfalen, Nummer 2183, Institut für angewandte Verbrauchsforschung e. V., Opladen 1971.

HOPPMANN, Erich, Zum Problem einer wirtschaftspolitisch praktikablen Definition des Wettbewerbs, in: Schriften des Vereins für Socialpolitik, Gesellschaft für Wirtschafts- und Sozialwissenschaften, Neue Folge, Band 48, Berlin 1968.

HÜRNER, Peter, Literaturdokumentation zur Arbeitsmarkt- und Berufsforschung, Sonderheft 2: Teilzeitarbeit, Zeitarbeit, Leiharbeit, Institut für Arbeitsmarkt- und Berufsforschung, Nürnberg 1972.

HURST, Eric, A growing economic need, in: Employment Agencies, A Special Report, The Times, London, October 2, 1970, S. II.

JUNGBLUT, Michael, Rebellion der Überflüssigen?, Bergisch-Gladbach 1967.

KAUFMANN, Karl Heinz, Arbeitsmarkt und Wettbewerbspolitik, Bern und Stuttgart 1971.

KRELLE, Wilhelm, Überbetriebliche Ertragsbeteiligung der Arbeitnehmer, Band 1, Tübingen 1968.

KÜHNE, Peter, Das Vermittlungsmonopol der Bundesanstalt für Arbeit und die Begründung von Leiharbeitsverhältnissen, Dissertation, Köln 1971.

LENEL, Hans Otto, Ursachen der Konzentration unter besonderer Berücksichtigung der deutschen Verhältnisse, 1. Auflage, Tübingen 1962.

LUDWIG Franz, Der gewerbsmäßige Arbeitsnachweis, Berlin 1906.

MACHLUP, Fritz, Wettbewerb (III), Wirtschaftstheoretische Betrachtung, Handwörterbuch der Sozialwissenschaften, 12. Band, Stuttgart, Tübingen, Göttingen 1965.

MEINHOLD, Helmut, Preis (III), Handwörterbuch der Sozialwissenschaften, 8. Band, Stuttgart, Tübingen, Göttingen 1964.

PAULSEN, Andreas, Allgemeine Volkswirtschaftslehre III, Produktionsfaktoren, 4. Auflage, Sammlung Göschen, Band 1171, Berlin 1965.

RÖPKE, Wilhelm, Wettbewerb (II), Handwörterbuch der Sozialwissenschaften, 12. Band, Stuttgart, Tübingen, Göttingen 1965.

SCHERHORN, Gerhard, Information und Kauf, Köln und Opladen 1964.

SCHNEIDER, Erich, Einführung in die Wirtschaftstheorie, II. Teil, Wirtschaftspläne und wirtschaftliches Gleichgewicht in der Verkehrswirtschaft, 10. Auflage, Tübingen 1965.

SCHUSTER, Lothar, Die Mobilität der Arbeitnehmer, Mitteilungen aus der Arbeitsmarkt- und Berufsforschung, herausgegeben vom Institut für Arbeitsmarkt- und Berufsforschung der Bundesanstalt für Arbeit, Erlangen, Heft 7, März 1969.

SIEBRECHT, Valentin, Handbuch der Arbeitsvermittlung, Teil I, Stuttgart 1959.

— System der Arbeitsmarktpolitik; in: Arbeit, Beruf und Arbeitslosenhilfe, 1960, S. 98 ff.

SIEGERS, Josef, Der Haushaltsplan 1971 der Bundesanstalt für Arbeit, Bundesarbeitsblatt Nr. 1, Jahrgang 1971, Herausgeber: Der Bundesminister für Arbeit und Sozialordnung, Bonn.

STACKELBERG, Heinrich v., Grundlagen der theoretischen Volkswirtschaftslehre, 2. Auflage, Bern und Tübingen 1951.

STAROSTA, Eberhard, Aspekte der Zeitarbeit, Berichte des Deutschen Industrieinstituts zur Sozialpolitik, Nummer 5, 5. Jahrgang, Köln 1971.

TROCLET, L.-E., und VOGEL-POLSKY, E., Le travail intérimaire en Belgique et dans les pays du Marché Commun, Etudes du Centre national de sociologie du droit social, Editions de l'Institut de Sociologie de l'Université Libre de Bruxelles, Brüssel 1968.

TUCHTFELDT, Egon, Gewerbefreiheit, Handwörterbuch der Sozialwissenschaften, 4. Band, Stuttgart, Göttingen, Tübingen 1965.

UHLIG, Otto, Arbeit — amtlich angeboten, Stuttgart, Berlin, Köln, Mainz 1970.

ULLRICH, Erhard, Deckungsuntersuchungen für Ausbildungsinhalte als Elemente der beruflichen Substitutionsanalyse, Mitteilungen aus der Arbeitsmarkt- und Berufsforschung, herausgegeben vom Institut für Arbeitsmarkt- und Berufsforschung der Bundesanstalt für Arbeit, Erlangen, Heft 10, Dezember 1969.

VOGEL, Hugo, Besteht ein Rechtsanspruch auf Zulassung zum Beruf des Arbeitsvermittlers?, Die Sozialgerichtsbarkeit 1959, S. 121 ff.

VOGEL, Klaus, Das Arbeitsamt als Makler. Eine kritische Erwiderung, Soziale Sicherheit, Zeitschrift für Sozialpolitik, 7. Jahrgang, Köln 1958, Heft 8.

WEIDNER, Wulf, Eigenmanagement, Die Deutsche Bühne, Theatermagazin, Heft 5, Köln 1971.

WILLEKE, Eduard, „Arbeitsmarkt", Handwörterbuch der Sozialwissenschaften, 1. Band, Stuttgart, Tübingen, Göttingen 1956.

WILLRODT, Hermann, „Arbeitsvermittlung", Handwörterbuch der Sozialwissenschaften, 1. Band, Stuttgart, Tübingen, Göttingen 1956.

WINTER, Rosemarie, Das Vertrauen soll erhalten bleiben, Frankfurter Allgemeine Zeitung, Blick durch die Wirtschaft, vom 30. 9. 1972, Nr. 227, S. 1.

Zentralamt der Bundesanstalt für Arbeit errichtet, ohne Verfasser, Bundesarbeitsblatt Nr. 3, Jahrgang 1970, Herausgeber: Der Bundesminister für Arbeit und Sozialordnung, Bonn.

II. Gesetze, Verordnungen, Abkommen, Urteile

Arbeitsförderungsgesetz vom 1. 7. 1969.

Arbeitsnachweisgesetz vom 22. 7. 1922.

Bundesanstalt für Arbeit, Runderlaß „Grundsätze zur Abgrenzung von Personalberatung und Arbeitsvermittlung bei der Besetzung von Stellen für Führungskräfte der Wirtschaft" vom 7. September 1957, Dienstblatt der Bundesanstalt vom 20. September 1957, Nummer 40, 6. Jahrgang, Nürnberg.

— „Grundsätze zur Abgrenzung von Personalberatung und Arbeitsvermittlung bei der Besetzung von Stellen für Führungskräfte der Wirtschaft — Unberechtigte Arbeitsvermittlung", Amtliche Nachrichten der Bundesanstalt für Arbeit, Nürnberg, Heft 12, vom 22. Dezember 1970, 18. Jahrgang.

Bundesgerichtshof, Urteil vom 13. Dezember 1961, 2 STR 507/60.

Bundesrats-Drucksache 200/71.

Bundessozialgericht, Urteil vom 29. Juli 1970, 7 RAr 44/68.

Bundesverfassungsgericht, Urteil vom 4. April 1967, 1 BvR 126/65.

Bundesverfassungsgericht, Urteil vom 4. April 1967, 1 BvR 84/65.

Bundesverfassungsgericht, Urteil vom 4. April 1967, 1 BvR 414/64.

Bundesverfassungsgericht, Verfassungsbeschwerde, Aktenzeichen 1 BvR 752/70.

10. Durchführungsverordnung vom 23. März 1960 zum Gesetz über Arbeitsvermittlung und Arbeitslosenversicherung, Bundesgesetzblatt I, S. 189.

EWG-Vertrag vom 25. 3. 1957.

Gesetz über Arbeitsvermittlung und Arbeitslosenversicherung (AVAVG) vom 16. 7. 1927.

Gesetz über Arbeitsvermittlung und Arbeitslosenversicherung (AVAVG) in der Fassung der Bekanntmachung vom 3. April 1957.

Grundgesetz für die Bundesrepublik Deutschland.

Übereinkommen Nr. 88 der Internationalen Arbeitsorganisation (IAO) vom 9. 7. 1948 über die Organisation der Arbeitsverwaltung, ratifiziert mit Gesetz vom 15. April 1954 (Bundesgesetzblatt II, S. 448).

Übereinkommen Nr. 96 der Internationalen Arbeitsorganisation vom 1. 7. 1949 über Büros für entgeltliche Arbeitsvermittlung, ratifiziert mit Gesetz vom 15. April 1954, mit Ausnahme von Teil III, (Bundesgesetzblatt II, S. 456).

NAMENVERZEICHNIS

STICHWORTVERZEICHNIS

VERÖFFENTLICHUNGEN DES FORSCHUNGSINSTITUTS FÜR WIRTSCHAFTSPOLITIK AN DER UNIVERSITÄT MAINZ

---

1. **Falsch und richtig planen.** Eine kritische Studie über die deutsche Wirtschaftslenkung im zweiten Weltkrieg. Von Erich Welter.
2. **Schiene und Straße.** Das Ordnungsproblem im Güterverkehr zu Lande. Von Walter Hamm.
3. **Patient — Arzt — Kasse.** Eine wirtschaftliche Betrachtung über Krankheit und Gesundheit. Von Werner Bosch.
4. **Die Saarfrage.** Eine wirtschaftliche Analyse. Von Werner Bosch.
5. **Investitionslenkung.** Möglichkeiten und Grenzen staatlicher Eingriffe in den Aufbau der Produktion. Von Ernst-Günter Vetter.
6. **Kollektivmonopole.** Die Rolle der Kartelle in der Volkswirtschaft. Von Werner Fricke.
7. **Die Drucksache.** Ein Beitrag zur Tarifpolitik der Deutschen Bundespost. Von Werner Fricke.
8. **Marktwirtschaft — Befehlswirtschaft.** Ein Vergleich der Wirtschaftsordnung in West- und Mitteldeutschland. Von Werner Bosch.
9. **Kollektiveigentum.** Die Rolle öffentlicher Unternehmen in der Marktwirtschaft. Von Walter Hamm.
10. **Der Staat als Kunde.** Öffentliche Aufträge in der Wettbewerbsordnung. Von Erich Welter.
11. **Konstruktions- und Entwicklungsaufträge.** Ein Beitrag zur Beschaffungspolitik der öffentlichen Hand. Von Armin Gutowski.
12. **Der Kostenpreis bei öffentlichen Aufträgen.** Eine wirtschaftswissenschaftliche Analyse. Von Helmut Diederich.
13. **Zentralisierung und Dezentralisierung des öffentlichen Einkaufs.** Grundfragen der Organisation des Beschaffungswesen. Von Werner Fricke.
14. **Die Ausschreibung.** Organisierte Konkurrenz um öffentliche Aufträge. Von Otto Gandenberger.
15. **Wirtschaftliche Weinbaupolitik.** Ein Beispiel angewandter Agrarwirtschaftslehre und Außenhandelstheorie. Von Armin Gutowski.
16. **Was ist ein Unternehmen?** Volkswirtschaftliche Überlegungen zum Gesetz gegen Wettbewerbsbeschränkungen. Von Otto Gandenberger.
17. **Preise als verkehrspolitisches Ordnungsinstrument.** Von Walter Hamm.

18. **Die gemeinwirtschaftlichen Grundsätze in der Tarifpolitik der Deutschen Bundespost.** Ein Beitrag zum Thema staatliche Interventionen im Verkehrswesen. Von German Wegmann.

19. **Vermögensstreuung.** Eine Betrachtung über Grundlagen der Vermögenspolitik. Von Werner Bosch.

20. **Der Konsument und seine Vertretung.** Eine Studie über Verbraucherverbände. Von Christa von Braunschweig.

21. **Verkehrspolitik in der SBZ.** Von Horst Demmler.

22. **Branchenbesonderheiten.** Falsche und richtige wirtschaftspolitische Argumente. Von Hans H. Scheib.

23. **Verkehrswissenschaft.** Von A. F. Napp-Zinn.

24. **Das Finanzmonopol.** Fiskalische und außerfiskalische Wirkungen im Vergleich zur Verbrauchssteuer. Von Otto Gandenberger.

25. **Konjunkturpolitik mit Fernmeldeinvestitionen?** Stabilitätspolitische Forderungen und betriebliche Möglichkeiten. Von Horst Schwedes.

26. **Kapazitätsabbau mit Staatshilfe.** Die Stillegungsaktion in der Mühlenwirtschaft als Beispiel. Von Konrad Schulze-Gisevius.

27. **Der Bund am Kapitalmarkt.** Vorschläge zur staatlichen Anleihepolitik. Von Horst Schwedes.

28. **Politische Ökonomie staatlicher Preisinterventionen.** Dargestellt am Beispiel der „politischen Preise" im Nachrichtenverkehr. Von Dieter Schmidtchen.

29. **Binnenwasserstraßenpolitik.** Systemmängel und Reformvorschläge. Von Walter Hamm und Wolfgang Neumann.

30. **Das „Gemeinnützige Unternehmen" als Instrument der Wohnunspolitik.** Von Werner Nowak.

31. **Staatliche Regelungen für Immobilienmakler.** Wettbewerbsförderung und Kundenschutz. Von Günter Bonnet.

32. **Kassenpraxis und Privatpraxis.** Eine wirtschaftswissenschaftliche Studie über freiberufliche ärztliche Leistungen. Von Ulf Böge.

33. **Die Arzneimittelversorgung durch Apotheken.** Volkswirtschaftliche Überlegungen zur staatlichen Gesundheitspolitik. Von Matthias J. Berger.

34. **Staatliche Preisaufsicht in der Kraftverkehrsversicherung.** Für und wider eine Aufhebung der Genehmigungspflicht für die Versicherungsprämien. Von Ulrich Rosenkranz.

Die Bände 1 bis 24 sind im Verlag Quelle & Meyer, Heidelberg, erschienen. Ab Band 25 erscheint die Schriftenreihe im Verlag Duncker & Humblot, Berlin.